렛뎀 이론

The Let Them Theory:
A Life-Changing Tool That Millions of People Can't Stop Talking About
by Mel Robbins
Originally Published by Hay House LLC, Carlsbad.

Copyright ⓒ 2024 by Mel Robbins
All rights reserved.

Korean Translation Copyright ⓒ 2025 by The Business Books and Co., Ltd.
Korean edition is published by arrangement with Hodgman Literary, Hamilton
through Duran Kim Agency Co. Ltd., Seoul.

이 책의 한국어판 저작권은 듀란킴 에이전시를 통해
저작권자와 독점 계약을 맺은 (주)비즈니스북스에게 있습니다.
저작권법에 의해 국내에서 보호를 받는 저작물이므로 무단 전재와 복제를 금합니다.

인생이 '나'로 충만해지는 내버려두기의 기술

THE
LET
THEM

렛뎀 이론

멜 로빈스 · 소이어 로빈스 지음 | 윤효원 옮김

THEORY

비즈니스북스

옮긴이 **윤효원**

이화여자대학교 영어영문학과 졸업 후, 동 대학 통번역대학원에서 한영번역 석사 학위를 받았다. 다양한 분야에서 다년간 통번역을 하였으며 현재 번역에이전시 엔터스코리아에서 전문 번역가로 활동 중이다. 옮긴 책으로는 《이기는 스토리》, 《불안에 대처하는 자세》, 《데일 카네기의 인간관계론》, 《나를 지치게 하는 것들과 작별하는 심플 라이프》, 《비전: 빛, 색, 구성으로 스토리를 전한다!》, 《브랜딩의 과학: 브랜드는 어떻게 성장하는가》, 《좋은 서비스 디자인》 등이 있다.

일러두기

이 책은 국립국어원 표준어 규정 및 외래어 표기법을 따르되, 외국 인명 등 일부 고유명사는 관례와 원어 발음을 참고하여 표기하였다.

렛뎀 이론

1판 1쇄 발행 2025년 8월 30일
1판 17쇄 발행 2025년 10월 4일

지은이 | 멜 로빈스
옮긴이 | 윤효원
발행인 | 홍영태
편집인 | 김미란
발행처 | (주)비즈니스북스
등 록 | 제2000-000225호(2000년 2월 28일)
주 소 | 03991 서울시 마포구 월드컵북로6길 3 이노베이스빌딩 7층
전 화 | (02)338-9449
팩 스 | (02)338-6543
대표메일 | bb@businessbooks.co.kr
홈페이지 | http://www.businessbooks.co.kr
블로그 | http://blog.naver.com/biz_books
페이스북 | thebizbooks
인스타그램 | bizbooks_kr
ISBN 979-11-6254-432-7 03190

* 잘못된 책은 구입하신 서점에서 바꾸어 드립니다.
* 책값은 뒤표지에 있습니다.
* 비즈니스북스에 대한 더 많은 정보가 필요하신 분은 홈페이지를 방문해 주시기 바랍니다.

> 비즈니스북스는 독자 여러분의 소중한 아이디어와 원고 투고를 기다리고 있습니다.
> 원고가 있으신 분은 ms1@businessbooks.co.kr로 간단한 개요와 취지, 연락처 등을 보내 주세요.

이 책을 함께 집필한 내 딸 소이어에게.
너와 이 경험을 나눌 수 있어서 행복했어.
물론 너는 나를 참아 주느라 힘들었겠지만.
어쩌겠니, 그냥 내버려두렴.

차례

서론　나의 이야기　　　　　　　　　　　　　　　　　009

제1부 | 인생을 바꾸는 렛뎀 이론

- **제1장** · 어쩔 수 없는 일에 인생을 낭비하고 있다면　　029
- **제2장** · 제발 내버려두고, 내가 하자　　　　　　　　049

제2부 | 내 삶에 자유를 주는 렛뎀 이론

스트레스 관리하기

- **제3장** · 놀랍게도 인생은 스트레스로 가득하다　　　　079
- **제4장** · 원래 타인은 귀찮은 존재다　　　　　　　　093

다른 사람의 평가 극복하기

- **제5장** • 마음대로 생각하도록 내버려두자   107
- **제6장** • 가장 까다로운 상대, 가족을 바라보는 법   125

타인의 감정적 반응에 대처하기

- **제7장** • 남의 감정 관리는 내 몫이 아니다   143
- **제8장** • 다른 사람 말고, 나에게 올바른 결정   159

습관적인 비교에서 벗어나기

- **제9장** • 그렇다, 인생은 불공평하다!   169
- **제10장** • 비교를 영감으로 바꾸는 법   178

제3부 | 원하는 관계를 만드는 렛뎀 이론

어른의 우정 터득하기

- **제11장** • 우정은 생겼다가도 없어진다   201
- **제12장** • 나이 들수록 친구가 줄어드는 진짜 이유   212
- **제13장** • 인생 최고의 우정을 만드는 법   222

변화를 위한 동기부여하기

- **제14장** • 인간은 마음이 끌려야 바뀐다   **239**
- **제15장** • 당신에게는 영향력이 있다   **257**

힘들어하는 누군가를 돕기

- **제16장** • 구하려 할수록 더 깊이 가라앉는다   **277**
- **제17장** • 올바른 방식으로 도움을 주는 법   **292**

마땅히 받아야 할 사랑 선택하기

- **제18장** • 그들이 본색을 드러내도록 내버려두자   **305**
- **제19장** • 관계를 한 단계 발전시키는 기술   **318**
- **제20장** • 결국 모든 끝은 아름다운 시작이다   **327**

결론   이제 당신의 차례다   **356**

부록   **364**
      자녀 교육에 '렛뎀 이론'을 적용하는 법
      팀에 '렛뎀 이론'을 적용하는 법

감사의 말   **367**
참고 자료   **375**

나의 이야기

마흔한 살이 되던 해, 나는 80만 달러의 빚을 지고 있었고 실직 상태였으며 남편이 운영하는 식당이 무너져 가는 걸 지켜보고 있었다. 당시엔 빚더미에서 헤어날 수 있다는 희망도 없었고, 정말이지 인생에서 실패한 느낌이었다.

불안과 두려움을 해결하기 위한 나의 주요 전략은 회피였다. 아침이면 시계의 스누즈 버튼 snooze button 을 눌러 가며 잠자리에서 일어나기를 회피했고, 저녁이면 술을 마시면서 고통을 회피했다. 남편을 비난하면서 내가 져야 할 책임을 회피했고, 일자리 찾기를 최대한 미루며 앞으로 나아가기를 회피했다.

우리 부부는 식탁에 올릴 음식을 마련하기에도 힘든 상태에서, 저마다 직장과 인생에서 승승장구하는 친구들의 모습을 부러워하며 바라봐야 했다. 앞으로 무슨 일을 해야 할지 눈앞이 캄캄했다. 이미 뉴욕시 법률구조협회에서 국선 변호인도 맡았었고, 보스턴에 있는 대형 로펌에서 변호사로도 일했고, 스타트업 몇 군데에서도 일해 봤고, 광고대행사에서 사업 개발도 해봤으며, 라이프 코치도 되었다가, 청취자 참여 라디오 쇼도 진행했고, 작은 도자기 공방도 열어 봤다. 하지만 완전히 길을 잃은 느낌이었다. 아무리 애를 써도 지금 우리가 빠진 구멍에서 탈출하기는 어려울 것 같았다.

비슷한 상황에 부딪혀 본 적이 있는 사람이라면, 이럴 때 아주 사소한 일조차도 얼마나 크게 느껴지는지 알 것이다. 침대에서 일어나기, 청구서 확인하기, 가족에게 온전히 집중하기, 맛있는 음식 만들기, 일자리에 지원하기, 산책하기, 구독 취소하기 그리고 얼마나 힘든지 솔직하게 말하기…. 그 모든 것이 불가능하게 느껴진다. 매일 아침 일어날 때마다 불안감이 혈관 속을 타고 흘렀고 '정말 평생을 이렇게 살게 되는 걸까?'라는 생각이 들었다.

그런데 이렇듯 꼼짝도 하지 못하고 답답한 상황일 때 아이러니한 점은, 사실 나는 내가 무엇을 해야 하는지를 정확히 알고 있었다는 것이다. 두렵지만 자리에서 일어나서 쌓여 있는 청구서를 해결하고, 아이들 등교 준비를 시키고, 집 밖으로 나가 산책하고, 친구들에게 연락해서 도움을 청하고, 예산을 세우고, 일자리를 찾아야 했다. 하지만 그 어떤 것도 할 수 없었다.

절망에서 나를 일으킨 5초의 법칙

그런데 어느 날 아침 모든 것이 변했다. 그날의 그 순간을 아마 평생 잊지 못할 것이다. 그때도 알람이 울렸지만 나는 쌓여 있는 문제들에 억눌려 마냥 침대에 누워 있었다. 많은 사람이 그렇듯이 나도 온갖 생각에 사로잡혀 마비되어 있었고 자리에서 일어나 새로운 하루를 마주하고 싶지 않았다.

그러다 이상한 일이 벌어졌다. 결과적으로 내 인생을 완전히 바꾸게 된 어떤 아이디어가 갑자기 머릿속에 떠올랐던 것이다. 너무 단순해서 멍청하다고 느껴질 정도였다. 나는 로켓을 발사할 때 나사에서 숫자를 거꾸로 세는 장면을 기억해 냈다. 5-4-3-2-1. 그리고 불쑥 이런 생각을 했다. '나도 숫자를 거꾸로 세고 침대에서 일어나면 어떨까?'

어처구니없는 생각이었지만 너무 절박했기 때문에 한번 시도해 보기로 했다. "5-4-3-2-1." 나는 숫자를 거꾸로 센 뒤 침대에서 일어났다. 그냥 그렇게 했다. 내가 얼마나 피곤한지, 얼마나 문제를 외면하고 싶은지는 생각하지 않았다. 그저 뇌가 나를 설득하기 전에 그냥 몸부터 움직였다. 마치 로켓이 발사되는 것처럼. 5-4-3-2-1. 일단 숫자를 거꾸로 세기 시작하면 돌아갈 길이 없다.

당시에는 무기력하고 두려운 상태에 너무 익숙한 나머지 이 발상이 낯설게 느껴졌다. 그러다 문득 깨달았다. '잠깐만, 기분이 엉망인데도 뭔가를 할 수 있다고? 그래, 멜. 넌 할 수 있어.' 그리고 이 깨달음은 정말로 통했다.

나는 숫자를 세는 5초 동안 과도한 생각의 고리를 끊었다. 소소한 승리 그리고 이어진 또 다른 깨달음. 만약 그 5초간의 두려움을 극복할 수 있다면 무엇이든 극복할 수 있을 것 같았다.

그래서 숫자 세기를 삶의 모든 곳에서 활용하기 시작했다.

5-4-3-2-1. 알람이 울릴 때 일어나기.

5-4-3-2-1. 일자리를 찾기 위해 전화를 들고 인맥 교류 시작하기.

5-4-3-2-1. 부엌 조리대 위에 몇 달 동안 쌓인 청구서 확인하기.

나는 이 방법을 '5초의 법칙'이라고 부르기 시작했다. 이 법칙은 아주 간단하다. 행동하려는 본능이 생기는 순간, 5초 안에 물리적으로 움직여야 한다. 그렇지 않으면 뇌가 당신을 방해한다. 그냥 "5-4-3-2-1."이라고 숫자를 거꾸로 센 다음 바로 움직인다. 망설임이 시작되기 전에 행동하는 것이다.

이 방법이 효과가 있는 이유는 이렇다. 숫자를 거꾸로 세려면 집중력이 필요하고 자동으로 생각하던 습관에서 벗어나기 때문에 앞으로 나아갈 자극을 준다. 또한 두려움과 의심, 미루는 습관을 극복하는 데 도움이 된다. "5-4-3-2-1."이라고 숫자를 셀 때마다 마치 첫 도미노를 미는 것처럼 추진력이 생기고, 더는 해야 할 일을 '생각'하지 않고 이미 '행동'하고 있는 상태가 된다. 가장 좋은 점이 무엇인지 아는가? 일단 움직이기 시작하면 계속하기가 훨씬 쉽다는 것이다.

나는 이 5초의 법칙을 한 번에 하나씩 적용해 한 걸음씩, 천천히 계속해서 내 삶으로 돌아가도록 나 자신을 몰아갔다. 솔직히 말해서 쉽지 않은 일이었다. 그 후 몇 년이, 인생에서 가장 힘든 시기였으니까.

이를 악물고 빚을 청산하거나 결혼 생활의 고통스러운 문제들을 마주하는 것은 결코 쉬운 일이 아니다. 불안을 잠재우거나 자기 의심을 극복하는 일도 쉽지 않다. 자신의 가치를 의심하는 상황에서 이력서를 업데이트하거나 직장을 찾기란 어려운 일이다. 자신을 방치하다가 다시 컨디션을 되찾고 건강한 습관을 만드는 것은 고된 과정이다. 또한 종일 일하고 집에 돌아와서 세 아이를 돌보고, 남편과 잠시라도 시간을 보내고, 매일 밤늦게까지 잠들지 않고 어떻게 하면 더 많은 돈을 벌 수 있을지 방법을 고민하는 일은 결코 매력적이지 않다. 하지만 어쨌든 나는 해냈다.

5초의 법칙을 통해 나는 행동이 정답이라는 교훈을 얻었다. 문제에 관해 생각만 하고 있으면 결코 문제가 해결되지 않는다. 무언가를 하고 있다는 느낌이 들 때까지 마냥 기다린다는 건 절대 행동으로 옮기지 않을 거라는 의미다. 이 법칙은 아무도 우리를 구하러 오지 않는다는 사실을 가르쳐 준다. 우리는 우리 자신을 직접 구해 내야 한다. 매 순간, 매일, 몸이 힘들거나 기분이 내키지 않을 때도 스스로 조금씩 앞으로 나아가야 한다.

5-4-3-2-1. 숫자를 거꾸로 세면서 나는 변명과 불안, 압도감, 두려움을 극복했다. 한 걸음 한 걸음, 하루하루, 한 주 한 주, 천천히 내 삶과 커리어를 제자리로 돌려놓기 위해 움직였다. 남편도 사업 문제를 해결하기 위해 같은 방법을 실천하기 시작했고 실제로 이는 효과적이었다. 하지만 5초의 법칙에 관해 다른 사람에게 이야기하기까지는 이후로도 3년이 더 걸렸다. 다른 사람과 이 법칙을 공유하기를 주저했던 이유는

첫째, 왜 이 법칙이 효과가 있었는지 알지 못했고 둘째, 내가 다른 사람에게 조언할 처지가 아니라고 생각했기 때문이다.

그러던 어느 날, 옛 룸메이트가 작은 행사에서 나를 커리어 전환에 관해 조언해 줄 적임자로 추천하면서 모든 것이 바뀌었다. 아마 내가 셀 수 없을 정도로 여러 번 직업을 바꿨기 때문인 것 같았다. 행사 주최 측에서는 나와 남편에게 샌프란시스코행 항공편과 호텔을 제공하겠다고 제안했다. 경제적으로 힘겨웠던 차에 공짜 휴가 기회라는 생각이 들었고, 그렇게 난생처음 행사에서 무대에 올라 강연하게 되었다. 그러나 대중 연설 수업이라곤 고등학교 때 들은 게 전부였기에 비행기에 오르자마자 공포가 엄습했다.

'대체 내가 무슨 일을 벌인 거지?'

무대에 올라 나를 바라보는 700명의 눈빛을 보니, 머릿속이 하얘지고 심장 뛰는 소리가 들리며 목이 빨갛게 달아오르는 게 느껴졌다. 그러고 나서 21분간 무대에서 불안 발작을 겪었다. 약 19분쯤 되었을 무렵 강연을 어떻게 마무리 지어야 할지 잊어버렸고, 할 말이 전혀 생각나지 않아서 갑자기 5초의 법칙과 그 사용법을 이야기했다. 청중 모두에게 내 이메일 주소를 알려 주었던 부분이 기억나지 않는 것을 보면 분명 의식을 잃었던 것 같다. 무대를 내려오면서 생각했다. '정말 최악의 경험이었어. 끝나서 정말 다행이다.'

알고 보니 그 작은 행사는 최초로 열린 TEDx 콘퍼런스 중 하나였다. 주최 측은 강연을 촬영하고 1년 후에 동영상을 온라인에 올렸다. 영상은 빠르게 퍼져 나갔을 뿐 아니라 사람들이 가장 많이 본 TEDx 강연

중 하나가 되었다. 5초의 법칙과 '5-4-3-2-1' 숫자 세기는 입소문을 타고 전 세계로 퍼져 나갔다. 동영상이 퍼지면서 사람들은 내게 이메일을 보내 5초의 법칙이 그들의 삶을 어떻게 바꿨는지 이야기해 주었다. 나는 너무 감동한 나머지 세 아이를 재워 놓고 밤늦은 시각까지 이메일에 일일이 답장을 썼다.

내 문제에 파묻혀 있을 때는 해야 할 일을 하지 못하고 힘들어하는 사람이 나뿐인 것 같았다. 하지만 아니었다. 우리는 모두 동기부여에 어려움을 겪는다. 그들의 이야기를 들으면 5초의 법칙은 나뿐만 아니라 전 세계 모든 사람에게 효과가 있는 해결책으로 보였다.

그들은 '5-4-3-2-1' 숫자를 세면서 두려움과 미루는 습관, 변명을 극복했다고 했다. 나아가 직업을 바꾸고, 100파운드(약 45킬로그램)를 감량하고, 술을 끊고, 사업을 시작하거나 정리하고, 건강을 되찾고, 결혼 생활을 회복했다.

의학적, 임상적 활용 사례는 대단히 감동적이었다. 의사와 심리학자들은 5초의 법칙을 사용해 심리적 외상 후 스트레스 장애(PTSD), 강박장애(OCD), 우울증을 치료했다. 심지어 이 서론을 쓰고 있는 동안에도 수천 명에게서 5초의 법칙을 통해 자살 시도를 멈추고 도움을 요청했다는 소식을 들었다.

TEDx 강연이 온라인에서 더욱 인기를 얻으면서 다른 소규모 행사에서 강연 요청을 받기 시작했다. 한번은 술집에서 부동산 중개인들을 상대로 강연해 달라는 의뢰를 받은 적이 있었다. 손에 맥주를 든 채 서서 옆 방에서 들리는 음악 소리와 사람들의 대화 소리를 넘어 강연하는 건 조금 부끄러웠지만, 그래도 해냈다. 교회 지하, 고등학교 교실, 친구의 직장 점심 세미나도 마다하지 않으며 나는 조금씩 영역을 넓혀 갔다.

마이크를 잡으면 두드러기가 났고, 돈을 제대로 받지도 못했다. 하지만 5초의 법칙을 더 많이 전하고 그 법칙이 사람들에게 얼마나 큰 영향을 미쳤는지 알게 될수록, 이렇게 간단한 조언이 어떻게 그토록 엄청난 결과를 만들어 낼 수 있는지 그 이유를 점점 더 알고 싶어졌다.

그래서 변호사 모드로 들어가 습관, 인간 행동, 동기의 과학에 관해 연구하기 시작했다. 왜 숫자를 거꾸로 세면 효과가 있을까? 그 이유를 입증해야 했다. 이 법칙을 사용해 온 평범한 사람들의 경험을 모으고, 치료 전문가, 중독 전문가, 의사들의 이야기를 들으며 설득력 있는 선례를 발견하고자 했다. 그리고 그 모든 증거는 한 가지 간단한 설명으로 모아졌다.

사소하지만 꾸준한 행동의 힘

한편 친구들과 친척들은 내가 무슨 일을 하고 있는지 전혀 알지 못했다. 그들이 이렇게 생각할까 두려운 나머지 말을 꺼낼 수 없었으니까. "멜이? 남한테 조언을 한다고? 웃기지 마. 자기 인생도 망가졌는걸."

당시 남편은 요식업을 그만두고 우울증으로 힘들어하고 있었다. 그리고 우리는 여전히 빚에 허덕이고 있었다. 나는 다섯 명의 가족을 부양하기 위해 전업으로 일하면서 동시에 부업으로 밤과 주말에는 소규모 행사에서 강연하고 동기부여의 과학에 관한 논문을 썼다. 5초의 법칙을 가르치는 일을 직업으로 하고 싶다는 생각은 있었지만 방법을 알지는 못했다. 지금 생각해 보면 나는 가면증후군에 빠져 있었다. 대체 내가 무슨 자격이 있어서 전문가라고 할 수 있었을까? 아마도 나를 드러내기 위한 일종의 허락을 기다리고 있었던 것 같다.

당신도 지금 그런 상태일지 모르겠다. 정확한 타이밍을 기다리는 상태. 준비가 되거나 두려움이 줄어들기를 기다리는 상태. 누군가 나타나 오늘부터 시작하면 된다고 말해 주길 기다리는 상태. 문제는 기다려도 아무도 오지 않는다는 것이다. 당신에게 필요한 유일한 허락은 자신이 주는 허락이다.

진지하게 동기부여 강연자로 돈을 벌기로 마음먹은 것은 내 인생에서 내린 최고의 결정이었다. 어떻게 이 돌파구를 찾게 됐는지는 이 책에서 이야기할 예정이다. 돈을 벌기 시작하면서부터 나는 모든 돈을 전부 빚을 갚는 데 쏟아부었다. 첫해에는 17회 유료 강의를 했고, 그다음 해에는 47회로 늘어나면서 직장을 그만둘 수 있었다. 믿기 힘든 기적이었다. 3년 차에는 99회의 강의와 더불어 JP 모건 체이스JP Morgan Chase에서 주관하는 24개 도시 투어를 다녔다. 나는 전 세계에서 가장 많이 초청 받은 여성 연사가 되었고, 동경하던 회사에 고용되었다.

어떻게 이런 일이 일어났을까? 아침에 일어나고 싶지 않았지만 억지로 몸을 일으켰기 때문에 가능한 일이었다. 두려움, 자기 의심, 수많은 평계를 딛고 스스로 행동하도록 밀어붙이는 방법을 배우는 것, 그건 연습을 통해 누구나 익힐 수 있는 중요한 삶의 기술이다. 일단 이 기술을 터득하면 사소하지만 꾸준히 행동할 때 무엇이든 이룰 수 있다는 사실을 이해할 것이다.

그렇게 나는 1년 중 150일은 돌아다니면서 무대에 올라 5초의 법칙과 동기부여의 과학을 강연했고, 남편은 집에 남아 세 아이를 돌봤다. 입소문이 퍼지고 강연자로서 나의 실력도 점점 향상되면서, 한번은 청중의 수가 2만 7,000명에 이른 적도 있었다. 세계 최고의 브랜드 CEO, 프로 운동선수, 의사, 뇌과학자, 베스트셀러 작가들이 내 강연을 다른 사람들에게 추천하기 시작했다. 이메일에 개별적으로 답장할 시간이 부족해져서 뉴스레터를 발행하기에 이르렀고 급기야 TEDx 팀에 연락해 온라인에 게시된 영상에서 이메일 주소를 뺄 수 있는지 문의할 수밖에 없었다.

사람들이 내게 박사 학위를 가지고 있냐고, 치료 전문가냐고 물을 때마다 나는 대답했다. "아니요. 이건 모두 제가 인생을 엉망으로 만들었다가 다시 고치면서 힘들게 배운 거예요."

여러 해에 걸친 경험과 근거, 증언, 연구가 갖춰졌고 드디어 이 모든 것을 책으로 입증할 때가 되었다. 2017년 나는 《5초의 법칙》을 자비로 출판했다. 《5초의 법칙》은 역사상 가장 성공적인 자비 출판 오디오북이 되었고 그해 아마존에서 가장 많이 읽힌 책 6위에 올랐다. 지금은 41개 언어로 번역되었으며 수백만 명의 독자가 이 책을 읽었다.

몇 년간 전국을 돌아다니며 강의하면서 나는 세 가지 중요한 교훈을 얻었다. 첫째, 대부분의 사람은 성공하고, 청구서를 처리하고, 가족을 꾸리고, 사랑에 빠지고, 더 많이 즐기고, 인생에서 잠재력을 최대한으로 발휘하기 위해 최선을 다하고 있다. 우리는 그저 조금 더 행복해지고 삶을 조금 더 개선하기 위한 소박한 방법을 찾고 있을 뿐이다. 또한 자신을 위한 방편을 찾는 데 그치지 않고, 이를 다른 사람과 공유하길 원한다.

둘째, 나는 내가 놀라운 능력을 갖추고 있다는 말을 여러 번 들었다. 바로 복잡한 개념과 과학적 연구를 누구나 삶을 개선하는 데 사용할 수 있는 간단하고 실천 가능한 조언으로 바꾸는 능력이다. 그리고 셋째, 배운 내용을 사람들과 공유하는 것은 내게 가장 큰 기쁨을 준다.

그래서 나는 모두가 더 나은 삶을 살도록 간단한 방법을 더 많이 찾고 공유하는 것을 사명으로 삼기로 했다. 여기서 '간단한' 방법이라는 점이 핵심이다. 그 방법을 기억해야 활용할 수 있기 때문이다. 예를 들어 거울 속 자신과 하이 파이브를 하는 것이 자신감 있는 사고방식을 가장 빠르게 재구성하는 방법임을 알고 있었는가? 나도 몰랐다. 그러나 이 사실을 알게 된 뒤부터 나는 깊이 파고들었고, 이는 후에 〈뉴욕 타임스〉 베스트셀러가 된 《굿모닝 해빗》의 주제가 되었다.

사람들이 5초의 법칙과 하이 파이브 습관을 활용해 더 많은 성과를 내자 더 많은 단체, 언론 매체, 기업 브랜드에서 그들의 팀과 청중을 위한 프로그램을 만들자고 요청해 왔다. 이에 나는 2019년 보스턴에 본사를 둔 제작사 143 스튜디오를 설립하고 수상 경력을 자랑하는 콘텐츠, 행사, 오디오 시리즈, 온라인 코스, 저널, 도서 등을 개발했다. 또한 스타벅스, 오더블Audible, JP모건 체이스, 링크드인LinkedIn, 헤드스페이스Headspace 같은 파트너를 위한 직업 개발 교육도 제작했다.

2022년에는 194개 국가에서 방송되는, 세계 최고 팟캐스트 중 하나인 〈멜 로빈스 팟캐스트〉The Mel Robbins Podcast를 론칭했다. 우리가 제작한 무료 온라인 강의는 100만 명 이상이 수료했다. 예전에 만들었던 뉴스레터는 현재 150만 명에게 일주일에 두 번씩 발송된다. 미디어 제작사 143 스튜디오와 팟캐스트, 뉴스레터, 온라인 강의에 관한 더 많은 정보는 www.melrobbins.com에서 찾아볼 수 있다.

내가 이룬 모든 성과와 관련해 따라야 할 사전 경험이나 적합한 자격증은 없었다. 그저 내가 스스로 만들었을 뿐이다. 삶의 바닥을 치고 5초의 법칙으로 침대에서 일어났을 때가 마흔한 살이었다. 그리고 TEDx 무대에서 불안 발작을 겪었을 당시에는 마흔넷이었고 처음으로 강연료를 받았을 때가 마흔여섯이었다. 첫 책 《5초의 법칙》을 출판했을 때가 마흔아홉 살, 미디어 제작사를 시작했을 때는 쉰 살이었다. 그리고 쉰넷이 돼서야 전 세계에서 가장 빠른 속도로 인기를 얻고 있는 팟캐스트를 시작한 것이다.

내 삶은 한 가지 행동만으로 변한 것이 아니다. 침대에서 일어나고 싶지 않았지만 억지로 '5-4-3-2-1'을 세고 자리에서 일어났던 수천 번의 아침이 있었기에 가능한 변화였다.

변화는 결코 복잡하지 않다

내가 성공을 거두고 경제적 자유를 얻은 건 대단한 비밀이 있어서가 아니었다. 대개는 누구나 하기 싫어할 일을 기꺼이 했기 때문이다. 매일 아침에 일어나 기분과 상관없이 계속해서 천천히 목표를 향해 나아가며 고통스러울 정도로 지난한 과정을 10년 넘게 거친 결과다. 어떤 날은 그저 전날보다 조금 더 나아지는 데만 집중했다. 때로는 그것만으로 충분하다. 내가 특별하거나, 다르거나, 재능이 있거나, 운이 좋은 게 아니다. 그저 내게 효과적인 방법을 사용했을 뿐이다. 현재 나의 모든 일과 삶의 목적은 당신과 이 방법을 공유하는 것이다.

자랑하려고 하는 말이 아니다. 당신은 자신이 무엇을 할 수 있는지 알지 못하고 있으며 나 또한 마찬가지였다는 말을 하려는 것이다. 행동을 통해 나는 놀라운 일을 이룰 수 있었고, 당신 역시 할 수 있다.

삶을 바꿀 준비가 되었다고 느껴서 바꾸는 것이 아니다. 그냥 어느 날 자기변명이 지겨워져서 억지로 바꾸는 것이다. 운동하고 싶은 기분이 들어서 운동을 가게 되는 것이 아니다. 그냥 어느 날 억지로 운동하러 가는 것이다. 불편한 대화를 나누고 싶은 마음이 들어서 대화하는 경우는 없다. 더는 불편한 대화를 피할 수 없어서 어느 날 억지로 시작하는 것이다. 더 좋은 직장을 찾고 싶은 기분이 들어서 바꾸는 것도 아니다. 어느 날 갑자기 떠밀려서 찾기 시작하는 것이다.

5초의 법칙은 동기부여가 되지 않을 때 내면의 장애물을 극복하고 행동에 옮기는 데 유용하다. 이 법칙을 꾸준히 활용하면 결과는 매우 놀라울 것이다.

5초의 법칙이 효과적인 이유는 자신과의 내적 싸움에서 승리하는 데 도움을 주기 때문이다. 하지만 그 법칙이 할 수 없는 일이 있다. 매일 맞서 싸워야 할 외적인 싸움을 없애 줄 수는 없다. '5-4-3-2-1'을 아무리 여러 번 센다 해도 교통체증이나 무례한 사람, 사사건건 당신을 감시하는 직장 상사, 가족의 끝없는 비난, 죄책감이 들게 하는 말, 비꼬는 표현, 부담스러운 요구 등을 멈출 수는 없을 것이다. 확신할 수 있는 한 가지 사실은 5초의 법칙으로 스스로 변화하도록 몰아붙일수록, 다른 사람에게도 변화가 있기를 더욱 바라게 된다는 것이다. 이 책은 그 바람 때문에 나오게 되었다.

지난 10년간 나는 우리가 스스로 발전할 수 있는 간단한 방법을 발견하고 나누는 데 오롯이 몰두했다. 하지만 여태껏 우리가 건강하고 행복하게 살아갈지를 결정하는 첫 번째 요인은 다루지 않았다. 바로 '관계'다. 여기서 '렛뎀 이론'Let Them Theory이 등장한다. 이제 다른 사람을 효과적으로 대하는 방법과 인생에서 만나는 모든 사람과 더 좋은 관계를 형성할 수 있는 놀라운 비밀에 관해 이야기할 때다.

2년 전 나는 우연히 이 말을 접하게 됐다. '내버려두자.' 그리고 이 말은 스위치를 켜듯 내 인생을 완전히 바꾸었다. 5초의 법칙이 나 자신과의 관계를 바꾸었다면 렛뎀 이론은 다른 사람과의 관계를 바꾸었다.

자세히 설명하면 이렇다. 5초의 법칙은 '자기'계발에 관한 법칙이다. 힘든 날에도 침대에서 일어나고, 운동하고, 앉아서 글을 쓰고, 산더미처럼 쌓인 청구서를 확인하고, 위험을 감수하고, 수업을 신청하고, 은행 계좌 내역서를 확인하고, 2주 동안 밀린 빨래를 돌리고, AI 코딩 수업을 듣도록 도와준다.

'5-4-3-2-1'을 거꾸로 셀 때마다 머뭇거림과 미루기, 지나친 생각,

의심을 극복하도록 자신을 밀어붙이게 된다. 그리고 기분과 관계없이 행동하도록 자신을 지도한다. 그래서 이 법칙이 효과적인 것이다.

하지만 시간이 지나면서 궁금증이 생겼다. '왜 앞으로 나아가도록 계속해서 채찍질해야 할까? 나는 왜 실패를 그토록 두려워할까? 위험을 감수하는 게 왜 그렇게 긴장될까? 필요한 도움을 요청하기가 왜 어려울까? 정확히 무엇이 나를 방해하는 걸까?'

이런 질문을 잠시 멈춰 진지하게 생각해 본 적이 있는가? 당신은 왜 주저하는가? 무엇이 당신을 미루게 하는가? 무엇이 당신을 그토록 피곤하게 하고, 무엇이 당신이 결정을 내릴 때마다 너무 많이 생각하게 하는가? 그 모든 의심 밑에는 무엇이 있는가? 무엇이 내가 해야 할 일을 하거나 원하는 대로 인생을 살지 못하도록 막는가? 무엇을 두려워하는가?

이 질문들에 대한 나의 대답은 충격적이었다. 그 대답은 '다른 사람'이었다. 더 정확하게는 다른 사람이 내게 영향을 미치도록 내버려두는 방식이었다. 나는 다른 사람을 대하거나 그들에 관해 걱정하느라 너무 많은 시간과 에너지를 사용하고 있었다. 그들이 하는 일, 그들이 하는 말, 그들의 생각, 그들이 느끼는 방식, 그들이 내게서 바라는 것을 걱정했다. 그러나 현실에서는 아무리 열심히 노력해도, 무슨 수를 써도 다른 사람을 통제할 수 없다. 그럼에도 우리는 마치 통제할 수 있는 것처럼 삶을 살아간다.

우리는 옳은 말을 하면 사람들이 좋아할 거라고 생각한다. 더 많은 일을 떠맡으면 상사가 우리를 좋게 생각하고 존중해 줄 거라고 생각한다. 올바른 방식으로 행동하면, 어머니의 바람을 만족시키면, 친구들을 행복하게 해주면 어떻게든 평화를 찾을 거라고 믿는다. 하지만 그렇지 않다.

이 책에서는 '내버려두자'라는 간단한 말이 어떻게 당신을 자유롭게 하는지를 배울 것이다. 다른 사람의 의견과 갈등, 비판으로부터 자유로워지고, 주위의 모든 것과 모든 사람을 관리하고자 하는 소모적인 반복에서 벗어나는 방법을 배우게 된다.

인생을 살아가는 더 나은 방법이 있다. 렛뎀 이론은 시간과 에너지를 아끼고 자신에게 중요한 것에 집중하는 방법을 가르쳐 주는 증명된 이론이다. 우리는 너무 많은 시간을 다른 사람에게 인정받고, 어떻게든 다른 사람을 행복하게 하고, 다른 사람의 의견에 좌지우지되는 데 사용한다. 더는 자기 힘을 다른 사람에게 내주지 않고 자신의 꿈, 목표, 행복 등 자기를 최우선으로 하는 삶을 만드는 방법을 배우자. 그런데 그중에서도 가장 좋은 점은, 렛뎀 이론이 당신의 삶을 더 나은 쪽으로 변화시킬 뿐만 아니라 주변 모든 사람의 삶도 완전히 바꾼다는 것이다.

단언컨대 이 책은 최고의 경험이 될 것이다

이 책은 렛뎀 이론이 무엇인지, 왜 효과적인지, 어떻게 사용하는지를 설명하는데, 그동안 당신이 통제할 수 없는 것을 통제하려 노력해 온 삶의 여덟 가지 주요 영역에 따라 다룰 것이다. 책에는 렛뎀 이론을 적용하는 방법에 관한 연구와 증거, 이야기로 가득 차 있다. 이 접근 방식의 바탕에는 고대 철학, 치유 기법, 세계의 주요 종교, 스토아 철학, 영적 수행의 핵심 가르침이 깔려 있다.

이제 배우게 될 내용의 상당 부분이 과학적 연구로 뒷받침되지만 이 책이 교과서나 학술 논문인 것은 아니다. 이 책은 렛뎀 이론과 그 원칙을 삶의 가장 중요한 영역에 적용하는 방법을 설명하는 안내서다. 그래서 쉽게 이해하고 재미있게 읽을 수 있으며, 공감할 수 있는 이야기와 구체적인 핵심 정보로 가득 차 있다. 더불어 장마다 마지막에 요점이 정리되어 있어서 주요 핵심 정보를 바로 알 수 있고 배운 내용을 즉시 활용할 수 있다.

당신이 이 책을 읽고 알게 된 모든 것들을 삶에 어떻게 적용할지 너무나 기대가 된다. 당신은 당신의 행복이 다른 사람의 행동, 의견, 감정과 어떻게 관련되어 있었는지 깨닫게 될 것이다. 그 결과가 어땠는가? 당신은 더 행복해지고 건강해지고 원하는 것을 얻는 능력을 무의식적으로 방해하고 있었다. 하지만 이 책으로 상황이 달라질 것이다. 이 책을 읽고 받아들이고 배운 내용을 바로 실행하기로 스스로 약속할 수 있다면, 단언컨대 삶이 조금 더 쉬워지고 다른 사람과의 관계도 훨씬 좋아질 것이다. 이 변화는 당신을 자유롭게 하고 당신에게 힘을 주는 최고의 경험이 될 것이다. 모든 것은 이 간단한 말에서 시작한다.

'내버려두자.'

- 'LET THEM' 그리고 'LET ME'

제1부

인생을 바꾸는
렛뎀 이론

제1장

어쩔 수 없는 일에 인생을 낭비하고 있다면

삶을 바꾸거나, 목표를 이루거나, 행복하게 살고 싶어서 고군분투하고 있다면 이 말을 해주고 싶다. 문제는 당신에게 있지 않다. 문제는 당신이 무의식적으로 다른 사람에게 내주는 힘에 있다.

  우리는 종종 그 사실을 깨닫지 못한 채 그렇게 행동한다. 당신은 옳은 말을 하면 모든 사람이 만족할 거라고 생각하는 실수를 저지른다. 당신이 더 노력하면 배우자가 실망하지 않을 거라고 생각한다. 당신이 아주 친절하면 동료가 당신을 더 좋아할지 모른다고 생각한다. 당신이 잠자코 참고 있으면 가족이 당신의 선택에 대한 비판을 멈출지도 모른다고 생각한다.

내가 직접 경험한 일이기 때문에 잘 알고 있다. 나는 오랫동안 모든 사람을 위해 최대한 노력하면서 내가 열심히 하고, 옳은 말을 하고, 모든 사람을 행복하게 해줄 수 있다면 결국 나 자신도 행복해질 거라고 생각했다. 하지만 현실은 어땠을까? 아무리 열심히 하고, 더 노력하고, 자신을 낮춰도 여전히 누군가는 당신에게 실망한다. 여전히 누군가는 비난을 멈추지 않는다. 그리고 여전히 당신은 자신의 노력이 부족하다고 생각한다.

꼭 이런 방식일 필요는 없다. 이 책은 당신의 힘을 되찾도록 도움을 주기 위해 쓰였다. 다른 사람의 의견이나 기분, 행동 등 통제할 수 없는 것을 통제하기 위해 시간, 에너지, 행복을 낭비하는 것을 멈추고 당신이 통제할 수 있는 단 하나에 집중하자. 그것은 바로 당신 자신이다.

다른 사람을 어떻게든 관리하려는 노력을 멈추면 당신은 그동안 자신도 모르게 타인에게 내주고 있던 힘이 생각보다 훨씬 더 크다는 걸 깨달을 것이다. 이 책에서 나는 가장 간단하면서 가장 극적으로 내 삶을 변화시켰던 아이디어를 소개하려고 한다. 바로 '렛뎀 이론'이다.

나의 시간과 에너지는 소중하니까

렛뎀 이론이란 자유에 관한 이야기다. '내버려두자'라는 간단한 말로 당신은 다른 사람을 관리하려는 부담에서 벗어날 수 있다. 다른 사람의 생각과 말, 행동에 대한 지나친 집착을 거두면 그제야 자기 삶에 집중할 수 있는 에너지가 생긴다. 다른 사람에게 반응하던 삶을 멈추고 진짜 나의 삶을 살게 된다. 다른 사람을 관리하거나 기분 좋게 하느라 자신을 몰아세우지 않고 그들을 **내버려두는** 방법을 배우게 될 것이다.

그렇다면 내버려둔다는 것은 무엇일까? 가령 직장에서 동료의 기분이 좋지 않은 상황이라고 상상해 보자. 동료의 부정적 감정이 당신에게 영향을 미치게 두지 말고 마음속으로 '내버려두자'라고 말해 보자. 당신의 문제가 아니니 그냥 투덜대도록 **내버려두자**. 대신 당신의 일과 감정에 집중하자.

혹은 당신이 인생에서 내린 선택에 관해 아버지가 참견하는 바람에 큰 상처를 받았다고 상상해 보자. 그 충격으로 하루를 망치는 대신 소리 내어 "내버려두자."라고 말해 보자. 아버지가 의견을 말하도록 **내버려두자**. 그렇다고 해서 당신의 본모습이나 당신이 이뤄 낸 성과, 혹은 당신이 행복을 위해 스스로 결정할 권리가 바뀌는 건 아니다. 사실 당신이 허락하지 않는 한, 다른 사람이 당신을 좌지우지할 순 없다.

이 방법이 효과적인 이유는 이렇다. 통제할 수 없는 것을 통제하려는 노력을 멈출 때 에너지 낭비도 멈춘다. 그리고 자신의 시간과 마음의 평안, 집중력을 되찾는다. 행복이 다른 사람의 행동이나 의견 또는 기분이 아니라 자기 행동에 달려 있다는 사실을 깨닫는다.

간단한 방법처럼 들리고 실제로도 간단하다. 하지만 단언컨대 이 간단한 변화가 당신의 모든 것을 바꿀 것이다. '렛뎀'이라고 제목을 붙였지만 사실 이 책은 자기 자신, 즉 자기 시간과 에너지에 관한 책이다. 시간과 에너지야말로 우리가 가진 가장 소중한 자원이기 때문이다. 렛뎀 이론은 다른 사람이 그들의 삶을 살게 내버려둘수록 당신의 삶이 더 좋아진다는 사실을 알려 줄 것이다. 또한 다른 사람이 있는 그대로의 자신을 드러내고, 그들이 자신의 감정대로 느끼고, 자기 생각대로 생각하게 두면 당신과 그들과의 관계도 더 좋아질 것이다.

성인을 있는 모습 그대로 인정하는 방법을 배우면서 내 인생에 변화가 찾아왔다. 이 방법이 당신의 인생도 변화시킬 것이다. 당신이 마침내 자기가 가진 힘을 다른 사람에게 내주지 않게 되면 당신이 얼마나 큰 힘을 가졌는지 알게 되기 때문이다.

그러나 렛뎀 이론의 가장 놀라운 점은 내가 이 이론을 발견하게 된 계기다. 이 이야기를 꺼내기가 조금 부끄럽기도 하지만, 인생에 대한 나의 모든 접근 방식을 바꿔 버린 깨달음을 얻은 사건은… 바로 고등학교 프롬prom(영미권 고등학교에서 열리는 졸업 무도회―옮긴이)이었다(내가 이 문장을 쓰게 될 줄은 꿈에도 몰랐다).

"엄마, 그냥 내버려둬요"

왜 그런지 이유를 알 수 없지만 프롬은 정말 스트레스가 장난 아니게 큰 일이다. 나는 두 딸 덕에 이미 네 번이나 프롬을 겪었기 때문에, 아들 오클리의 프롬은 식은 죽 먹기라고 생각했다. 하지만 내 예상은 보기 좋게 빗나갔다.

딸들은 드레스, 데이트 상대, 프롬포절promposal(프롬에 갈 데이트 상대가 되어 달라고 요청하는 것—옮긴이), 헤어스타일, 스프레이 선탠, 메이크업, 코르사주, 버스 대여, 애프터 파티 등 온갖 사소한 디테일에 몇 달 동안 집착했다. 프롬이 영원히 끝나지 않을 것만 같았고, 마침내 끝났을 때는 너무 기뻤다.

그런데 아들은 친구들과 프롬에 참석할지조차 결정하지 못했다. 내가 계속 재촉했는데도 자세한 내용이나 계획을 전혀 알려 주지 않았다(아들이나 형제, 남자 친구가 있는 사람이라면 지금 내 말에 고개를 끄덕이고 있을 것이다). 프롬 주간이 되자 그제야 오클리는 프롬에 가기로 했다. 막판에 턱시도를 빌리고 프롬 당일의 계획을 세우고, 아들이 신고 싶어 했던 스니커즈까지 준비하려니 모든 것이 뒤죽박죽이었다. 심지어 딸들은 몇 달 동안 고민했던, 프롬 데이트 상대를 찾는 일도 파티가 열리기 이틀 전까지 정해지지 않았다. 마침내 프롬 당일, 기적적으로 턱시도, 테니스 운동화, 데이트 상대, 프롬 전 사진 촬영 장소까지 정해졌다. 어찌어찌 설득해서 애프터 파티도 열기로 했다. 휴!

집에서 출발하기 직전에 남편 크리스는 오클리의 나비넥타이를 마지막으로 고쳐 매어 주었다. "너무 멋지다, 오클리." 집에 와 있었던 둘째 딸 켄들이 남동생을 보고 칭찬을 건넸다. 나는 그 자리에 서서 그 순간을 만끽했다. 아들이 얼마나 멋진 청년으로 자랐는지, 지난 18년이 얼마나 눈 깜짝할 사이에 지났는지 믿기 어려웠다. 켄들의 대학 졸업이 얼마 남지 않은 것도, 큰딸 소이어가 어느덧 대학을 졸업하고 보스턴에 있는 기술 대기업에 다니고 있다는 사실도 믿을 수 없었다.

나는 부엌에 서서 밀려오는 현실을 받아들였다. 그 순간에도 시간은 흐르고 있었고, 나는 할 수만 있다면 시간을 멈추고 싶었다. 시간의 잔인함은 그렇다. 우리가 속도를 늦추고 싶든 말든 시간은 계속해서 흐를 것이다. 사랑하는 사람과 함께하는 시간은 마치 녹아내리는 얼음 조각과 같다. 조금 전까지만 해도 있었는데 다음 순간 사라져 버리는 것이다. 슬픈 사실은 이 얼음 조각이 녹아내리지 않게 막을 수 없다는 것이다. 우리가 할 수 있는 유일한 일은 사랑하는 사람과 함께하는 시간을 최대한 행복하게 보내는 것이다. 이렇게 모든 것을 멈추고 잠시 생각에 잠길 때마다, 나는 늘 조금 슬퍼진다. 인생을 마치 경주하듯 빠르게 달리느라, 정작 이런 순간을 제대로 누리지 못하고 있다는 기분이 든다. 중요하지 않은 일에 너무 신경이 날카로워져서 사랑하는 사람과 함께하는 짧은 순간을 망쳐 버릴 때도 많았다.

프롬도 마찬가지였다. 파티 직전까지 상황이 뒤죽박죽이었다고 해서 그렇게 스트레스를 받고 오클리에게 화를 내야 했을까? 당신에게 프롬에 참석하는 자녀가 없다 해도 내 말에 공감할 수 있을 것이다. 어쩌면 가족의 잔소리 때문에 함께 보내는 휴가를 완전히 망쳐 버리거나, 일이나 공부에 치여 친구와 약속을 거듭 취소한 경험이 있을지도 모른다. 혹은 의미 없는 일이나 야근에 정신을 빼앗겨 몇 년을 낭비하기도 한다. 우리는 살면서 너무 스트레스를 받는 나머지, 인생을 살아가는 것 자체가 본질이라는 사실을 까맣게 잊어버리곤 한다.

부엌에 서서 크리스가 오클리의 나비넥타이를 고쳐 매어 주는 모습을 보면서 나는 모든 현실을 있는 그대로 받아들이기로 했다. 숨을 깊게 들이마시고 다가가 오클리를 안아 주었다. 그리고 아들을 바라보며 이렇게 말했다.

"우리 아들, 정말 잘생겼네."

"고마워요, 엄마."

오클리는 몇 시인지 확인하더니 외쳤다.

"얘들아, 우리 가야 해!"

그렇게 그 순간은 지나갔고 시간도 다시 흘렀다. 인생은 그렇게 재밌는 것이다. 조금 전까지 시간의 흐름과 아이들의 성장을 생각하며 눈물 흘리다가, 다음 순간에는 열쇠를 찾으러 뛰어다니고 누군가가 또 싱크대에 설거지를 남겨 둔 것을 보고 짜증을 낸다.

나는 냉장고를 열어 오클리의 데이트 상대를 위해 동네 꽃집에서 만들어 온 예쁜 코르사주를 챙겼다. 오클리는 꽃을 한 번 흘끗 쳐다보더니 이렇게 말했다.

"엄마, 걔는 코르사주 안 좋아해요. 제발 가져가지 마세요."

나는 오클리를 쳐다보며 말했다.

"하지만 너무 예쁘잖니. 정말 없어도 되겠어?"

"이미 말했잖아요. 걔가 코르사주 필요 없다고 했어요."

"그럼, 일단 가져가서 하고 싶다고 하면 주고, 하기 싫다고 하면 안 해도 되고."

"엄마, 좀. 가져가지 말라니까요."

오클리가 내게 쏘아붙이듯 말했다. 나는 켄들을 향해 눈알을 굴리며 도움을 요청했다. 딸은 고개를 저으며 말했다.

"엄마, 그만해요. 애가 긴장했잖아요. 데이트 상대를 잘 알지도 못한다잖아. 강요하지 마요."

솔직히 화가 나고 조금 상처도 받았다. 기껏 시간을 들여 요즘 유행하는 프롬 코르사주가 뭔지 인터넷으로 찾아보고, 정말 끝내주는 코르사주를 주문하고, 직접 운전해 가서 꽃을 찾고 돈도 냈는데. 아들에게 잘해 주려고 한 것밖에 없는데 감사 인사는커녕 짜증을 내다니. 게다가 아들에겐 첫 프롬이지 않은가? 얘가 뭘 알겠는가?

그래서 나는 가방에 코르사주를 챙겨 넣고, 프롬 전 사진 촬영을 위해 모두가 모인 장소를 향해 집을 나섰다. 도착하자마자 오클리는 우리를 데이트 상대에게 소개했다. 그녀는 오클리의 옷깃에 꽃을 부토니에르를 꺼내면서 크리스에게 꽃을 고정하도록 도와줄 수 있냐고 물었다. 당연히 나는 가만히 있을 수 없었다. 나는 가방을 뒤져 마치 복권에 당첨된 것처럼 코르사주를 꺼내 들고 그녀에게 말했다.

"아무것도 필요 없다고 오클리가 말하긴 했는데, 혹시 몰라서 이걸 만들어 봤어."

오클리가 나를 째려봤다. 그 순간 나는 방금 한 말을 주워 담고 싶었다. 오클리는 데이트 상대에게 미안하다는 듯 말했다.

"달지 않아도 돼."

"괜찮아. 달게."

그녀가 오클리를 보며 대답했다. 그제야 나는 오클리의 데이트 상대가 이미 자기가 만든 코르사주를 손목에 끼고 있다는 사실을 알아챘다. 켄들은 내게 눈을 흘겼고, 크리스는 재빨리 고개를 돌렸다. 그 순간 나는 그 자리에서 증발해 버리고 싶은 심정이었다.

오클리는 내가 들고 있던 플라스틱 통을 잡아채더니, 그녀가 황공하게도 내밀어 준 반대쪽 손목에 코르사주를 살짝 끼워 넣었다. 크리스는 오클리의 턱시도에 부토니에르를 달아 주었다. 그런데 사진을 몇 장 찍고 나자 느닷없이 비가 내리기 시작했다. 그냥 비가 아니라 폭우였다. 비가 올 거라는 예보가 없었기 때문에 검은 넥타이를 맨 스무 명의 아이와 그들의 부모 중에 우비나 우산을 가진 사람이 단 한 명도 없었다.

'이러다 아이들이 홀딱 젖겠어.'

내 걱정과 달리 아이들은 전혀 개의치 않는 모습이었다. 그냥 삼삼오오 모여 계속 대화하고 있었고, 그때 우연히 아이들이 하는 말이 들렸다.

"그럼, 저녁은 뭐 먹을까?"

나는 오클리에게 몸을 기울여 속삭였다.

"오클리, 프롬 전에 갈 식당 예약 안 했니?"

"안 했는데요."

나는 남편을 쳐다보며 외쳤다.

"저녁 먹을 식당을 예약 안 했다고?"

"아마 그런 것 같은데."

남편은 고개를 저으며 말했다. 이 상황이 남편이나 아들에게는 문제가 되지 않는 것 같았다. 오, 하지만 나는 얼마나 괴롭던지. 대체 어떻게 스무 명이나 되는 애들이 프롬 전에 식사를 계획하지도, 예약하지도 않을 수 있는가? 우리 딸들은 몇 달 전에 식당을 예약했었는데.

오클리와 친구들은 여전히 선택지를 의논하고 있었다. 나는 최대한 인내심을 발휘해 아이들에게 물었다.

"그래서 저녁은 어떻게 할 거니?"

오클리는 나를 바라보며 오직 10대 남자아이들만 할 수 있는 방식으로 대답했다.

"아마 나가서 아미고스에 갈 것 같아요."

그렇다. 아미고스 타케리아라는 곳은 마을 중심부에 있는 작고 멋진 타코 가게다. 문제는 테이블이 네 개 정도밖에 없다는 거였다. 가게 크기가 작은 창고 정도밖에 되지 않는 곳이다. 모여 있던 엄마들은 일순간 얼어붙었고, 이제는 아빠들까지도 이 계획에 의문을 품기 시작했다. 검은 넥타이를 맨 스무 명의 아이가 우산이나 우비도 없이 폭우를 뚫고 열 명 정도만 간신히 비집고 들어갈 수 있는 패스트푸드 가게에 가겠다고 계획하고 있었다니…. 그것도 프롬 전에! 나는 도저히 가만히 있을 수 없었다.

마음보다 몸이 먼저 움직여 자기도 모르게 이성적이지 않은 말이나 행동이 튀어나올 때 느낌을 아는가? 굳이 변명하자면 그 상황에 개입한 부모가 나만은 아니었다. 많은 부모가 자기 아이들에게 몰려들어 상황을 해결해 보려 했다. 나는 황급히 휴대전화를 꺼내 들고 스무 명이 앉을 좌석을 예약할 수 있는 식당이 있는지 검색하기 시작했다. 하지만 없었다. 한 군데도 찾을 수 없었다. 켄들이 나를 쳐다보는 눈길이 느껴졌다.

"예약할 수 있는 곳이 한 군데도 없어요. 여기까지 배달해 주는 피자집을 찾아볼게요."

내가 다른 부모들에게 소리치는 동안 켄들은 계속 나를 바라보더니, 갑자기 내 팔을 잡아끌며 내 눈을 바라보고 이렇게 말했다.

"엄마, 오클리가 친구들이랑 프롬 전에 타코 바에 가겠다고 하면 그냥 **내버려둬요**."

"하지만 너무 좁아서 저 아이들이 다 들어갈 수가 없어. 홀딱 다 젖을 거라고."

"엄마, 그냥 젖게 **내버려둬요**."

"그러면 새 신발이 엉망이 될 거라고."

"그냥 엉망이 되게 **내버려둬요**."

"켄들, 새 신발이라니까!"

"엄마! 지금 짜증 나게 행동하는 거 알아요? 그냥 턱시도랑 드레스가 젖은 채 프롬에 가게 **내버려두라고요**. 먹고 싶은 곳에 가서 먹게 **내버려둬요**. 쟤네 프롬이지, 엄마 프롬이 아니잖아요. 그만 좀 해요."

내.버.려.둬.요.

그 말의 효과는 즉각적으로 나타났다. 마음속에 있던 무언가가 누그러졌다. 긴장이 풀리고, 빠르게 뛰던 가슴이 진정되고, 상황을 통제해보려던 스트레스도 사라졌다. 왜 내가 개입하려고 했을까? 왜 이 상황을 해결하려 했을까? 왜 아이들 저녁 식사 걱정은 하면서 내 저녁 식사 걱정은 하지 않았을까? 도대체 왜 아이들 때문에 그런 스트레스를 받았을까?

내.버.려.두자. 쟤네 프롬이지, 내 프롬이 아니다. 통제하거나 판단하거나 관리하지 말자. 그냥 **내버려두자**.

나는 그 말대로 행동했다. 다른 부모들이 계속해서 아이들의 사소한 것까지 챙기고 있는 동안 나는 오클리에게 다가가 미소를 지었다. 그런 나를 보고 오클리가 쏘아붙였다.

"또 뭐요?"

"여기 40달러로 아미고스에서 사 먹어. 재밌게 보내렴."

오클리는 활짝 웃으며 나를 꽉 껴안고 말했다.

"엄마, 고마워요. 그럴게요."

그러고 나서 나는 오클리와 데이트 상대가 쏟아지는 빗속으로 뛰어가는 걸 바라봤다. 아이들이 폭풍 속을 달려가면서 드레스에 진흙이 튀고 새 신발이 엉망이 되는 모습을 지켜봤다. 하지만 신경 쓰지 않았다. 솔직히 조금 귀엽기도 했다.

당시엔 미처 알지 못했지만, 인생에 대한 나의 모든 접근 방식을 완전히 바꾼 순간이었다.

당신을 해방시킬 한마디, '내버려두자'

일주일 만에 내 마음이 얼마나 달라졌는지 믿기 어려울 정도였다. 나는 스트레스를 받거나 긴장하거나 짜증이 날 때마다 "내버려두자."라고 말하기 시작했다. 재밌는 사실은 그 말을 한 경우 중 십중팔구는 나 자신이 아닌 다른 사람과 관련된 일 때문이었다.

어디를 갈 때마다 가족들이 늑장을 부려도 **내버려두자**.

할머니가 "이 얘기 들었니?" 하고 신문에 난 기사를 큰 소리로 읽어도 **내버려두자**.

사람들이 내가 올린 사진을 싫어해도 **내버려두자**.

밤늦게까지 놀지 못하게 한다고 오클리가 화를 내도 **내버려두자**.

누가 또 싱크대에 설거지를 쌓아 두어도 **내버려두자**.

월요일 아침 출근길에 공사를 하고 있어도 **내버려두자**.

친척들이 내 직업에 대해 뭐라 해도 **내버려두자**.

시어머니가 내 양육 방식에 동의하지 않아도 **내버려두자**.

빵집에 베이글이 다 떨어졌다 해도 **내버려두자**.

이웃집 개가 종일 짖어도 **내버려두자**.

'내버려두자'라는 이 간단한 말이 모든 것을 바꾸었다. 마치 세상 모든 것을 초월한 사람이 된 듯했다. 신경 쓰이던 것들이 더 이상 신경 쓰이지 않았다. 짜증 나게 했던 사람들이 더 이상 짜증 나게 느껴지지 않았다. 그동안 삶을 통제하기 위해 단단하게 움켜쥐고 있던 마음이 조금씩 느슨해지기 시작했다. 직장에서 스트레스를 받은 일이나 집에 가서 가족에게 불평을 털어놓고 싶었던 상황들이 더 이상 신경 쓰이지 않았다. 부질없는 걱정과 짜증, 극적인 사건들로 한때 터져나갈 것 같았던 머릿속이 비워지고 더 중요한 일들을 채울 공간이 생겼다.

'내버려두자'라는 말을 많이 할수록 내가 걱정하던 많은 것이 내 시간이나 관심을 쏟을 가치가 없는 일이었음을 알게 되었다. 그리고 모든 사람에게 내 에너지를 쏟을 필요도 없었다. 해방된 기분이었다.

'내버려두자'라는 말을 많이 할수록 나 자신을 위한 시간도 많아졌다. 생각하고, 숨 쉬고, 즐길 시간. 내게 중요한 일에 쓸 시간. 나를 돌볼 시간. 나는 편안했고 행복했으며 중심을 잃지 않을 수 있었다. 심지어 크리스도 이를 알아채고 "당신, 좀 달라 보여."라고 말했다. 실제로 내가 느끼는 감정도 달라졌다. 너무 기분이 좋아서 이 '렛뎀 이론'을 온라인에 공유해야겠다고 생각했다. 그래서 소셜미디어에 이 이론을 설명하는 60초짜리 영상을 올렸다. 영상에서 나는 이렇게 말했다.

"친구가 이번 주말 브런치에 당신을 초대하지 않아도 **내버려두자**. 정말 마음이 끌리는 상대가 내게 집중하지 않는다고 해도 **내버려두자**. 자녀가 이번 주에 당신과 하기로 약속한 일을 하기 싫어해도 **내버려두자**. 다른 사람을 나의 기대에 맞추려 하면 너무 많은 시간과 에너지가 낭비된다. 데이트 상대, 동업자, 가족 구성원 등 다른 사람이 당신이 바라는 모습을 보이지 않는다면 그들을 억지로 변화시키려 하지 말아야 한다. 상대방이 자기 모습을 있는 그대로 드러낼 수 있도록 **내버려두자**. 그냥 **내버려두고** 다음에 무엇을 해야 할지 선택하자."

하루 만에 1,500만 명 이상이 이 동영상을 시청했다. 그리고 일주일 만에 6,000만 명이 시청했고 수만 개의 댓글이 영상에 달렸다. 언론 매체들은 이 이론과 효과에 관해 기사를 쓰기 시작했다. 전 세계 사람들이 내게 질문과 이야기, 활용 사례를 DM과 이메일로 보냈다. 심리학자와 치료 전문가들은 이 이론에 관해 블로그에 글을 썼다.

나는 즉각적인 반응에 너무 놀라서 이 이론과 나의 활용 경험을 팟캐스트 에피소드로 녹음했다. 에피소드는 마치 생명이 있는 것처럼 스스로 퍼져 나가더니, 애플이 선정한 '그해 전 세계적으로 가장 많이 공유된 팟캐스트 에피소드' 6위를 기록했다. 이는 시작에 불과했다. 이후 'Let Them' 타투 인증샷이 쏟아지기 시작했기 때문이다!

수많은 'Let Them' 타투들

'Let Them'이라는 문구는 단언컨대 내가 발견한 가장 영향력 있는 말이다. 솔직히 말해서 전 세계 수많은 사람이 'Let Them'을 자기 몸에 영구적으로 새긴다는 사실에 고무되어 이 책을 쓰게 되었다. 이 간단한 말이 왜 그렇게 많은 사람에게 즉각적이고, 깊고, 보편적인 영향을 미쳤는지를 이해해야 했다.

통제할 수 있는 것은 오직 나 자신

나는 지난 2년간 렛뎀 이론을 연구했다. 이 이론이 왜 효과적인지, 삶을 바꾸고 다른 사람과의 관계를 개선하는 데 어떻게 사용할 수 있는지를 조사하며 심리학, 신경과학, 행동과학, 관계, 스트레스, 행복 분야의 세계 최고 전문가들과 이야기를 나눴다. 당신도 이 책을 읽으면서 그들을 만날 것이다. 그리고 그들의 연구는 당신이 인생에서 겪는 수많은 상황에 이 이론을 적용하도록 도와줄 것이다. 곧 알게 되겠지만 과학적으로 이 이론은 효과가 있다. 그리고 효과가 대단히 좋다!

하지만 이 책은 단순히 렛뎀 이론을 소개하는 데 그치지 않는다. 이 책은 '모든 인간에게는 통제하고 싶은 본능적인 욕구가 있다'라는 인간 본성의 근본적인 법칙에 관한 이야기다. 우리는 모두 시간, 생각, 행동, 환경, 계획, 미래, 결정, 주변 상황 등 인생의 모든 것을 통제하고 싶은 내적 욕구가 있다. 통제하고 있다는 생각은 편안함과 안전함을 주기 때문에 자연스럽게 주위에 있는 모든 사람과 모든 것을 통제하려 하게 된다. 심지어 자신도 모르게 그렇게 할 때가 있다.

하지만 당신이 아무리 노력해도 절대로 다른 사람을 통제하거나 변화시킬 수 없다. 당신이 통제할 수 있는 유일한 사람은 바로 자기 자신이다. 오직 자기 생각, 자기 행동, 자기감정만 통제할 수 있다.

당신은 너무 오랫동안 이런 인간 본성의 기본 법칙을 거스르며 일해 왔다. 사람들을 변화시키려 애쓰고, 상황을 통제하려 발버둥 치고, 사람들의 말과 생각, 행동에 관해 걱정하면서 그 과정에서 자신과 인간관계에 불필요한 스트레스, 긴장, 마찰을 일으켰다. 나 또한 그랬다.

렛뎀 이론은 삶에 대한 나의 접근 방식과 다른 사람을 대하는 방식을 완전히 변화시켰다. 나는 인간 본성의 자연스러운 흐름에 저항하는 대신 있는 그대로 수용하는 법을 배웠다. 내가 통제할 수 없는 다른 사람의 말, 생각, 행동에 에너지를 낭비하는 대신 내가 통제할 수 있는 것, 즉 나 자신에게 에너지를 쏟아부었다.

그 결과는 어땠을까? 나는 그 어느 때보다 내 인생을 더 잘 통제할 수 있게 되었다. 자유로워진 기분이었다. 나는 더 이상 다른 사람과 불화를 만들지 않았고 그 과정에서 인간관계가 꿈에도 생각하지 못한 방식으로 개선되었다. 마치 여러 해 동안 봉인되었던 문을 여는 것 같았다. 그 문 뒤에는 무엇이 있었을까? 바로 다른 사람을 관리해야 한다는 욕구에 짓눌리지 않는 삶이 기다리고 있었다.

다음 장에서는 렛뎀 이론에 관한 모든 것, 즉 이론을 가장 쉽게 적용하는 방법과 이를 적용할 때 느끼는 멋진 감정에 관해 알아보려고 한다. 또한 내가 연구 초기에 발견한 놀라운 사실에 관해서도 소개한다.

렛뎀 이론은 단순히 **내버려둔다**는 내용만 있는 게 아니다. 물론 이 간단한 말에서 시작하는 것은 맞지만 이 말이 전부는 아니다. '내버려두기'는 이 이론의 전반부에 불과하다. 이 이론에는 더 중요한 두 번째 단계가 있는데, 바로 '**내가 하기**'Let Me 다.

먼저, **내버려두기**와 **내가 하기**를 모두 분석해서 각 단계의 배후에 있는 과학과 심리학을 살펴볼 것이다. 그다음 이 이론이 가장 긍정적인 영향을 미칠 수 있는 여덟 가지 핵심 영역, 즉 당신의 인간관계, 직장 생활, 감정, 의견, 스트레스, 연애, 어려움, 습관적 비교, 우정 그리고 가장 중요한 자신과의 관계에 관해 이야기할 것이다.

반복되는 이야기를 통해 당신은 자신이 무언가 잘못된 것을 통제하려다 자기도 모르는 사이에 다른 사람을 기분 나쁘게 했다는 사실을 알게 될 것이다. 사실 다른 사람은 당신의 인생에서 중요한 행복과 지지, 사랑의 가장 큰 원천이어야 한다. 하지만 다른 사람의 감정, 말, 행동을 계속 통제하려 한다면 그렇게 될 수 없다. 이 책으로 이 문제를 끝내자.

렛뎀 이론을 배우면 당신은 통제할 수 없는 것을 통제하기 위해 더는 자신을 지치게 하지 않을 것이다. 단지 기분이 좋아지려고 이론을 배우라는 것이 아니다. 인생 전반을 살아가는 방식을 다시 계획하자는 이야기다. 나는 당신이 늘 바라왔던 것처럼 자기 방식대로 인생을 경험하는 공간과 자유를 발견할 수 있기를 간절히 바란다.

그럼, 시작해 보자.

제발 내버려두고, 내가 하자

렛템 이론을 발견하고 얼마 지나지 않았을 때였다. 나는 소파에 앉아 소셜미디어를 훑다가 옛 친구의 사진을 보게 되었다. 사진 속 그녀는 정말 멋져 보였다. 사진에 달린 설명을 읽어 보니 그녀는 친구들과 정말 즐거운 주말을 보냈다고 했다. 나는 그녀의 설명이 진심이라는 것을 알 수 있었다.

사진을 보면서 나는 그녀가 얼마나 행복하고, 여유 있고, 생기 있어 보이는지, 피부는 얼마나 구릿빛으로 빛나는지 감탄을 멈추지 못했다. '와, 나도 저런 주말을 보낼 수 있으면 좋겠다.' 젠장, 나는 그냥 스프레이 태닝이나 해야지. 그러면서 소셜미디어 속 사진들을 연달아 훑어보기 시작했는데, 곧 내가 그녀들의 화려한 주말여행을 담은 사진들을 계속해서 보고 있다는 사실을 깨달았다. 브런치, 댄스파티, 쇼핑, 웃음, 수영, 칵테일 등등.

그러다 한 단체 사진을 자세히 보기 위해 엄지와 검지로 확대하니, 이게 웬일인가! 화면에서 나를 보며 웃고 있는 여성 모두가 내가 아는 사람이었다. 심장이 철렁 내려앉았다. 내 친구들이 모두 함께 여행을 떠났던 거였다.

당신도 그 끔찍한 기분을 알 것이다. 나만 소외되었다는 사실을 깨달았을 때 받는 충격적인 기분을. 마치 한 대 얻어맞는 느낌이다. 별일 아니라고 되뇌며 털어 버리려고 해도 상처가 남는 건 사실이다. 그때 휴대폰을 내려놓아야 했는데, 안타깝게도 그렇게 하지 못했다. 나는 교외의 작은 마을에서 함께 아이들을 키웠던, 바로 그 여성들의 시선으로 포착한 즐거운 여행의 장면을 한 장 한 장 들여다보았다. 신경 쓰지 않으려 했지만 자꾸만 신경이 쓰였다.

머릿속에 모든 세부 내용이 채워지기 시작했다. 그들이 그동안 얼마나 즐겁게 지냈는지, 서로 얼마나 가까워졌는지 상상해 보았다. 나는 그 여성들을 여러 해 동안 알고 지냈었다. 우리는 바비큐, 카풀, 축구 게임, 부부 동반 저녁 식사, 육아에 관한 진지한 대화 등을 함께하며 유대감을 형성했다. 그랬기에 더더욱 부정적인 생각에 사로잡혔다.

아니, 완전히 사로잡혔다. 나중엔 거의 스토커 모드가 되었다. 소파에 그대로 계속 앉아서 그들의 계정을 하나하나 파헤치는 동안 그 모든 내용이 내 등으로 녹아 들어가는 느낌이었다. 불과 5분 전만 해도 나는 완전히 괜찮은 상태였다. 하지만 지금은 버림받음, 불안정, 혼란스러움이라는 감정의 소용돌이에 휘말린 상태가 되었다. 이 여행 계획을 언제 세웠을까? 왜 나만 빼고 갔을까? 왜 나는 초대받지 못했을까? 친구들과 마지막으로 여행을 갔던 때가 언제였더라?

그들의 사진을 훑어보면서 온갖 질문이 머릿속을 계속 맴돌고 있을 때, 크리스가 방으로 들어와서 나를 보더니 물었다.

"무슨 일이야?"

나는 한숨을 쉬며 남편에게 사실대로 얘기했다.

"친구들 여럿이 주말에 여행을 다녀왔더라고. 나만 쏙 빼놓고."

"그건 좀 그렇네."

"내가 잘못한 게 있나 봐. 나한테 화가 났나?"

"왜 그렇게 신경 쓰는데?"

남편이 팔짱을 끼고 내게 물었다. 나는 그런 남편을 쳐다봤다.

"이제는 그 사람들이랑 그렇게 친한 것도 아니잖아, 멜."

남편 말이 맞았다. 나도 알고 있었다. 하지만 여전히 그들에게 연락해서 관계를 회복하고 싶었고, 친한 사이라는 걸 확인하고 싶었다. 당신도 분명 이런 경험이 있었을 것이다. 어떤 일에서 당신만 빠졌다는 사실을 알게 됐을 때, 당신은 잘못한 일이 없었다는 일종의 안도감을 느끼고 싶었던 경험 말이다.

그런데 솔직히 나는 뭐가 잘못됐는지 알지 못했다. 만약 당신도 나와 같은 입장이라면 이런 일이 벌어졌을 때 곧바로 당신이 무언가 잘못한 일이 있었을 거라고 지레짐작할 것이다. 나는 소파에 앉아 내가 빠진 이유를 생각해 내려고 아무리 머리를 짜내도 도저히 생각나지 않았다. 그래서 더 불안해졌다.

우리는 분명 여러 해 동안 알고 지냈다. 아이가 어렸을 때 엄마가 되는 과정을 함께 겪었고 삶의 많은 부분을 함께했다. 나는 그 친구들 모두를 정말 좋아했다. 하지만 그들과 만나서 시간을 함께 보낸 지 아주 오래된 것도 사실이었다. 큰 행사가 있으면 오다가다 만나기는 했지만, 개별적으로 우정을 이어 가기 위해 시간과 노력을 투자하지 않았고 최근에는 함께 재미있는 일을 계획하거나 먼저 연락하지도 않았다. 머리로는 이 사실을 알았지만 감정적으로는 충격에서 헤어나지 못했다. 마치 파자마 파티에 혼자 초대받지 못하거나, 팀에서 제외되거나, 자기들끼리만 아는 농담에 끼지 못한 중학생으로 돌아간 기분이었다.

그 무엇도, 아무것도 '하지 말 것'

나는 그들에게 연락해서 관계를 개선하고 싶었다. 전화를 걸든, 문자를 보내든 불안감을 없앨 수 있다면 뭐든 하고 싶었다. 그때, 그 간단한 말이 떠올라 나를 구해 줬다. **내버려두자**.

예전의 나였다면 며칠 동안 이 문제에 사로잡혀 있었을 것이다. 아니, 사실 몇 주 동안 그랬을 것이다. 감정에 휩싸여 있으면서도 신경 쓰지 않는 척하려고 했을 것이다. 아마도 신경 쓰지 않는다고 나 자신을 설득하려고 했을 것이다. 머릿속으로 반복해서 이 상황을 합리화하고,

기분이 나아지기 위해 친구들을 악당으로 만들려 했을 것이다. 이 모든 행동이 내 기분을 더 나쁘게 만들었을 것이고, 진심으로 좋아했던 친구들에게서 내 마음을 더욱 멀어지게 했을 것이다.

하지만 그런 일은 벌어지지 않았다. 10분 정도는 기분이 나빴던 것 같지만 "내버려두자."라고 말하자마자 기분이 조금 나아졌다. 두 번째 말했을 때, 기분이 조금 더 나아졌다. 세 번째, 네 번째, 다섯 번째…, 그리고 서른 번째 말했을 때는 기분이 확실히 나아졌다.

솔직히 말하면 이런 종류의 고통스러운 상황에서는 '내버려두자'라고 여러 번 반복해서 말해야 한다. 상처를 받았을 때 그 상처가 그냥 사라지지는 않기 때문이다. 상처는 계속해서 다시 떠오른다. 그러니 '내버려두자'라고 반복해서 말해야 하는 상황이 되더라도 놀라지 말자.

친구들이 여행을 가게 **내버려두자**. 그들이 함께 주말을 보내도록 **내버려두자**. 그들이 나 빼고 즐겁게 지내도록 **내버려두자**.

처음에는 이 말이 거절처럼 느껴졌다. 무언가에 항복하는 느낌이었다. 그러다 중요한 사실을 깨달았다. **내버려두기**는 항복이 아니었다. 애초에 내게 없었던 통제력에서 벗어나는 것이었다. 내가 상황을 아무리 분석하려 해도, 상황을 통제하거나 고칠 방법이 아무리 많아도 이미 일어난 일을 바꿀 수는 없기 때문이다. 친구들이 여행을 가기로 한 선택은 내 기분을 상하게 할 일이 아니었지만, 상황을 통제하려는 나의 시도가 내 기분을 처참하게 만들었다.

내버려두자.

그리고 그렇게 내 마음에 맺혔던 매듭이 풀리기 시작했다. 상황을

'해결'해야 한다는 압박감이 사라졌고, 내 모든 것을 바꾼 한 가지 사실을 깨달았다. 바로 친구들의 주말여행은 나와 아무런 상관이 없는 일이라는 사실이었다. 개인적인 감정에서 벌어진 일이 아니었다. 그들은 나를 배제하려고 음모를 꾀하지도 않았고, 나의 가치에 관해 언급하지도 않았다. 설사 그랬다고 하더라도, **내버려두자**.

내가 전부 통제할 수 있다는 착각

우리는 모두 우리 주변을 통제하려는 경향이 있다. 상처받거나, 소외감을 느끼거나, 짜증 나거나, 두려울 때 특히 그렇다. 단체 모임이나 계획에서 소외되는 사람이 없도록 모든 세부 내용을 관리하려 노력하거나, 사람들이 메시지에 곧바로 답장하지 않으면 혹시 내게 화가 난 건 아닌가 하고 스트레스를 받는다. 정말 피곤한 일 아닌가?

   나는 타고난 해결사 기질이 있어서 내가 개입하지 않거나 상황을 관리하지 않으면 모든 것이 무너져 내릴 거라는 믿음으로 살아왔다. 인간관계, 일, 우정, 심지어 사랑하는 사람들의 감정까지 모든 것을 한데 모으는 사람은 나여야 했다. 그리고 어떤 일이 예상대로 되지 않으면 나를 향한 비판으로 느껴졌다. 누군가 화를 내거나, 일이 잘 풀리지 않거나, 내가 배제되는 상황이 되면 내가 그것을 고치고, 바꾸고, 통제해야 한다는 생각이 자동으로 들었다.

   이 책을 쓰기 위해 조사하는 동안 많은 심리학자와 이야기를 나누면서 나는 통제하려는 충동이 매우 원초적인 곳, 바로 두려움에서 생겨난다는 사실을 알게 되었다. 배제되는 것에 대한 두려움, 호감을 얻지 못하는 것에 대한 두려움, 통제하지 못하면 모든 것이 무너질 거라는 두려움. 그리고 이 두려움은 다양한 방식으로 나타난다. 우리는 자녀가 반드시 '올바른' 결정을 내리게 하려고 아이들 주위를 맴돈다. 배우자 또는 연인이 혹시 실수할지 모른다는 걱정에 그들의 습관을 고쳐 주려고 한다. 심지어 친구의 인생이 어떻게 펼쳐져야 할지 우리가 더 잘 알고 있다는 생각에 우리의 의견을 그들에게 강요하기도 한다.

나는 살면서 그런 두려움을 많이 느꼈다. 내가 해내지 못하면 잊힐 거라는 두려움. 내가 호감을 얻지 못하거나 인정받지 못할 거라는 두려움. 내가 통제하지 않으면 모든 것이 무너져 내릴 거라는 두려움. 솔직히 말해서 통제하면 안전하다고 착각하게 된다. 우리는 통제권을 가질 때 고통과 실망, 거절로부터 자신을 보호할 수 있다고 믿는다.

하지만 이는 단지 안전에 대한 착각일 뿐이다. 아무리 사람이나 상황을 통제하려고 해도 사실 그렇게 하는 건 불가능하기 때문이다. 사람들은 각자 자신이 하고 싶은 일을 하고, 스스로 선택하며 자신의 삶을 살아갈 것이다.

사실 어떤 '통제'도 실제로 기분을 나아지게 하지는 않는다. 오히려 정반대 효과를 가져온다. 사람과 상황을 통제하려 한다고 해서 두려움이 가라앉지는 않는다. 오히려 증폭된다. 통제할 수 없는 것을 통제하려고 할수록 더 많이 불안해지고 스트레스를 받는다고 모든 심리학자가 입을 모아 말한다.

소파에 앉아 휴대폰을 보면서, 나는 친구들이 나를 어떻게 생각하는지를 통제하려고 하는 것이 아니라 나의 불편한 감정을 통제하려 한다는 사실을 깨달았다. 거절당했다는 느낌이 싫었기 때문에 내가 어떤 식으로든 감정을 느끼기 전에 상황을 바로잡으려고 즉각적으로 반응했던 거였다. 바로 그때 렛뎀 이론이 훨씬 깊은 수준으로 내게 와닿기 시작했다.

잃어버린 힘을 되찾기 위한 선택의 철학

렛뎀 이론은 단순히 사고방식을 바꾸는 기술이 아니다. 이 이론은 수 세기 동안 사람들을 이끌어 온 고대 철학과 심리학적 개념에 바탕을 두고 있다. **내버려두기**와 **내가 하기**는 스토아 철학, 불교, 분리 이론, '철저한 수용' 같은 가르침을 인간관계를 개선하고 개인의 힘을 되찾기 위한 실용적이고 일상적인 도구로 바꾼다.

스토아 철학에서는 다른 사람의 생각이나 행동이 아닌 자기 생각과 행동을 통제하는 데 중점을 둔다. 이 철학은 다른 사람의 행동을 관리하거나 행동에 영향을 줘야 한다는 필요성을 느끼지 않고, 의식적으로 그들이 스스로 선택하고 자신의 삶을 살아가게 허용해야 한다는 **내버려두기**와 완벽하게 궤를 같이한다. 따라서 **내버려두기**와 **내가 하기**를 실천하면 스토아 철학의 핵심 원칙을 적용하는 것이다. 자신에게 집중하자. 진정한 힘은 거기에 있다.

불교와 철저한 수용Radical Acceptance은 고통이 현실을 거부하는 데서 비롯된다고 가르친다. 우리가 느끼는 고통은 지금의 상황이 현실과 달랐으면 하는 바람에서 생겨난다. 렛뎀 이론은 현실을 받아들이는 것뿐만 아니라 현실을 바꾸고 싶어 하는 욕구로부터 자신을 분리할 수 있게 도와준다. 다른 사람의 행동과 선택을 당신이 통제할 수 없다는 사실을 깨달으면 그 과정에서 정서적 자유를 되찾게 된다. 이것이 가장 강력한 형태의 철저한 수용이다.

분리 이론Detachment Theory은 우리를 자극하는 상황으로부터 감정적으로 떨어지는 방법을 가르친다. '내버려두자'라고 말할 때 우리는 감정적 분리를 연습한다. 감정과 앞에 놓인 상황 사이에 심리적 간격을 만들어서, 일어난 일에 사로잡히지 않고 관찰하는 것이다. 그 결과는 어떨까? 차분함과 냉철함을 유지하면서 행동을 통제할 수 있게 된다.

진정한 힘은 당신의 반응에 있다. 이 책을 작업하는 동안 나는 영광스럽게도 세계 인권 운동가이자 《나의 유산은 무엇인가》What Is My Legacy?의 공동 저자인 마틴 루서 킹 3세Martin Luther King III와 안드레아 워터스 킹Andrea Waters King과 대화를 나누었다. 그들이 진행하는 팟캐스트 〈마이 레거시〉My Legacy에 출연해 렛뎀 이론에 관해 이야기했을 때 마틴이 했던 말을 당신과 나누고 싶다.

"렛뎀 이론은 평화를 선택하는 것이 약함이 아니라 힘이라는 심오한 진리를 담고 있습니다. 이 아이디어는 마틴 루서 킹 주니어Martin Luther King Jr.의 유산과 그의 아버지인 대디 킹Daddy King의 비폭력적 행동에 대한 비전과 깊이 연관되어 있습니다. 내버려두기는 통제권을 넘겨주는 게 아니라 되찾는 것입니다. 우리가 분노, 증오, 부정적 감정을 키우지 않고 반응하는 방식을 선택함으로써 우리는 자기 자신에 대한 궁극적인 힘을 행사하게 됩니다. 대디 킹이 상상할 수 없는 상실 앞에서 '나는 증오가 나를 작게 만드는 것을 거부한다'라고 말했듯이, 이 이론은 우리의 가족, 공동체, 나아가 세상을 변화시킬 수 있는 우리의 반응이 지닌 힘을 인식하자는 외침입니다."

킹 부부 맞은편에 앉아 이 말을 듣는데, 이 이론이 당신이나 나와 같은 개인을 넘어선 훨씬 중요한 의미가 있음을 깨닫고 겸손해졌다. 이 이론은 삶에 대한 중요한 진실을 담고 있다. 당신 주위에서 무슨 일이 일어나고 있든지 힘은 항상 당신에게 있다.

마틴은 이렇게 덧붙였다. "진정한 힘은 우리의 반응에 있습니다. 아버지는 비폭력이 수동적인 행동이 아니라 가장 용기 있는 형태의 행동이라고 생각하셨습니다. 증오가 우리를 도발하려고 할 때 평화를 선택하는 것이죠. 억울함으로 반응하려는 마음을 거부함으로써 우리는 힘을 되찾고 더 나은 미래를 만들 수 있습니다."

여기서 '선택'이라는 단어가 중요하다. 당신은 반응하는 방식을 선택함으로써 자신의 힘을 되찾는다. 이 이론은 당신이 선택하는 데 도움을 주는 도구다.

많은 사람이 '내버려두자'라는 말이 '잊어버려라'라는 말과 같은 뜻이냐고 묻는다. 그렇지 않다. '잊어버려라'라는 말은 무언가 잃은 것 같은 느낌이 든다. 통제할 수 없는 무언가에 굴복하는 느낌이다. '내버려두자'는 이와 정반대다. 힘을 의미한다. '내버려두자'라고 말한다고 해서 포기하거나 외면하는 것이 아니다. 마땅히 그래야 한다고 생각하는 방식을 내려놓고 일이 진행되는 대로 내버려두는 것이다. 자신을 스스로 자유롭게 하는 것이다.

있는 모습 그대로 다른 사람을 내버려둘 때 당신은 엄밀히 말해서 당신이 갖지 못했던 통제를 풀어 주겠다는, 능동적이고 자율적인 선택을 하는 것이다. 다른 사람이나 외부에 있는 세력에 힘을 더는 넘겨주지 않고 스스로 되찾게 된다. '내가 하자'라고 말할 때 당신은 자기 반응에 집중해 자신의 힘을 발휘하게 된다.

내버려두기와 **내가 하기**의 장점은 이 방법을 완벽히 습득해 더 이상 감정에 휘둘리지 않고 더 평안하고 계획적인 삶을 살아갈 수 있도록 도와준다는 것이다.

내버려두면 비로소 보이는 것들

이 이론을 삶의 여러 영역에 어떻게 적용할지 생각해 보자. 예를 들어 직장에서 회의 중에 흥미로운 아이디어가 떠올랐다고 가정하자. 충분히 고민했고 잠재력이 있다고 생각했지만 아이디어를 제시하자 회의실이 조용해진다. 사람들은 예의상 고개를 끄덕였고 회의는 그냥 진행된다. 그리고 어느새 다른 사람의 아이디어가 모두의 주목을 받고 있다. 당신은 투명인간이 된 것 같은 기분이 든다. 다른 방식으로 말할 걸 그랬나, 더 잘 들리도록 좀 더 크게 말할 걸 그랬나 하는 후회와 함께 의

구심이 든다.

그 순간 당신은 아이디어가 무시되어서 자신감이 짓밟힐 수도 있고, 아니면 잠시 멈추고 '내버려두자'라고 말할 수 있다. 사람들이 내 아이디어를 무시해도 **내버려두자**. 다른 아이디어를 채택하도록 **내버려두자**. 그들의 반응이 당신의 아이디어에 담긴 가치를 바꾸지는 않는다. 내 아이디어를 제시한 사람으로서 당신의 가치를 바꾸지도 않는다. 그들이 다른 전략을 채택할 수 있지만, 그렇다고 해서 당신의 아이디어가 훌륭하지 않았다는 의미는 아니다. 당신은 여전히 성공할 수 있는 재능과 능력을 지닌 같은 사람이고, 아이디어를 제시할 수 있다는 사실이 이를 증명한다!

데이트할 때도 마찬가지다. 문자도 자주 주고받았고, 관계가 꽤 진전된 것 같은 느낌이 든다. 그런데 갑자기 연락이 두절되고 아무런 답장도, 설명도 없다. 자존심이 상하는 일이다. 그렇지 않은가? 당신은 무엇을 잘못했는지 궁금해지고, 그간 나눴던 모든 대화를 재현하면서 어디서부터 잘못되었는지 알아내려고 노력하게 된다. 문자를 다시 보내서 어떻게든 마무리를 짓고 싶은 유혹이 밀려온다. 나도 그런 적이 있다.

하지만 여기서 **내버려두기**가 등장한다. **내버려두기**는 그들이 누구인지를 보여 준다. 그들의 무례함은 당신과 관계가 없다. 당신이 반응하는 방식이 중요하다. 중요한 질문은 당신에게 이렇게 행동하는 사람과 왜 함께하고 싶어 하는지다. 함께할 이유가 없다. 당신의 에너지를 이미 떠난 사람을 쫓는 데 낭비하지 말자. 대신 당신이 통제할 수 있는 일에 집중하자. 감정을 소화하고 당신은 당신을 존중하는 사람을 만날 자격이 있다는 사실을 기억하자.

일이든, 데이트든 이 모든 상황에서 '내버려두자'라고 말하면 자기가 통제할 수 있는 일과 없는 일을 깨닫게 된다. 몰아치는 감정에 휩싸이는 대신 평정심을 유지하고 감정을 분리하기로 선택하는 것이다. 앞서 말했듯이 당신이 힘을 넘겨주지 않는 한, 다른 사람은 당신을 통제할 수 있는 진짜 힘을 갖지 못한다. 그래서 당신이 '내버려두자'라고 말할 때마다 그 힘을 되찾아 오기로 선택하는 것이다.

내가 소파에 앉아 있었던 상황을 생각해 보자. 나는 친구들이 함께 여행 간 사실도 알지 못했다. 하지만 그들의 여행 사진을 보는 순간 반사적으로 반응했다. 나는 감정에 휩싸였다. 불안했고, 소외감을 느꼈으며, 초라해진 기분이었다. 심지어 내가 뭔가 잘못했을 거라고 자책했다. 하지만 그럴수록 기분만 더 나빠질 뿐이었다.

슬픈 진실은, 이런 기분을 느끼게 한 건 바로 나 자신이었다는 사실이다. 친구들은 내게 아무 일도 하지 않았다. 그들은 그저 자기 삶을 살고 있었다. 그들은 여행하고 싶으면 할 수 있고, 누구든 원하는 상대와 주말 계획을 세워도 된다. 내가 그들의 여행에 반응하는 방식이 내게 상처를 입힌 것이다.

아주 중요한 내용이기 때문에 이해하기 쉽게 자세히 풀어내 보려고 한다. 놀이터에 있는 시소를 예로 들어 당신과 다른 사람 사이의 힘의 역학이 어떻게 오르락내리락하는지 그리고 그럴 때 어떻게 렛뎀 이론을 사용하는지 알아보자.

누군가 어떤 일을 할 때(예를 들어 당신을 제외하고 무언가를 계획할 때)

당신은 긍정적이든 부정적이든 한 가지 방식으로 반응하게 된다. 만약 부정적으로 반응해 자기 파괴적인 생각이 들거나 마음이 무거워지면 그 반응이 자신을 짓누르게 된다. 당신의 반응이 저울 한쪽을 무겁게 만들고, 당신과 다른 사람 사이의 역학을 변화시킨다.

다음 그림은 내가 소셜미디어에서 친구들의 사진을 봤을 때 느꼈던 감정을 정확히 보여 준다.

A. 내버려두기를 하지 않았을 때

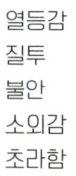

열등감
질투
불안
소외감
초라함

무엇이 나를 내려가게 했을까? 바로 나 자신이다.

다른 사람의 생각, 행동, 감정을 당신이 나쁜 사람이거나 무언가 잘못했다는 증거로 내면화할 때마다 당신은 다른 사람에게 힘을 넘겨주는 것이다. 그러면 인간관계에서 역학과 균형이 바뀌고, 당신은 다른 사람보다 아래에 있다고 느끼게 된다.

내가 무언가를 잘못한 게 아닐까 생각했을 때 바로 그런 일이 벌어졌다. 나는 열등감, 질투심, 불안, 소외감, 초라함을 느꼈다. 그런 생각과 감정은 마음을 무겁게 한다. 하지만 '내버려두자'라고 말하는 순간,

당신을 가라앉게 만든 모든 부정적인 생각의 무게에서 벗어날 수 있다. 마치 시소에서 땅을 박차고 올라가는 것과 같다. 내가 올라가면 반대편에 있는 친구들이 내려간다. 힘의 역학이 바뀌는 것이다.

B. '내버려두자'라고 말할 때

우월감
분리
통제감
판단

다른 사람의 행동이나 자신을 괴롭히는 상황에 초연해지면 정말 기분이 좋다. 그래서 사람들은 '내버려두자'라는 말을 좋아한다. 상대방보다 위에 있을 때 가짜 우월감과 자신감을 느끼기 때문이다. 무거운 감정을 밀어내고 일어서는 것이다. 이렇게 하면 자동으로 다른 사람보다 기분이 좋아진다. 더 현명해지고 이상하게도 모든 것 위에 있다는 느낌이 들어서 상황에서 분리되기 쉬워진다.

또한 감정이 소용돌이칠 때는 약간의 우월감이 큰 도움이 될 수 있다. 다른 사람의 위에 있다는 일시적인 느낌은 상황을 헤쳐 나가고, 현재 상황을 받아들이고, 인생에서 좌절감을 주거나 고통스러운 경험을 처리하는 데 도움이 될 수 있다. 그렇게 하면 문자에 답하지 않는 친구, 설거지하지 않는 게으른 룸메이트, 직장에서 상대해야 하는 무례한 고객보다 기분이 나아지는 데 도움이 된다.

하지만 **내버려두기**의 순간은 곧 지나간다.

그러면 이런 생각이 들 것이다. 이제 어떻게 하지? 나도 처음에 '내버려두자'라고 말하기 시작했을 때 어떻게 해야 할지 몰랐다. 그렇게 말하고 나서 우월감에 기분이 좋았고, 감정에서 분리되어 좋았다. 거기까지는 쉬웠다. 하지만 그다음에 무엇을 해야 할지 몰랐다.

내버려두기라는 말의 위험성은 이렇다. '내버려두자, 내버려두자, 내버려두자'라는 말만 하면 더욱 고립된 느낌이 든다. 물러나거나 멈추고 싶어질 것이다. 아마 예전의 나였다면 소파에서 벌어졌던 상황에서 정확히 그렇게 행동했을 것이다. **내버려두기**에서 멈췄다면(아마 그랬을 것 같은데) 우월감에 사로잡힌 채 앉아 있었을 것이다. 먼저 연락하지도 않았을 것이다. 뒤에서 그들에 관해 험담하고, 다른 친구들에게서 동의를 구하고, 그들을 마주칠 때마다 매우 어색해했을 것이다. 내가 정말 좋아하고 친구가 되고 싶은 친구들인데 말이다!

친구들이 당신만 제외하고 어딘가 가거나 무엇을 하는 상황을 잠시 멈추고 생각해 보면 좋겠다. 그런 일이 생기면 마음이 아프다. 소외된다는 것은 늘 아픈 일이다. 당신은 골프 여행도 함께 가고 싶고, 경기 관람에 초대받고 싶고, 주말에 여행을 가고 싶을 것이다. 동료들과 함께 술을 마시러 가고 싶고, 멋지고 즐거운 우정을 나누고 싶을 것이다.

나도 당신이 그러길 바란다. 그래서 이 질문을 하고 싶다. 도덕적 우월감을 느끼는 것이 멋진 우정을 만드는 데 정확히 어떤 도움이 되는가? 도움이 되지 않는다. '내버려두자'라고 말하면 상처와 고통에서 벗어날 수 있다. 하지만 아주 잠시뿐이다. 다른 사람을 비난하고 그들보다 우월하다고 느끼면 기분이 잠깐 좋아진다.

하지만 친구로서 경고할 말이 있다. '내버려두자'라고 말하는 데서 그치면 친구도 줄고, 친목 모임도 줄고, 왜 이 이론이 당신에겐 '효과가 없는지' 혼란스러워질 것이다. 그런데 내가 이 이론을 처음 연구하기 시작했을 때 중요한 사실을 한 가지 발견하게 됐다. **내버려두기**는 이론의 전반부에 불과하다. 거기서 멈춰서는 안 된다. 이 이론에는 두 번째 중요한 부분이 있다. 바로 **내가 하기**다.

당신이 가진 힘의 원천은 다른 사람을 관리하는 데 있는 것이 아니라 당신의 반응에 있다. '내가 하자'라고 말하면 당신의 다음 행동, 생각, 말에 책임지는 것으로 그 힘을 활용하게 된다. **내가 하기**는 당신이 다음에 일어날 일을 통제할 수 있고, 혼자 우월감에 빠져 앉아 있지 않을 때 더 재미있고 보람찬 삶을 살게 된다는 걸 깨닫게 해준다.

역할의 균형을 찾는 '내가 하기'

따라서 이 이론은 두 부분을 다 말해야 효과가 있다. '내버려두자'라고 말하는 것은 다른 사람의 행동이 자신을 괴롭히지 않게 하겠다고 의식적으로 결정한다는 뜻이다. 그리고 '내가 하자'라고 말하는 것은 다음에 자기가 할 행동을 책임진다는 의미다.

내가 하기에서 내가 좋아하는 점은 우리가 통제할 수 있는 것을 즉시 보여 준다는 점이다. 통제할 수 있는 것은 정말 많다. 태도, 가치관, 필요, 욕구, 방금 일어난 일에 대한 반응으로 우리가 무엇을 하고 싶은지 등. 판단과는 정반대다. **내가 하기**는 자기 인식, 공감, 권한, 개인의 책임에 관한 것이다. 여행 간 친구들이 당신보다 나은 것은 아니다. 마찬가지로 당신이 그들보다 낫다고 할 수도 없다.

이것이 바로 렛뎀 이론의 핵심이다. **내버려두기** 그리고 **내가 하기**. 다른 사람이 자기 삶을 살아가도록 허용할수록 당신의 삶도 더 좋아질 것이다. 통제하기를 더 많이 포기할수록 더 많이 얻을 것이다.

렛뎀 이론은 우월성이 아니라 균형에 관한 것이다. 자신과 다른 사람 모두를 위한 공간을 마련하는 방법이다. 다른 사람이 자기 삶을 살아갈 수 있는 공간을 주고 배려하고, 그런 다음 자신에게도 똑같이 해 주는 것이다.

예를 들어 친구들이 주말여행을 간 걸 알고 나는 먼저 "내버려두자."라고 말했다. 그러자 그 상황과 상처를 넘어서는 데 도움이 되었다. 그리고 내가 느끼던 감정에서 나를 분리하는 데 도움이 되었다. 감정적이 되거나 다른 사람 또는 자신을 비난한다고 해서 관계가 마법처럼 좋아지지는 않기 때문에 '내버려두자'라고 말하는 것이 첫 번째 단계다.

우월감을 느끼게 되자 나는 상황을 위에서 바라볼 수 있는 정신적 여유가 생겼다. '내버려두자'라고 말할수록 이 상황에서 나의 역할과 그 역할에 관해 내가 하고 싶은 일을 생각할 여유가 더 많이 생겼다. 그리고 멈춰서 거울을 들여다보니 많은 것이 보였다.

지난 몇 년간 너무 바쁘게 일하느라 친구들을 만날 시간이 거의 없

C. '내가 하자'라고 말할 때

수용
이해
공감
책임감
진정한 통제

었다. 누군가를 초대한 지도 오래됐다. 어쩌면 내가 배제된 것이 아니라 그들이 내 생각을 전혀 하지 않은 것일 수도 있다. 내가 노력하거나 다가가지도 않고 동네에서 마주치지도 않는데 그들이 왜 나를 생각하겠는가? 게다가 정말 솔직히 말하면 나도 내 인생과 일, 아이들 때문에 바빠서 오랜 친구들의 온라인 게시물을 보지 않는 한 그들에 관해 별로 생각하지도 않았다.

나를 초대해야 할 의무가 있는 사람은 아무도 없다. 내게 전화를 걸어야 할 의무가 있는 사람도 없다. 물론 이런 초대나 전화는 기분 좋은 일이고, 사람들은 먼저 연락하는 친구를 가질 자격이 있다. 하지만 이런 우정을 만드는 일은 누구의 책임인가? 다름 아닌 바로 **내가** 해야 할 일이다. 게다가 더 중요한 것은 내가 나에게 정직해야 한다는 것이다. 나는 그들과의 관계에서 내 역할을 해왔는가? 스스로에게 이 질문을 던졌을 때 대답은 '아니요'였다.

성인이 되면 자신의 사회생활은 자기 책임이다. 더 많은 재미를 원한다면 소파에서 일어나 멋진 사회생활을 만들어 가야 한다(나한테 하는 말이기도 하다).

다른 사람이 항상 나를 끼워 줘야 한다는 기대를 **내가** 멈추자. 인생에서 내가 원하는 것에 대한 책임은 **내가** 지자. 내가 살펴봐야 할 더 깊은 문제는 **내가** 파악하자. 사람들에게 **내가** 더 적극적으로 다가가자. 이번은 **내가** 파티를 열자. 우정을 위한 시간을 갖도록 일과 경계를 **내가** 더 잘 설정하자. 분명 사회생활은 중요하고 사회생활을 만드는 것은 나의 책임이기 때문에 **내가** 사회생활을 우선시하자.

이 친구들 중 몇 명에게 **내가** 다시 먼저 연락하자. 소극적인 방식으로 행동하지 말자. 관계를 수습하기 위해서나 다음 여행에 초대받기 위해서가 아니다. '내버려두자' 그리고 '내가 하자'라고 말하고 내 감정을 넘어서고 나니, 내가 그들 중 몇 명을 진심으로 그리워하고 있다는 더 깊은 진실을 마주하게 되었다. 그리고 온라인에서 게시물을 본 덕분에 내가 일을 너무 많이 하고 있으며, 그들과(지금 생각해 보니 다른 몇몇과도) 우정을 되살리기 위해 노력하고 싶다는 사실을 깨달았다.

렛뎀 이론을 적용할 때 주의할 점

이 책을 위해 조사하면서 렛뎀 이론을 적용하는 사람들이 반복해서 물어본 두 가지 질문이 있어서, 책의 나머지 내용을 더 깊이 살펴보기 전에 이 두 가지 질문을 먼저 다루려고 한다.

1. 렛뎀 이론은 아이들에게도 적용되는가?

그렇다. 물론 아이들과 함께 렛뎀 이론을 사용할 수 있지만(몇 가지 매우 중요한 주의 사항이 있다) 이 책은 이 이론을 성인의 관계에 적용하는 데 초점을 맞추고 있다. 책에서 전반적으로 혼동을 피하고자 성인과 어린이를 명확하게 구분해 두었다. 하지만 부모로서 말하건대 종종 아이들 때문에 미칠 것 같은 때가 있다. 그러다 평정심을 잃으면 부모로서 나쁜 선택을 하기도 한다. 그래서 아이들과 관련된 상황이 버거울 때 렛뎀 이론은 침착함과 자신감, 현실감을 유지하는 데 큰 도움이 될 수 있다.

즉 '**내버려두자**'라고 말할 때마다 아이들이 내 생각보다 더 능력 있고 강함을 인정하는 것이다. 그리고 '**내가 하자**'라고 말하면 부모의 역할은 아이들을 통제하는 것이 아니라 지원하고 경청하고 안내하는 것임을 깨닫게 된다.

그렇다 해도 부모는 아이들을 믿고 그들에게 맡기는 것과, 필요한 지원을 해주고 필요할 때 개입하는 것 사이에 균형을 잡아야 한다. 그래서 어린이, 청소년, 성인 자녀와의 관계를 돈독히 할 뿐만 아니라 바라건대 침착함을 유지하는 데 이 이론을 사용할 수 있도록, 책 마지막에 있는 부록에 양육과 렛뎀 이론을 자세히 설명한 특별 안내서를 넣었다. 이는 렛뎀 이론을 사용할 때와 개입해서 책임져야 할 때를 구분한 매뉴얼이라 할 수 있다.

이는 내게도 너무 중요한 부분이기에 제대로 알고 안내서를 작성하기 위해 스튜어트 애블론Stuart Ablon에게 연락했다. 애블론은 매사추세츠

종합병원에서 씽크:키즈Think:Kids 프로그램을 운영하며 수상 경력이 있는 심리학자다. 또한 하버드 의과대학교의 아동·청소년 정신과 교수이자 행동변화 분야의 손꼽히는 전문가다. 그의 통찰력은 30년간의 연구와 임상 경험을 바탕으로 하기에 신뢰할 수 있다.

2. 렛뎀 이론을 사용했을 때 외로움을 느낀다면

어떤 사람들은 렛뎀 이론을 사용한 후 외로움을 느꼈다고 했다. 이런 느낌이 든다면 이론을 잘못 적용하고 있다는 신호다. 앞서 말했지만 렛뎀 이론에는 두 가지 필수 단계가 있다. **내버려두기**와 **내가 하기**다. 이 두 단계는 반드시 함께 진행되어야 한다. '내버려두자'라고 말하고 거기서 멈춰서는 안 된다.

많은 사람이 두 번째 단계인 **내가 하기**를 잊는데, 이는 큰 실수다. **내가 하기** 단계에 진정한 힘이 있기 때문이다. **내가 하기** 단계에서는 당신이 원하는 삶, 관계, 연결을 만들기 위해 다음 행동에 대한 책임을 져야 한다. 이 단계를 거치지 않으면 힘을 얻기보다는 단절될 것이다.

만약 '내버려두자'라고 말하는 데서 그치면 친구도, 친목 모임도 줄어들고 왜 이 이론이 내게만 효과가 없는지 혼란스러워진다. 우리는 다른 사람을 탓하길 좋아하기 때문에 '내버려두자'라고 말하고 나면 기분이 좋다. 그리고 이때 느껴지는 우월감은 우울할 때 도움이 된다. 하지만 그것 자체가 이 이론의 목적인 건 아니다.

내버려두기는 전화를 받지 않고, 어깨를 으쓱대고, 상처받은 친구나 가족과 대화하기를 거부하고, 상처를 주는 상황에 머물러 있고, 차별이

나 위험한 행동을 무시하기 위한 핑계가 아니다. 누군가를 완전히 무시하거나, 없는 사람 취급하거나, 힘든 대화를 피하거나, 인간관계에서 물러나기 위한 면허증도 아니다.

외롭고 투명인간이 된 기분을 느끼는 것이 아니라 모든 관계에서 더 연결되고 충족된 느낌이 들어야 한다. 만약 이 이론을 사용했는데 더 외로워졌다고 생각된다면 이 말을 기억하자. 당신은 이론을 잘못 사용하고 있다. 이 이론은 당신의 삶을 더 좋게 만들기 위한 것이지, 나쁘게 만들기 위한 것이 아니다. 따라서 항상 '내가 하자'라고 말하는 것을 잊지 말자. 그것이 당신의 삶을 바꿀 핵심이기 때문이다.

렛뎀 이론을 통해 나는 내가 소파에 혼자 앉아 있다는 것에 대해 얼마나 자주 다른 사람을 탓했는지 알게 되었다. 그리고 내가 원하는 만큼 돈을 못 벌었다며 죄책감에 동의한 횟수가 얼마나 많았는지, 다른 사람을 실망시키고 싶지 않아서 내렸던 결정과 너무 피곤하다는 핑계로 건강이나 즐거움을 우선순위에 두지 않은 적이 얼마나 많은지도 알게 되었다.

성인이 되면 삶, 행복, 건강, 치유, 사회생활, 우정, 경계, 욕구, 성공이 모두 자신의 몫이다. 누군가 와서 당신을 구해 주고, 문제를 해결해 주고, 요금을 지급하고, 사회생활을 하고, 상처를 치유하고, 꿈꾸던 파트너로 변하고, 당신이 최선을 다하도록 동기부여 해주기를 바랐다면 그런 일은 일어나지 않을 것이다. 아무도 오지 않는다. 그리고 다른 사람을 탓하거나, 다른 사람의 허락이나 초대를 기다리는 데 보내는 시간은 낭비다. 그런 시대는 끝났다. 당신의 행동, 당신의 꿈, 당신의 삶에 온전히 당신이 책임질 때다. 결국 책임감은 반응하는 능력일 뿐이다. 방금 배운 대로, 진정한 힘은 반응에 있다.

시간과 에너지만 기꺼이 투자한다면 당신은 원하는 것을 무엇이든 만들 수 있다. 따라서 사소하고 얕고 중요하지 않은 일에 이들을 낭비하는 것을 멈춰야 한다. 그리고 당신이 통제할 수 없는 단 한 가지, 즉 다른 사람을 통제하려는 노력을 멈춰야 한다.

제2부에서는 렛뎀 이론이 가장 크고 즉각적으로 긍정적인 영향을 미칠 수 있는, 인생의 네 가지 핵심적인 영역에 관해 살펴보려고 한다. 다른 사람의 행동, 의견, 반응, 성공이 당신의 행복에 영향을 미치거나 당신이 원하는 방식을 방해하는 걸 멈추는 방법을 배울 것이다. 사실 스트레스를 해결하고 평온함을 유지하는 일에서야말로 렛뎀 이론의 힘이 가장 빠르고 크게 발휘된다. 그럼, 바로 시작해 보자.

THE
LET THEM
THEORY

- 스트레스 관리하기
- 다른 사람의 평가 극복하기
- 타인의 감정적 반응에 대처하기
- 습관적인 비교에서 벗어나기

제2부

내 삶에 자유를 주는
렛뎀 이론

그들이 자기 삶을

살게 내버려둘수록

당신의 삶은 더 좋아진다.

_멜 로빈스

스트레스 관리하기

제3장

놀랍게도 인생은 스트레스로 가득하다

렛댐 이론을 가장 빠르고 효과적으로 사용하는 방법은 매일같이 마주하는 수많은 사소한 스트레스 요인을 극복하는 것이다. 내가 무슨 말을 하는지 알 것이다. 휴대폰에서 끊임없이 울리는 알림, 필요한 때 원활하지 않은 인터넷 연결, 어느 날 갑자기 바뀐 약속 날짜, 끝날 줄 모르는 업무 회의, 누군가의 경솔한 말 또는 행동, 가게 앞에 길게 늘어선 줄, 바로 코앞에서 느리게 걷는 사람 등. 이렇게 짜증을 불러오는 작은 일들은 몹시 사소해 보이지만 사실 그렇지 않다.

사람들이 짜증 나게 굴 수 있고 할 일이 많다는 것도 안다. 현대인의 삶은 이런 식으로 천천히 에너지를 고갈시키고 스트레스받는 일이 연달아 일어나, 마치 서서히 죽음에 이르는 게 아닐까 싶을 때도 있다. 이런 상황은 흔히 있을 뿐 아니라 바보 같은 일이기도 하다. 이렇게 말도 안 되는 일이나 무례한 사람이 당신의 생명력을 고갈하도록 계속 허용하면, 당신은 인생에서 잠재력을 최대한 발휘할 수 없을 것이다. 당신의 시간과 에너지는 가장 가치 있는 자원이다. 이제부터 몇 장에 걸쳐 렛뎀 이론을 배우면 다른 사람이 현재 당신의 삶에서 유발하는 불필요한 스트레스로부터 자신을 보호하는 방법을 알게 될 것이다.

잠시 멈춰서 스스로 질문해 보자. 왜 커피숍에서 길에 늘어선 줄 때문에 하루를 망치는가? 왜 교통체증 때문에 기분이 나빠지는가? 왜 중요한 일을 하던 중에 누군가 방해하면 힘들어지는가? 공공장소에서 큰 소리로 통화하는 사람이 짜증 나는 이유는 무엇인가? 가족들의 조언이 인신공격처럼 느껴지는 이유는 무엇인가? 바쁜 길에서 다른 사람의 느린 걸음이 왜 당신을 서두르게 하는가?

나도 이런 경험이 있다. 얼마 전 식물을 사러 좋아하는 화원에 갔다. 그런데 계산원이 너무 느리게 움직였다. 심지어 계산대는 두 개만 열려 있었고, 계산대마다 약 다섯 명이 줄을 서서 기다리고 있었다.

삐. 삐. 삐.

나는 점점 초조해지기 시작했다. 회의가 있어서 얼른 집에 가야 했다. 나는 뒤에 선 사람을 향해 돌아서서 머리를 가로저으며 "이게 말이 돼요?"라고 말하고 싶었다. 하지만 그러지 않고 '내버려두자'라고 마음속으로 말했다. 효과가 곧바로 나타났다. 마음이 누그러졌다. 그렇다고 계산원의 속도가 빨라졌을까? 그건 아니다.

하지만 나는 그 상황에서 더 좋은 방법을 선택했다. 일상에서 사소한 일이 큰 스트레스 요인이 되도록 방치하던 습관으로부터 나를 보호한 것이다. 10분 더 기다린다고 해서 그날 하루에 크게 부정적인 영향을 미치지는 않는다. 하지만 내가 통제할 수 없는 일로 흥분하고 짜증을 내면 분명 영향을 미칠 것이다. 우리는 왜 통제할 수 없거나 별로 중요하지 않은 일에 스트레스를 받는 걸까? 어떻게 그렇게 사소한 일이 우리에게 그토록 큰 영향을 미치는 걸까?

주변 세상이 당신의 감정 상태와 마음의 평화에 영향을 미치게 두면 당신은 이런 외부의 힘의 포로가 된다. 말도 안 되는 사소한 일이 기분을 좌우하고, 동기를 없애고, 집중력을 빼앗는다. 그리스 철학자 에픽테토스Epictetus의 명언 중에 "중요한 것은 무슨 일이 일어나는가가 아니라 그 일에 어떻게 반응하는가다."라는 말이 있다. 무슨 의미일까? 바로 개인의 힘은 어떻게 반응하느냐에 있다는 의미다.

매일 짜증 나고 스트레스가 가득한 상황에 다르게 반응하는 방법을 배우면 삶이 달라질 것이다. 지금 당장 중요하지 않은 일에 시간과 에너지를 낭비하거나 통제할 수 없는 일에 에너지를 소비하느라 모든 힘을 써 버리고 있다. 이것이 얼마나 큰 문제인지 당신은 모르고 있다. 나도 몰랐었다.

스트레스 관리가 어려운 이유는 주변에서 일어나는 일에 온몸이 자동으로 반응하고 예민해지는 것을 느끼기 때문이다. 감정에 휩쓸리다 보면 어느새 후회할 문자를 보내게 된다. 또는 순간적으로 흥분해서 진심이 아닌 말을 하게 된다. 아주 긴 대기 줄에 서서 원치 않는 분노와 짜증이 점점 더 쌓여 갈 수도 있다.

　이 모두가 스트레스가 가득하고 짜증 나는 상황에 대한 반응이 일상생활에서 어떻게 큰 문제가 되는지를 보여 주는 예다. 그러나 우리가 주변에서 일어나는 일을 통제할 수는 없지만 그 일에 대응하는 방식은 통제할 수 있다. 이런 상황이 자주 발생하는 대표적인 곳이 공항이다. 그럴 리는 없겠지만 어느 날 갑자기 스트레스를 받고 싶다면 공항에 가 보자.

누군가 계속해서 무례한 행동을 한다면

체크인부터 보안 검색대까지의 복잡한 절차, 날씨로 인한 지연, 수화물 분실, 탑승 수속 전부터 탑승구를 가득 메운 사람들, 빠듯한 연결편, 갑작스런 경로 변경, 탑승할 때 이미 꽉 차 있는 짐칸, 렌터카 카운터 앞의 긴 대기 줄에 정신을 놓는 사람들까지, 공항에서 우리의 스트레스를 유발하는 요인들은 그 수를 셀 수가 없을 정도다.

　하지만 이때 우리가 통제할 수 있는 것과 통제할 수 없는 것을 파악해야 한다. 인간 본성의 근본적인 법칙을 기억하자. 당신은 다른 사람의 말, 생각, 행동을 통제할 수 없다. 통제하려고 할 때마다 거꾸로 힘을 잃게 된다. 자신의 말, 생각, 행동에 집중하는 법을 배워야 한다. 그래야 통제력을 유지할 수 있다. 기내나 공항에서 어떤 일이 일어나고 있더라도 당신은 여전히 통제력을 가질 수 있다.

몇 달 전, 비행기를 탔는데 바로 뒷좌석의 남성이 마치 죽을 것같이 기침하고 있었다. 꼭 주변 사람까지 병에 걸리게 할 것처럼 깊고 가슴을 쥐어짜는 것 같은 기침 말이다. 처음 몇 분 동안은 신경 쓰지 않았는데, 기침이 계속되고 그 남성이 목청을 가다듬은 후에도 다시 계속해서 기침하자 짜증이 나기 시작했다. 나는 연설하러 행사에 가던 중이었고, 그 후에도 몇 주 동안 여러 개의 큰 행사에서 연설할 예정이었다. 아파서 목소리를 잃을 수는 없었다.

좌석 사이 틈새로 뒤돌아보니 그 남성은 마치 비행기에 혼자 탄 사람처럼 입을 벌리고 허공을 향해 기침하고 있었다. '아니, 이 사람이 정말 나를 아프게 할 생각인가? 너무 이기적이고 무례한 게 아닌가? 아프면 안 되는데'라는 생각이 들었다. 나는 내가 가진 선택지를 고민했다. 은근히 비꼬는 태도로는 아무것도 해결할 수 없었다. 자리에서 티가 나게 씩씩거리고 좌석 틈새로 노려보며 독기 서린 눈빛을 보여 주려 했건만 그 남성은 내가 보내는 신호를 눈치채지 못했다. 아니면 무시하고 있었을지도 모른다.

승무원에게 알려 항의할까도 생각했지만 그 남성이 너무 가까이에 앉아 있어서 내 말을 들으면 상황이 너무 이상해질 것 같았다. 그래서 나는 성숙한 어른답게 몸을 돌려 그에게 정중하게 요청하기로 했다.

"죄송하지만 입을 좀 가려 주시겠어요?"

잠시 어색한 침묵이 흘렀다. 그 남성은 고개를 끄덕이더니 비행기를 타고 가는 내내 대놓고 기침을 해댔다. 내가 이걸 아는 이유는 계속 몸을 돌려서 좌석 사이 틈새로 들여다보았기 때문이다. 당연히 그 사람이 안쓰러웠다. 그 사람도 아프고 싶어서 아픈 게 아니었을 테니. 물론 기침이 나면 기침해야 한다. 하지만 순간 욱하면서 점점 짜증이 나기 시작했다. 스트레스를 받았을 뿐만 아니라 기분이 나빠지고 일을 할 수도 없었다.

이 사건은 주변에서 일어나는 일이 얼마나 쉽게 스트레스를 주고 신체에 부정적인 영향을 미치는지 그리고 얼마나 우리의 머릿속을 사로잡는지를 보여 주는 한 예시에 불과하다.

스트레스받은 뇌는 어떻게 작용하는가?

이 책을 위해 조사하면서 인터뷰한 전문가 중에 하버드 의과대학의 내과 의사이자 《회복탄력성의 뇌과학》 저자 아디티 네루카Aditi Nerurkar가 있다. 네루카는 하버드 대학교의 베스 이스라엘 디코니스 메디컬 센터Beth Israel Deaconess Hospital, BIDH의 통합의학 프로그램 의료책임자로, 증거를 기반으로 한 통합적 접근 방식을 사용해 환자의 기분을 좋게 만드는 스트레스 관리 분야에서 광범위한 임상 사례를 개발했다.

네루카는 이렇게 말했다. "스트레스는 생각보다 훨씬 심각한 문제입니다." 그녀의 말에 따르면 스트레스는 자신을 의심하고, 일을 미루고, 번아웃이 오고, 스마트폰만 붙들고 있고, 비교 때문에 힘들어진다. 집중력이 떨어지거나, 행복감을 느끼지 못하거나, 자신을 돌보는 데 어려움을 겪고 있다면 스트레스 때문이다. 또한 내면의 비평 소리가 그 어느 때보다 커지고, 자꾸 미루고 싶어지고, 계속 피곤하고, 휴대폰만 들여다보는 것을 멈출 수 없고, 업무로부터 분리되기 힘들다면 그 또한 스트레스 때문이다. 네루카는 스트레스는 단순히 몸에서 느껴지는 긴장감보다 훨씬 더 큰 문제라고 설명했다.

스트레스는 뇌에서 나타나는 생리학적 상태로, 뇌 기능을 빠르게 장악하기 때문에 뇌의 상태를 이해하는 것이 중요하다. 네루카가 설명했듯이 일반적으로 전전두엽 피질은 통제를 담당하며 우리가 일상생활을 해나가는 데, 즉 계획하고 정리하고 기억하고 의사결정을 하는 데 도움을 준다. 따라서 최고의 모습을 유지하려면 전전두엽을 잘 활용해야 한다. 문제는 비행기에서 기침하는 사람, 너무 길게 늘어선 줄, 시험 결과를 기다리는 시간 등에 뇌는 스트레스 반응을 일으키고 전전두엽 피질은 통제력을 상실한다는 것이다(당신 또한 마찬가지다).

스트레스 반응은 편도체라는 뇌의 다른 부분에서 일어난다. 네루카는 편도체에 대해 "귀 사이의 뇌 깊숙한 곳에 위치한 아몬드 모양의 작은 구조로, 인간 뇌에서 가장 오래된 구조 중 하나이며 흔히 '파충류의 뇌'라고 부릅니다. 그리고 스트레스 반응을 담당합니다."라고 설명한다. 스트레스 반응은 흔히 말하는 '투쟁, 도피, 경직 반응' fight, flight, freeze response을 가리킨다. 다시 말해 스트레스를 받으면 편도체가 통제력을 발휘한다. 편도체가 통제하면 성급한 의사결정을 내리거나 충동적인 행동을 유발할 수 있다.

삶이 정상적이고 기분이 좋을 때는 전전두엽이 대부분의 행동을 추진한다. 즉 상황의 장단점을 논리적으로 파악해 면밀하게 계획된 결정을 내린다. 하지만 스트레스를 받는 일이 생길 때는 우리 몸과 뇌가 자동으로 반응하면서 문제가 발생한다. 편도체가 자동으로 몸과 뇌를 장악하고, 생존과 자기 보존이라는 한 가지 일에만 집중한다.

우리 뇌와 몸은 스트레스 상황에서 잠시 동안 투쟁 또는 도피 모드로 전환되도록 설계되어 있다. 그래서 곧 다시 정상 기능으로 돌아가 전전두엽 피질이 통제하고 평온함과 자신감을 찾게 되어 있다. 하지만 정상으로 돌아가지 못하면 어떻게 될까?

당신이 늘 피곤한 진짜 이유

네루카에 따르면 현대인 열 명 중 일곱 명이 만성 스트레스 상태로 살아간다. 나도 그중 한 명이었다. 만성 스트레스 상태로 살면 끊임없이 투쟁 또는 도피 상태가 되고 편도체가 늘 뒤쪽 머리에서 윙윙거리며 작동한다.

스트레스를 받을 때 우리는 생존 모드인 것처럼 느끼기도 하지만 실제로 신경학적 관점에서도 뇌가 생존 모드에 있다고 네루카는 말한다. 생존 모드일 때는 당신의 목표, 꿈, 이상적 자아, 인내하고 반응하지 않는 능력, 이 모든 것이 곧바로 쓸모없어진다. 따라서 이 문제를 해결하고 다른 사람이 당신의 삶에 불필요한 스트레스를 주지 않도록 막아야 한다. 너무 많은 것이 걸린 중요한 일이다. 당신은 행복한 삶을 살 자격이 있다. 항상 생존 모드로 살아야 한다면 절대 행복할 수 없다.

스트레스 때문에 계속 일을 미루면 이번 주말에 프로젝트를 끝낼 수 없다. 즐거운 시간을 더 많이 보내야 하지만 일에서 분리되지 못하면 즐거움을 누릴 수 없다. 배우자와 더 자주 함께하고 가까이 지내야 하지만 계속해서 휴대폰만 들여다보고 있으면 그렇게 하지 못한다. 이처럼 항상 원하던 삶이 바로 눈앞에 있어도 그렇게 하지 말라는 내면의 비평이 계속되면 결코 도달할 수 없다. 스트레스는 이토록 중요한 문제이며 이제 해결할 때가 됐다.

스트레스 반응 스위치 끄기

나는 네루카에게 어떻게 하면 뇌를 정상 기능으로 되돌릴 수 있는지 물었다. 그녀는 일단 스트레스가 실제로 무엇인지 이해해야 이런 상황에서 자신이 힘이 있다는 사실을 알게 된다고 말했다.

몸과 뇌가 두 가지 기능 사이에서 전환한다는 사실은 내게 큰 깨달음을 주었다. 렛뎀 이론을 통해 언제든지 내 몸과 뇌를 정상 기능으로 되돌릴 수 있고, 그 일이 그렇게 어렵지 않다는 사실이 큰 힘이 되었다. 주변에서 일어나는 모든 일 때문에 스트레스를 받는 삶을 살지 않아도 된다는 사실이 멋지지 않은가? 다른 사람의 행동이 내 인생에 큰 문제가 아니라는 것이 근사하지 않은가?

렛뎀 이론을 적용하면 스트레스 반응을 재설정할 수 있다. 이 이론을 스트레스받는 일이 생길 때마다 뇌 안에서 당길 수 있는 작은 레버인 온/오프 스위치라고 생각하자. 즉 '내버려두자'라고 말하는 순간 뇌에 괜찮다고, 스트레스받을 일이 아니라고 신호를 보내는 것이다. 편도체에 스위치를 끄라고 말하는 것이다. 그리고 부정적인 감정에서 자신을 분리해 스트레스 반응을 재설정하는 것이다.

다음과 같이 해보자. 스트레스받는 일이 생기는 순간 "내버려두자."라고 말해 보자. 그리고 잠시 멈춘다. 그러고 나서 "내가 하자."라고 말하고 숨을 내쉰다. 다시 한번 숨을 내쉰다. 스트레스 반응 속도를 늦추고 몸과 뇌를 진정시킨다. 자신을 조절하고 힘을 되찾는다.

아주 사소한 일처럼 보이지만 이 작은 변화가 당신을 다른 사람으로 바꿔 놓을 것이다. **내버려두기**와 **내가 하기**를 사용해 스트레스 반응을 파악하면 감정에 사로잡혀 반응하는 대신 말과 행동을 선택할 수 있게 된다. 더 이상 분노에 찬 문자를 보내거나, 사랑하는 사람에게 화를 내거나, 직장에서 이메일을 작성하느라 시간을 낭비할 필요가 없다.

사실 모든 이메일에 답장을 보낼 필요도 없고 모든 대화에 참여해야 하는 것도 아니며 항상 최종 발언권을 가져야 하는 것도 아니다. 유명한 격언에서 말했듯이 "침묵은 잘못 인용될 수 없다." 이전에 자신을 화나게 했던 많은 일이 시간과 에너지를 쏟을 가치가 없는 일이라는 걸 알게 되고, **내가 하기**를 통해 주변 일들에 대한 반응을 줄일수록 더 많이 통제한다는 느낌을 받을 것이다.

심호흡이 스트레스 반응을 낮추는 데 도움이 된다는 사실은 과학적으로 증명됐다고 네루카는 말했다. 숨을 충분히 들이마시고 공기가 배에 차오르는 것을 느끼면 미주신경을 자극해 "진정해도 돼."라고 뇌에 직접 메시지를 전달한다. 그런 다음 "내가 하자."라고 말하며 스트레스 반응을 재설정하면 통제권을 되찾고 의도적으로 대응하는 방법을 선택할 수 있다.

나의 반응을 받아들이고 힘을 되찾기

다시, 뒷좌석에서 기침하는 남성과 함께 비행기에 타고 있었던 이야기로 돌아가 보자. 나는 계속해서 스트레스를 받았고, 끝내야 할 일에 집중할 수가 없었다. 마치 몹시 불편한 장소에 묶여 있는 동물이 된 느낌이었다. 그러면 렛뎀 이론으로 어떻게 다른 사람이 기침하는 것을 멈출 수 있을까?

멈출 방법은 없다. 그냥 기침하게 **내버려둬야** 한다. **내버려두자.**

당신이 무슨 생각을 하는지 안다. 일단 내 말을 좀 들어 보자. 그렇다, 기침 때문에 나는 스트레스를 받았다. 그 남성이 입을 가리지 않은 건 무례하다고 생각했고, 내가 병에 걸리지 않을까 걱정했다. 하지만 다시 통제권으로 돌아가 보자. 이 상황에서 내가 통제할 수 있는 것은 무엇인가? 다른 사람이 기침하는 것은 내가 통제할 수 없다. 내가 기침에 반응하는 방식만 통제할 수 있다.

통제할 수 없는 것에 집중하면 스트레스를 받는다. 통제할 수 있는 것에 집중하면 힘이 생긴다. 여기서 또 다른 중요한 점이 있다. 내가 아프지 않은 것은 누구 책임인가? 나일까, 아니면 비행기에 탄 낯선 사람일까? 내 책임이다. 내 건강은 내가 책임져야 한다. 내가 원한다고 해서 기침을 멈춰야 할 책임이 그 사람에게 있는 건 아니다. 내 요구를 해결하는 방식으로 대응하는 것은 내 책임이다.

당신이 지금 무슨 생각을 하고 있는지 안다. 기침을 할 때는 입을 가려야 하는 게 아닌가? 손을 씻어야 하는 게 아닌가? 모든 사람이 기본적인 예의를 지켜야 하는 게 아닌가? 물론 그래야 하지만 많은 사람이 그렇게 하지 않는다.

내가 하고자 하는 말은 다른 사람이나 통제할 수 없는 상황을 관리하려고 하면 스트레스가 더 커질 뿐이라는 것이다. 화를 낼 수도 있고, 계속 뒤를 돌아볼 수도 있다. 승무원에게 소리를 지를 수도 있다. 짜증이 나서 그 남성에게 소리 지를 수도 있지만 무슨 소용이 있겠는가? 그보다 더 분명하고 강력한 해결책이 있지 않을까?

나는 삶에 대한 더 실용적이고 전략적인 접근 방식을 선택했다. 소리를 지르거나 화를 내는 대신 그 남성이 기침하도록 내버려두고 나는 나를 보호하기 위해 할 수 있는 간단한 행동에 집중했다. 일단 스카프로 코와 입을 가리고 기침 소리를 듣지 않기 위해 헤드폰을 껴야겠다고 생각했다. 그리고 그렇게 했다. 스카프로 코와 입을 가리고 헤드폰으로 음악을 크게 들었다. 문제가 해결되었다.

'**내버려두자**'라고 말하는 것은 스트레스받는 상황을 통제할 수 없다고 인정하는 것이다. 그리고 '**내가 하자**'라고 말하는 것은 네루카의 조언에 따라 통제할 수 있는 것, 즉 스트레스받는 상황에 대한 나의 반응에 집중하는 것이다.

네루카는 "렛뎀 이론은 스트레스를 받은 뇌가 안도의 한숨을 쉬는 것과 같습니다. 불안한 생각에 대한 통제력을 되찾아 뇌와 몸이 마침내 생존 모드에서 벗어나 다시 성장할 수 있도록 돕습니다."라고 말했다. 이게 왜 중요하냐면, 만약 심각하게 스트레스를 받으면 자신이 가진 모든 힘을 다른 사람에게 넘겨주기 때문이다.

예전이었다면 나는 이 남성 때문에 스트레스를 받았을 것이다. 비행기가 착륙할 때까지 일도 하나도 못 하고, 남편에게 전화를 걸어 비행을 망쳐 버린 이 멍청이에 대해 불평을 늘어놓았을 것이다. 아마 그날 밤 행사에 나를 연설자로 초대한 고객들과 저녁 식사를 하면서도 이 이야기를 했을 것이다. 나는 이 일이 얼마나 화가 나는 상황이었는지 계속해서 이야기하고, 결국 스트레스를 더 많이 받고, 더 흥분하고, 더 지쳤을 것이다.

내가 이렇게 자세히 설명하는 이유는 이것이 얼마나 큰 문제인지를 알려 주고 싶어서다. 다른 사람 때문에 스트레스를 받으면 중요하지 않은 일이나 통제할 수 없는 일에 힘을 쏟게 된다. 그리고 종종 그 영향은 몇 시간, 몇 주, 심지어 몇 년 동안 삶의 다른 영역으로 퍼져 나간다.

목표를 달성하고, 좀 더 집중하고, 자신감을 높이고, 더 행복해지려면 다른 사람에게서 스트레스를 받는 것을 멈춰야 한다. 살다 보면 내가 통제할 수 있는 것과 통제할 수 없는 것이 있다. 공평한 상황도 있지만 그렇지 않은 상황도 있다. 어떤 스트레스를 얼마나 오랫동안 받을지는 스스로 결정해야 한다.

네루카는 연구를 통해 에너지를 보호하는 방법을 배우면 기분, 사고

방식, 건강, 집중력, 분리 능력이 향상된다고 입증했다. 나는 이것이 바로 많은 사람이 렛뎀 이론을 배운 후 며칠 만에 자기 몸에 'Let Them'이라는 타투를 새기는 이유 중 하나라고 생각한다. 이 타투는 나 스스로 나의 평화를 지켜야 한다는 사실을 상기시킨다. 다른 사람이 나의 평화를 방해할 수 없다는 사실을 알면 일종의 자신감이 생겨난다.

비행기에서 낯선 사람이 기침하는 일은 꽤 간단한 상황이다. 어차피 비행기에서 내려서 일상으로 돌아갈 것이기 때문에 렛뎀 이론을 적용하기 쉽다. 하지만 이 상황과 달리 무엇을 해야 할지, 올바른 대응인지 명확하지 않은 경우는 어떻게 해야 할까? 만약 스트레스의 원인이 당신이 하는 일이라든지, 훨씬 큰 문제라면 이 이론을 어떻게 사용할 수 있을까?

제4장

원래 타인은 귀찮은 존재다

내버려두기와 **내가 하기**를 매일 당신에게 스트레스를 주는 일이나 사람에게 적용해 보면 어떨까? 연구에 따르면 일은 대부분의 사람에게 가장 큰 스트레스 요인이다. 그리고 당신의 상사는 당신의 배우자만큼이나 당신의 정신 건강에 많은 영향을 미친다.

일이 보상을 주는 만큼 스트레스로 가득하다는 사실은 말하지 않아도 알 것이다. 금요일 오후 네 시에 잡힌 회의부터 무례한 고객에 대응하는 일, 은근히 비꼬는 내용의 이메일, 하나부터 열까지 관리하는 상사, 좋아하지 않는 업무의 연속, 능력을 인정받지 못한다는 느낌, 전혀 보이지 않는 승진 기회, 거짓 약속, 갑작스러운 해고, 인력 부족으로 쌓여 가는 업무까지, 늘 스트레스를 주는 일투성이다. 만약 당신이 나처럼 사업을 하거나 좋은 관리자가 되려고 노력 중이라면 그 목록이 두 배는 될 것이다.

일로 인한 스트레스를 받지 않으려면 렛뎀 이론을 어떻게 사용해야 할까? 예를 들어 일도 잘하고 있고, 매출도 달성했고, 기대 이상의 성과를 냈는데도 승진이 되지 않는다면? 상사에게 승진 소식을 물었는데 "올해 회사 수익이 감소했기 때문에 내가 할 수 있는 일이 없네."라는 상투적인 답변과 함께 "하지만 당신은 이 팀에 큰 자산이네."라는 입에 발린 소리만 돌아온다면 정말 짜증 날 것이다.

좌절하고, 낙담하고, 무기력해지고, 심하면 상사와 직장에 대한 적대감마저 생길 것이다. 이에 네루카는 이런 이유로 현재 번아웃 현상이 거의 기록적인 수치를 보인다고 말한다. 많은 사람이 직장에서 만성 스트레스 상태에 갇혀 있다. 네루카는 직장에서 받는 스트레스는 변하지 않으므로 스트레스에 대처하는 방식을 바꿔야 한다고 덧붙였다. 그런 상황이었을 때 나도 정확히 그런 기분을 느꼈다. 게다가 공과금을 내려면 월급이 필요하다는 사실에 더 스트레스를 받고 무기력해졌다.

하지만 지금 일이 버겁게 느껴진다 해도 당신에게 힘이 없는 것은 아니다. 그렇다면 어떻게 렛뎀 이론을 사용해 당신이 누릴 자격이 있는 승진을 상사에게 요구할 수 있을까? 요구할 필요가 없다. 상사가 당신을 속이도록 **내버려두자**. 듣기 힘든 말이라는 걸 안다. 사실 듣기 힘들다. 당연히 불공평한 말이다. 물론 당신은 승진할 자격이 있다. 화를 낼 자격도 있다.

하지만 한 가지 질문을 하고 싶다. 당신의 경력을 책임지는 사람은 누구인가? 바로 당신이다. 게다가 회사가 당신을 승진시킬지, 연봉을 올려 줄지, 심지어 상사가 당신을 창문 가까운 자리로 옮겨 줄지조차도 당신은 통제할 수 없다. 아무리 열심히 일했어도, 아무리 칭찬을 많이 받았더라도 결정은 그들에게 달려 있다. 따라서 당신이 노력했고 승진과 연봉 인상을 요구했고 그에 따른 실적을 맞췄는데도 여전히 승진이나 직책 변경, 자리 이동이 되지 않는 상황이라면 화를 내는 것을 멈추고 앞으로 어떻게 할지를 선택해야 한다.

왜냐하면 이런 감정을 주체하지 못하면 미쳐 버릴 수 있기 때문이다. 스트레스에 사로잡히면 절대로 다음 행보를 전략적으로 생각할 수 없다. 다음 행보는 늘 있다. 스트레스 때문에 바보가 되어서는 안 된다. 어떻게 대응할지를 현명하게 판단해야 한다. **내가 하자.** 거기에 당신의 힘이 있다.

직장에서 통제할 수 없는 일이 있는데 이를 해결하기 위해 모든 노력을 다했다면, 더 이상 시간과 노력을 들이는 것은 어리석다. 게다가 그 때문에 스트레스까지 받는다면 더욱 어리석은 일이다. 그러기에 당신은 너무 현명하다. 당신의 삶과 그 안의 가능성은 늘 현재 직업보다 훨씬 크다.

당신은 절대로 갇혀 있지 않다. 그건 당신이 당신 자신에게 하는 거짓말이다. 당신은 직장, 인간관계, 생활 환경, 연애 상대, 면접, 대화 등으로부터 원한다면 언제든 떠날 수 있다. 하지만 지금 당신은 줌 회의가 끝날 때마다 화를 내는 상사와 함께 앉아 있다. 좌절감을 느끼고, 사기가 떨어지고, 스트레스를 주는 직장에 계속 있을 필요는 없으며 그러지 말아야 한다. 그들이 당신을 속이도록 **내버려두자**.

이제 **내가 하기**를 실행할 차례다. 더 이상 현재 상황에 집착하지 말고 더 나은 기회를 찾는 데 집중하자. 지금, 이 순간 훨씬 훌륭한 상사에 연봉도 더 높고 창가 옆에 책상이 있는 멋진 일자리가 당신을 기다리고 있다. 지금 다니는 회사가 지구상의 유일한 회사가 아니며, 당신의 경력을 개발하는 데 도움을 주고 싶어 하는 수많은 상사가 있다. **내가** 가서 찾자.

직장 구하기가 어려운 일인가? 그렇다. 오랜 시간이 걸릴 수도 있는가? 그렇다. 이력서를 업데이트하기가 두려운가? 그럴 수 있다. 나가서 인맥을 쌓기가 겁나는가? 그럴 수 있다. 그러나 당신의 경력은 당신의 책임이며 당신에게는 생각하는 것보다 더 많은 힘이 있다. 이제 이에 걸맞게 행동할 때다.

주말을 다르게 보내기로 **내가** 선택하자. 친구들과 술집에서 스트레스를 풀며 일에 관해 불평하는 대신 다닐 만한 직장을 찾는 데 시간과 에너지를 쏟아부으면 어떨까? 물론 멋진 직장을 구하는 데 6개월이 걸릴 수도 있지만 아무것도 하지 않든, 원하는 일을 찾든 6개월은 똑같이 지나간다.

그리고 이 점도 고려해 보자. 만약 지금 직장에 머문다면 누가 당신의 미래를 통제하는가? 그렇다. 당신의 상사다. 하지만 이력서를 업데이트하고, 인맥을 쌓기 시작하고, 면접을 보러 가면 누가 통제권을 갖는가? 그렇다. 바로 당신이다.

어린아이처럼 조르거나 심지어 상사에게 욕을 하더라도, 책임은 당신에게 있다는 것이 가혹한 사실이다. 당신을 힘들게 하는 직장에 남기로 선택한 사람은 당신이기 때문이다. 당신에게 책임이 있다. 또 무엇이 당신 책임인지 알고 싶은가? 당신이 다른 직장을 구하지 않는 이유로 내세우는 변명들도 당신의 책임이다. 그러나 당신은 생각보다 훨씬 더 많은 힘을 가지고 있다. 이제 이에 걸맞게 행동할 때다.

다음에 일어날 일은 '내가' 통제할 수 있다

좀 더 자세히 다루고 싶은 주제 하나는 '내가 하자'라고 말할 때 당신에게 적합한 행동이 무엇인지 결정하는 방식이다. 사실 **내버려두기** 부분은 명확하다. '내버려두자'라고 말하면 다른 사람이 하는 일을 통제하려던 노력을 멈추게 된다. 그리고 '내가 하자'라고 말하면 자신이 그 일에 대응하는 방식에 책임을 지게 되는데, 이 부분은 항상 분명하지는 않다.

모든 상황은 다르다. 그렇기에 어떤 대응이 시간과 에너지를 쏟을 가치가 있는지 선택하는 방법을 배워야 한다. 당신이 적절한 대응을 선택하는 방법을 이해하는 데 도움이 될 이야기가 하나 있다.

얼마 전 지역 주립공원의 인기 있는 장소로 반려견들과 산책하러 갔다. 주차장에 차를 세우자 공원 관리인이 다가와 내 반려견들을 쓰다듬으며 인사를 건넸다. 그러면서 관리인은 요즘 개들이 마음대로 돌아다니고 주인이 배설물을 치우지 않아서 항의가 많으니, 반드시 목줄을 채우고 배설물을 치우라고 당부했다. 문제가 계속되면 공원에 반려견 출입을 금지할 수도 있는 상황이었다.

나는 관리인에게 알려 줘서 고맙다고 인사한 다음, 나는 '그런 사람'이 아니며 규칙을 준수할 거라고 약속했다. 그러고 나서 산책로를 걸어 내려가는데, 30미터 앞에 걸어가는 사람이 있었다. 그리고 그 사람의 개가 목줄을 하지 않은 채 뛰어다니며 사람들에게 달려들고 있었다.

나는 화가 나기 시작했다. 스트레스 반응이 올라오고 편도체의 스위치가 켜지는 것이 느껴졌다. 더 이상 숲속 산책이 즐겁지 않았다. 나는 마치 레이저처럼 이 개와 그 주인에게 집중했다. 이것이 정확히 공원 관리인이 말했던 상황이고, 이 멍청이 하나 때문에 모두가 이곳에서 쫓겨날 거라는 생각에 점점 더 짜증이 났다.

나는 계속 "내버려두자."라고 되뇌었고 처음 다섯 번은 효과가 있었다. 하지만 그 개가 산책로 한가운데에 쭈그리고 앉아 똥을 싸고, 주인이 이를 배변 봉투에 담아 버리지 않고 나뭇잎을 발로 차서 덮으려는 모습을 보고는 기겁했다. 더 이상 참을 수 없었다. 나는 스트레스 상태에서 5초 만에 개를 감시하는 경찰로 변신했다.

바로 여기서 렛뎀 이론을 사용할 때의 중요한 점을 알리고 싶다. 각 상황에 대한 당신의 대응 방식은 매번 독특하고 다를 것이다. 어떤 날은 올림픽 육상 선수마냥 개 주인을 쫓아가서 배변 봉투를 주며 배설물을 주우라고 부탁하고, 무슨 일이 일어날 수 있는지 설명한 후 주인의 역할을 다하라고 촉구할 것이다. 그리고 어떤 날은 개 주인을 붙잡고 이 모든 것을 요청할 만한 기력이 없을 때도 있을 것이다.

어쩌면 그냥 어깨를 으쓱하고 "내버려두자."라고 말하면서 내 시간과 에너지를 쏟을 가치가 없다고 생각하는 순간도 있을 것이다. 그리고 개가 엉망으로 만들어 놓은 곳에 갔을 때 **내가** 더 나은 사람이 되기로 하고 배변 봉투를 꺼내 배설물을 주울 수도 있다. 그러고 나서 주차장에 있는 개 주인의 차에 배설물을 마구 발라 버릴 수도 있다(마지막 부분은 농담이다).

나 역시 다른 사람의 뒤처리를 하고 싶지는 않지만 공공장소를 모두가 즐길 수 있는 좋은 상태로 남겨 두는 것을 중요하게 생각한다. 나는 떠난 자리가 더 아름다운 사람이 되고 싶다. 그리고 내 일이 아닌 상황에서도 주도적으로 행동하는 것을 좋아한다. 아마 어떤 날은 주차장으로 돌아가 공원 관리인에게 그 주인이 돌아올 때까지 기다렸다가 신고하게 하는 것이 최선의 행동이라고 생각하는 날도 있을 것이다.

우리는 이 모든 **내가 하기** 방법들을 사용할 수 있다. 어쩌면 당신은 이 부분을 읽으면서 다른 방법이 생각났을 수도 있다. 요점은 모든 상황이 다르지만 변하지 않는 한 가지가 있다는 것이다. 우리는 항상 대응 방식을 선택할 수 있다.

그 주인의 개가 산책로 한가운데서 똥을 싸는 것을 막을 수는 없지만 이 상황에 대한 대응은 내가 선택할 수 있다. 내가 어떤 사람이 될지, 어떤 모습을 보일지는 내가 선택할 수 있다. 이는 매우 강력한 느낌이다. 당신의 기분이 어떤지, 삶에서 어떤 일이 일어나고 있는지, 시간이 얼마나 있는지, 얼마나 중요한 문제인지, 가치관이 무엇인지, 가장 효과적인 방식이 무엇인지에 따라 모든 상황이 달라질 수 있다.

내가 하기는 자신의 시간, 에너지, 가치를 삶의 중심에 둘 기회다. 이때 주목할 만한 가치가 있는 것과 그렇지 않은 것을 선택할 수 있다. 당신은 무엇이 자기에게 맞을지 어떻게 선택하는가? 특히 정말 스트레스가 심한 상황이라면? 좋은 질문이다.

내 경우에는 이렇게 스트레스가 많은 순간에는 그냥 "내버려두자."라고 말하고 잠시 멈춰 생각하는 것이 도움이 된다. '이 상황이 한 시간 후에도 나를 괴롭게 할까? 일주일 후에도 괴로울까? 아니면 당장 이 순간에만 괴로운 일인가?' 내가 한 시간 후에도 여전히 이 생각을 하고 있을 것 같다면 무언가 조처를 해야 한다. 만약 일주일이나 1년 후에도 문제가 된다면 반드시 무언가 조처를 해야 한다. 그들을 봤을 때 나는 이 문제가 주립공원에 갈 때마다 신경 쓰일 것 같았다.

대부분은 무엇이 자신에게 맞는지 알 수 있다. 다음 사례(똥 이야기 다음에 하기에 완벽한 주제인)는 그런 경우를 잘 보여 준다. 바로 정치 이야기다. 최근 조사에 따르면 대다수 사람이 현재 세계 정치 상황에 관해 매우 스트레스를 받는다고 응답했다. 나도 마찬가지다. 어떻게 스트레스를 받지 않을 수 있겠는가?

우리는 그 어느 때보다 양극화가 심하고 위험도가 매우 높으며 모두가 너무 멀어져 있는 시대, 현재 상황에 대해 화가 나거나 두렵거나 혹은 두 가지 감정을 모두 느끼는 시대에 살고 있다. 누구도 시간을 할애해서 다른 사람의 마음을 이해하려 하지 않기 때문에, 다른 관점을 가진 사람들과 정중한 대화를 나누기가 불가능하다. 지역, 주, 국가, 세계 차원에서 정치가 얼마나 스트레스를 줄 수 있는지를 고려해 보면 그냥 포기하거나 관심을 두지 않거나 상황을 바꿀 힘이 없다고 느낀다.

그렇다면 어떻게 렛뎀 이론으로 지역, 국가, 세계 차원에서 정치 상황을 바꿀 수 있을까? 바꿀 수 없다. 학교 이사회는 이미 결정을 내렸고, 상원은 투표를 끝냈다. 두 명의 후보가 출마했으며 선거는 이미 끝났다. 법원의 결정만 남았다. **내버려두자**. 지금 일어난 일을 바꿀 수는 없다.

하지만 미래를 바꿀 수 없다고 말한 적은 없다. 상황이 너무 버거운가? 그렇다. 아무 변화도 없을 것 같은가? 그렇다. 그래도 그냥 하자. 내가 관심을 두는 문제에 계속해서 참여하고 목소리를 내고 지역, 국가, 세계 정치의 미래를 바꿀 수 있는 일을 하자. 가만히 앉아서 다른 사람이 혼란한 상황을 바로잡아 줄 때까지 기다리지 말자.

만약 중요한 문제라면 다른 사람들이 기다리는 대상이 되자. 바라는 변화를 직접 만들자. 그것이 바로 **내가 하기**의 힘이다. 나는 이럴 때 마거릿 미드Margaret Mead 교수의 말을 떠올리는 것을 좋아한다. "사려 깊고 헌신적인 소수의 사람이 세상을 바꿀 수 있음을 의심하지 마라. 지금까지 바로 이런 사람들이 세상을 바꿔 왔다." 또 안드레아 워터스 킹이 〈마이 레거시〉 팟캐스트에서 내게 했던 말을 공유하고 싶다.

"인권 운동은 부당함에 맞설 때도 사랑과 존엄성으로 대응하는 것이 굴복이 아니라 힘이라는 가르침을 주었죠. 마틴 루서 킹 3세와 저는 리얼라이즈 더 드림Realize the Dream (마틴 루서 킹 목사의 아들인 마틴 루서 킹 3세가 부모의 유산을 이어 가기 위해 설립한 비영리단체—옮긴이) 활동을 통해 개인과 지역사회가 정의를 위한 평화와 목적, 행동을 선택할 수 있도록 힘을 보태서 이 유산을 이어 가고 있어요. 렛뎀 이론은 이런 유산을 닮아 있어서, 어떤 에너지를 공급하고 어떤 싸움을 하고 있고 어떻게 변화를 만들어 낼지 결정하는 힘은 항상 우리 자신에게 있다는 사실을 상기시켜 주죠."

한 사람만 있어도 옳은 일을 할 수 있다. 만약 어떤 일이 대단히 신경 쓰인다면 그 한 사람은 바로 당신이다. 언제든 무엇인가를 할 수 있다. 당신이 변화를 만들 수 있다. 만약 당신이 참여할 마음이 들 만큼 중요한 일이 아니라면 불평하지 말자. 스트레스만 받을 뿐이다. 배우고 있어서 알겠지만 어리석은 일이다. 말을 하기는 쉽다. 정말 신경 쓰이는 일이라면 시간과 에너지를 쏟아서 바꾸자.

어떤 상황이나 환경에서든 렛뎀 이론을 반복해서 사용하다 보면 아무리 큰 문제라도, 아무리 스트레스가 심해도, 결국은 나의 행동과 태도를 통해 무언가를 개선할 수 있다는 사실을 알게 될 것이다.

이것이 바로 **내가 하기**의 힘이다. 주변 사람들이나 공원에서 사람들이 하는 행동을 통제할 수는 없지만 그 일에 대응하는 자기 말과 생각과 행동은 항상 통제할 수 있다. 이것이 바로 진정한 힘의 원천이다. 그리고 그 힘을 더 많이 활용할수록 지금까지 행복을 방해하고 자신의 힘을 내주었던 상황들이 더 많이 보일 것이다.

당신도 나와 마찬가지로 전혀 알지 못했을 것이다. 당신의 시간과 에너지는 무엇보다 중요하다. 렛뎀 이론은 바로 이 점을 강조하고, 시간과 에너지를 투자할 가치가 있는 일과 그렇지 않은 일을 더 잘 선택하도록 북돋아 준다.

그렇다고 해서 불편한 대화를 피하거나 침묵을 지키라는 뜻이 아니다. 만만한 사람이 되어 사람들에게 이리저리 휘둘리라는 의미도 아니고, 모든 사람의 개 배설물을 주워야 한다던가 선거에 출마해야 한다는 뜻도 아니다. 그보다는 자기에게 어떤 영향을 미칠지, 어느 정도까지 영향을 미칠지 스스로 선택할 수 있다는 의미다.

당신은 어떤 일에 참여할지 말지 선택할 수 있다. 어떤 직업이나 관계나 문제가 싸울 가치가 있는지, 혹은 언제 그만둘지 선택할 수 있다. 통제권은 당신에게 있다. 그렇기에 당신은 다음에 일어날 일을 항상 통제할 수 있다.

・・・

이제 스트레스 관리에 관해 배운 내용을 정리해 보자. 지금 당신은 다른 사람이 당신의 인생에 불필요한 스트레스를 유발하도록 허용하고 있다. 렛뎀 이론은 사소한 짜증이 당신의 인생을 지배하지 못하도록 해주고, 정말 중요한 일에 집중할 수 있게 도와준다.

1. 문제점: 타인은 당신을 귀찮게 하거나, 화나게 하거나, 스트레스를 주는 행동을 늘 할 것이다. 그런 일은 늘 일어나기 마련이며 당신이 통제할 수 없다. 다른 사람의 행동 때문에 스트레스를 받으면 다른 사람에게 힘을 내어주는 것이다. 그러면 결국 자기를 위한 시간과 에너지가 소진된다.

2. 진실: 스트레스 반응은 몸에서 자동으로 일어난다. 짜증이 나고 좌절스럽다. 화

가 치밀어 오르고 동요된다. 이렇게 마음속에서 솟구치는 감정을 통제할 순 없다. 하지만 스트레스 반응을 재설정하는 방법을 배워 감정에 휘둘리지 않을 순 있다.

3. 해결책: 렛뎀 이론을 사용하면 다른 사람이 유발하는 스트레스로부터 자신을 보호할 수 있다. 당신의 힘은 타인의 행동, 화가 나는 상황, 감정에 대한 당신의 반응을 통제하는 데 있다.

'내버려두자'라고 말하면 당신은 다른 사람의 행동이 당신에게 스트레스를 유발하거나 신경을 거스르도록 두지 않게 된다. 그리고 '내가 하자'라고 말하면 스트레스 반응을 재설정하고 자신의 대응 방식에 책임지게 된다. 이제 나에게 가장 중요한 것을 위해 모든 시간과 에너지를 되찾을 때다.

다른 사람의 평가
극복하기

제5장

마음대로 생각하도록
내버려두자

미국의 시인 메리 올리버Mary Oliver는 그녀의 시 〈여름날〉The Summer Day에서 이런 질문을 했다. "당신은 한 번뿐인 거칠고 소중한 인생에서 무엇을 할 계획인가?" 당신이 무엇이라고 대답할지는 모르지만 나는 이것만은 확신한다. 당신이 무슨 계획을 세우더라도 사람들은 그 계획을 평가할 것이다. 앞으로 몇 장에 걸쳐 우리는 타인의 의견 때문에 자신이 원하는 것을 추구하지 못하거나, 한 번뿐인 거칠고 소중한 인생의 가능성을 제한하지 않도록 렛뎀 이론을 사용하는 방법을 배울 것이다.

이게 얼마나 큰 문제인지 모를 것이다. 나도 그랬다. 겉으로는 다른 사람의 의견에 신경 쓰지 않는 척하지만 실제로는 우리 모두 다른 사람의 의견에 신경 쓴다. 그리고 사람들은 보통 당신에 관해 부정적인 의견을 갖고 있다. 이 사실을 바꾸기 위해 당신이 할 수 있는 일은 없다. 그러나 다른 사람의 생각에 대한 두려움 때문에 자기가 하고 싶은 일을 하지 못하면, 그야말로 다른 사람의 생각에 갇히는 것이다.

이 두려움은 삶의 모든 측면에 영향을 미친다. 일을 미루게 하고, 자신을 의심하게 한다. 완벽주의 때문에 무력해진다. 지나치게 많이 생각하게 되는 이유이기도 하다. 이 두려움은 여기서 끝내야 한다. 이제는 사람들에게 원하는 대로 생각할 자유를 주어야 할 때다. 그들이 원하는 대로 생각하도록 **내버려두자**. 그리고 자신을 자유롭게 해주고, 작지만 언젠가 내 인생을 뒤바꿀 변화를 **내가** 과감하고 당당하게 시작하자.

렛뎀 이론은 내게 큰 경종을 울렸다. 내가 다른 사람의 의견을 신경 쓰고 걱정하는 것은 알고 있었지만 실제로 '내버려두자'라고 말하기 전까지는 그것이 얼마나 큰 문제인지 몰랐다. 그들이 판단하도록 **내버려두자**. 그들이 반대하도록 **내버려두자**. 그들이 나쁜 생각을 하도록 **내버려두자**. 뒤에서 내 험담을 하도록 **내버려두자**.

지금 당신은 다른 사람의 의견을 자신의 로드맵으로 삼아 인생을 살아가고 있다. 자기가 원하는 방향이 아니라 다른 사람이 어떻게 생각하거나 말할지를 예상해 왼쪽으로 갈지, 오른쪽으로 갈지를 정한다. 이렇게 타인이 나에 관해 어떻게 생각하고 말할지로 인생의 방향을 결정하면 자신의 힘을 내주게 된다.

모든 행동에 대해 과도하게 생각하지 말고 그냥 그들이 생각하고 싶은 대로 생각하게 **내버려두면** 어떨까? 이런 부담에서 자유로워지면 인생이 바뀐다. 인간 본성의 기본 법칙을 기억하자. 당신은 다른 사람의 말, 행동, 생각을 통제할 수 없다. 통제하려 한다면 후회할 것이다. 반대로, 다른 사람이 원하는 대로 생각하도록 **내버려둘수록** 인생은 편안해질 것이다.

내게는 나의 삶을 살도록 허용하고, 타인에게는 그들이 원하는 대로 생각할 수 있게 내버려두면 어떨까? 그리고 시간과 에너지를 내가 좋아하는 취미, 습관, 행복에 쏟아부으면 어떨까? 평가에 대한 걱정이 없다면 당신은 어떤 변화를 시도하고 싶은가? 바라고 있지만 인정하기 어려운 것은 무엇이 있는가? 더 강력히 주장하기 두려운 신념은 무엇인가?

이전에 해본 경험이 없다는 사실이 두려워 시도해 보지 못한 것은 무엇인가? 남몰래 하고 싶었던 도전이나 시합, 모험은 무엇인가? 너무 두려워서 요구하지 못했지만 직장에서 어떤 일이 일어나기를 바랐는가? 어떤 대화를 피하고 있는가? 어떤 사진을 올릴까 말까 주저하고 있는가? 이 중에서 특히 마지막 질문이 나는 정말 와닿는다.

내가 '나'에게 집중하지 못하는 이유

10년 전 내가 막 동기부여 강연을 시작했을 때였다. 나는 강연 업계의 새내기였고 많은 신규 사업이 그렇듯 돈이 없었다. 그래서 강연을 시작하고 강연 업계에 발을 들여놓기 위해 소규모 여성 회의에 연락해서 무료 강연을 제안했다. 만일 이 책을 보고 있는 당신이 사업을 시작했거나, 부업이 있거나, 소셜미디어를 통해 온라인으로 돈을 벌기 시작한 사람이라면 내 말에 고개를 끄덕일 것이다. 어떤 일이든 처음에는 수익이 전혀 없는 상태에서 공을 많이 들여야 한다.

1년이 지나 무대 위에 서는 것에도 익숙해지고 청중도 늘어났다. 그런데 이상하게도 통장 잔고는 점점 줄어들었고 좌절감은 쌓여 갔다. 왜 그랬을까? 당시 나는 주중에는 정규직으로 일하고 주말에 무료로 강의하고 있었기 때문이다.

이 책의 서론에서 언급했듯이 당시는 우리 부부가 엄청난 금융 부채로 힘들어하던 때였고, 나는 강의를 해서 돈을 벌 방법을 적극적으로 찾고 있었다. 나는 경험이 많은 강연자들을 찾아다니며 돈을 버는 방법에 관해 조언을 구했다. 당신도 어떤 종류의 사업이나 부업을 생각하고 있다면 이제부터 소개할 방법을 실천해 보길 바란다.

모든 사업에는 '공식'이 있다. 그렇다면 그 공식을 따르자. 이 말을 하는 이유는 사람들이 '나는 달라야 한다'라는 생각에 집착하는 것을 봤기 때문이다. 이 말은 자기가 다른 사람을 모방했다고 오해받는 게 두렵다는 말을 멋지게 포장한 것이다. 이는 다른 사람의 생각에 대한 두려움이 가장 분명하고 쉽고 검증된 성공 공식을 따르는 데 방해가 된다는 사실을 보여 주는 예시다.

당신이 다른 사람을 모방한다고 생각하도록 **내버려두자**. 실제로 당신은 모방한 것이기 때문이다. 그러나 당신이 모방한 그 사람도 다른 사람의 공식을 모방했다. 공식이란 본래 여러 번 효과가 있었기 때문에 생겨난 것이다. 다만 당신의 공식은 좀 더 특별하다. 바로 당신이 그 공식에 당신의 것을 더했기 때문이다. 새로운 공식을 만들려고 쓸데없이 시간을 낭비하지 말자. 기존의 공식을 자신에게 유리하게 활용하자.

경험이 많은 강연자들은 내게 정확히 다음과 같이 조언했다. 성공한 강연자들은 모두 세 가지 똑같은 일을 한다. 그래서 이 세 가지를 하지 않는다면 강연 업계에 제대로 몸담고 있다고 할 수 없다. 그들이 해준 조언은 다음과 같다.

1. 무대 위에 선 사진과 함께 기조연설과 주요 요점에 대한 설명을 포함한 간단한 웹사이트를 만들어라.
2. 이전에 강연했던 행사의 기획자들에게서 후기를 받아 웹사이트에 올려라.
3. 연설에 관한 게시물을 온라인에 올려라. 이것이 핵심이다. 소셜미디어를 마케팅 도구로 활용하라. 행사 사진과 강연 관련 콘텐츠를 올려라. 당신을 고용한 행사기획자와 함께 찍은 사진을 올려라. 소셜미디어는 사람들이 당신을 찾는 도구다. 소셜미디어는 당신이 이 업계에서 활동하고 있음을 보여 준다. 또한 소셜미디어는 사람들을 한 페이지짜리 웹사이트로 이끌어 당신의 강연을 예약할 수 있게 해준다.

이것이 공식이다. 이 공식을 따르면 돈을 벌기 시작한다고 했다. 공식을 듣고 나는 정확히 무엇을 해야 할지 알았다. 그리고 위험 부담이 대단히 컸다. 빚을 갚기 위해 돈이 필요했기 때문이다. 나는 해야 할 일을 정확히 알았다.

내가 그 공식을 따랐을까? 정확히 그렇지는 않다. 물론 웹사이트는 만들었다. 고객의 후기를 받아서 웹사이트에 올리기도 했다. 그런데 소셜미디어에 게시했을까? 아니다. 당시 나는 소셜미디어를 개인적인 용도로 사용하고 있었다. 아이들의 사진, 가족여행 사진, 친구들과의 셀카로 가득했다. 팔로워는 모두 친구, 동창, 가족이었다. 동기부여 강연자가 되고 싶다는 게시물이나 1년 넘게 무료로 강연하고 있다는 내용을 올린 적은 없었다.

소셜미디어를 사용해 사업을 시작하거나 삶의 새로운 측면을 홍보하거나 예술 작품을 공유하고자 했던 경험이 있다면, 사생활 사진만 가득한 계정을 홍보 수단으로 전환하겠다는 결정을 내리는 것이 얼마나 어려운지 알 것이다. 나도 소셜미디어에 강연하는 게시물을 올리기까지 무려 2년이 걸렸다. 왜 그랬을까?

사실, 다른 사람의 의견이 두려웠기 때문이다

"누구를 두려워했나요, 멜?"

나는 친구들이 두려웠다. 아이들 사진이나 바비큐 하는 사진 혹은 대가족 모임 사진을 더는 올리지 않고, 강연하는 사진을 올리기 시작하면 사람들이 나를 어떻게 생각할지 걱정했다.

'자기가 뭐라도 되는 줄 아나 보지? 누가 쟤를 강연자라고 하는 거야? 도대체 무슨 말을 할 게 있다고? 완전 가식이네.'

게시물을 올리려고 하긴 했다. 행사 사진을 훑어보면서 한두 장 고르기도 했다. 그런데 두려움이 몰려왔다. 사진에 설명을 적는 동안 다른 사람들의 부정적 의견이 걱정되기 시작했다.

'너무 거만하게 들리지 않을까? 설명이 전문가처럼 보일까? 이 사진을 올리면 사람들이 언팔하지 않을까? 친구들이 나를 거만하다고 생각하지 않을까? 아예 새로 계정을 만들까?'

그러다가 결국 게시물을 올릴 가치가 없다고 생각하고 포기했다. 왜 그랬을까? 완벽하고 강렬하며 잘 팔리는 이미지와 설명을 올리기 위해, 누구도 부정적 생각을 하지 않을 게시물을 만들기 위해 너무 많은 에너지를 쓴 나머지 지쳐 버렸기 때문이다.

무려 초안만 수백 개를 만들었다. 하지만 게시물들은 계속 초안 상태로 있었다. 몇 년 동안이나. 어쩌다 자신감이 생겨 게시물을 올리고 나면 5분 단위로 반응을 확인했고, 원하는 만큼 '좋아요'가 많지 않거나 댓글이 기대만큼 긍정적이지 않으면 게시물을 삭제했다. 이 어리석은 두려움 때문에 전업으로 삼고 싶었던 일의 홍보를 몇 년이나 미뤘다. 나의 성공 능력보다 다른 사람의 의견에 더 큰 비중과 중요성을 부여했다. 내가 가진 힘을 내주고만 것이다.

지금 돌이켜보면 마음이 아프다. 목표를 달성하고, 더 많은 돈을 벌고, 빚을 청산하고, 아이들에게 좋은 것을 사 주고, 더 많은 고객을 더 빨리 확보하게 해줄 행동을 멈췄기 때문이다. 정말 어리석은 일이다.

아마 당신도 자신을 드러내는 일에 관해 같은 두려움을 느끼며 고심하고 있을 것이다.

사업이든, 예술이든, 음악이든, 영상이든, 수영복 차림의 사진이든 게시물을 올릴 때 자기 검열을 하는 이유는 타인의 의견을 두려워하기 때문이다. 그래서 사진을 찍을 때마다 여드름을 가리고 '잘 나오는 쪽'으로 서야 한다고 고집하는 것이다. 회의에서 발언하지 않는 것도 같은 이유에서다. 온라인에서는 안 좋아 보일까 봐 두려워하고 직장에서는 안 좋게 들릴까 봐 두려워한다. 당신은 다른 사람들이 당신의 본모습을 보게 될까 봐 두려운 것이다.

게시물을 편집하거나, 수업이나 직장에서 침묵하거나, 단체 사진 뒤에 숨을 때마다 당신은 자신을 거부하는 것이다. 스스로 충분하지 않다고 말하는 것이다. 끊임없이 질문하고, 편집하고, 삭제하고, 과도하게 생각하고, 다른 사람에게 "괜찮아 보여?"라고 묻는 것은 자기 의심만 키울 뿐이다. 더 놀라운 사실을 알고 싶은가? 당신이 스스로 그렇게 하고 있다는 것이다. 나 또한 그랬다.

이 주제에 대한 대부분의 조언은 별 도움이 되지 않는다. 사람들은 대부분 다른 사람의 의견을 신경 쓰지 말라고 조언한다. 하지만 그렇게 하는 방법은 아무도 알려 주지 않는다. 이제는 새로운 접근 방식이 필요한 때다. 렛뎀 이론으로 이 두려움을 완전히 없애는 혁신적인 접근 방식을 적용해 보자. 사람들이 나에 관해 부정적인 생각을 할 수 있는 자유를 주어라.

내버려두자. 단지 효과가 있어서만이 아니다. 이것은 과학이다.

당신에겐 다른 사람의 생각을 통제할 힘이 없다

사실 다른 사람의 생각을 통제하는 것은 불가능하다. 따라서 다른 사람의 생각을 두려워하거나 통제하려고 노력하는 것은 완전히 시간 낭비다. 다른 사람의 생각에 사로잡히거나 통제하려는 노력을 멈추지 않는 한 당신은 당신 자신의 생각과 행동을 통제하고 있다는 감정을 결코 느낄 수 없다.

다시 한번 말하지만 당신이 무엇을 하든 사람들은 당신에 관해 부정적인 의견을 말할 것이다. 왜 그럴까? 성인은 자신이 원하는 대로 생각해도 되기 때문이다. 타인의 생각을 통제하는 것은 물리적으로, 신경학적으로 불가능하다. 사람은 하루 평균 약 7만 가지 생각을 한다. 그중 대부분은 규칙이 없고 통제할 수 없다. 따라서 다른 사람의 생각을 걱정하거나 그들의 생각을 바꾸려고 에너지를 낭비하는 것은 어리석은 일이다.

당신의 마음속에 떠오르는 생각의 절반도 통제하지 못하는데, 도대체 왜 타인의 생각을 통제할 수 있다고 생각하는가? 당신은 통제할 수 없다. 과학적으로 불가능한 일이다. 그런 점에서 렛뎀 이론은 발상을 뒤집는 매우 혁신적인 아이디어다. 다른 사람의 의견을 두려워하는 대신 그들이 원하는 대로 생각하도록 내버려두자. 아예 사람들이 당신에 관해 부정적인 생각을 하는 것은 당연한 일이라고 말해 주고 싶다. 실제로 사람들은 당신에 관해 부정적인 생각을 하고 있기 때문이다. 지극히 정상적인 일이다.

하나 더 말해 주자면 당신을 사랑하는 사람들도 당신에 관해 나쁜 생각을 한다. 그것도 매일매일! 나 역시 사랑하는 사람에 관한 나쁜 생각을 매일 한다! 이것도 정상적인 일이다. 정상임을 증명하기 위해 내 이야기를 먼저 들려주겠다.

내 남편은 아침에 일어날 때 보통 크게 방귀를 뀐다. 그럴 때 처음 드는 생각은 '정말 더럽다'다. 나는 이 세상 누구보다 남편을 사랑한다. 하지만 늘 남편에 관해 나쁜 생각을 하고 부정적인 의견을 갖는다.

내 반려견도 마찬가지다. 오후 다섯 시 저녁 식사 시간이 되면 반려견 '호미'가 굉장히 귀찮게 군다. 나를 졸졸 따라다니고, 미친 듯이 헐떡거리고, 갑자기 달려드는 등 자세히 설명하지 않아도 알 것이다. 정말 대단한 골칫덩이라고, 진정시켜야 한다고 생각한다. 하지만 나는 여전히 호미를 사랑한다.

이 책을 함께 쓴 첫째 딸 소이어는 완벽한 통제광으로, 일이 제대로 되지 않으면 지나치게 열정적이고 강압적으로 변한다. 특히 강박적으로 청소에 집착하는 상태가 되어 모든 사람에게 스트레스를 준다. 하지만 나는 여전히 내 딸을 사랑한다.

로스앤젤레스에 있는 둘째 딸 켄들은 영상통화를 할 때마다 매번 새 옷을 입고 있는 것 같다. 내 생각엔 켄들이 돈을 아껴 쓰지 않는 것 같고 옷은 더 이상 살 필요가 없어 보인다. 하지만 나는 여전히 내 딸을 사랑한다.

그리고 아들 오클리는 말 그대로 완벽하다. 아니, 농담이다. 오클리는 일어나서 한 시간 동안은 사람들과 눈을 마주치지도 않고 대화를 하지도 않는다. 아들이 무례하다고 생각하지만 그래도 나는 여전히 아들을 사랑한다.

한번은 아이들에게 엄마를 떠올리면 생각나는 형용사를 말해 달라고 한 적이 있다. 그러자 아이들은 지저분하다, 정리 정돈이 안 된다, 시끄럽다, 오지랖이 넓다, 두서없다, 통제한다, 항상 늦는다, 다 아는 척한다 등 부정적인 단어들을 쏟아 냈다. 그리고 가족의 삶을 온라인에 많이 공유하는 것에 대해 불만이 많았다. 하지만 아이들은 여전히 나를 사랑한다(소이어는 이 책을 함께 쓰는 동안 내가 원고를 하도 갈아엎는 바람에 모녀지간의 연을 끊고 싶을 지경이었다고 나중에 내게 말해 주었다. 참고로 이 책은 열한 번째 버전이다).

내가 왜 이런 이야기를 하는 걸까? 모든 사람은 낯선 사람뿐만 아니라 사랑하는 사람에 관해서도 비판적인 의견을 갖기 때문이다. 이것이 인생의 진리다. 이 사실을 받아들이고 수용하자. 현실을 바꾸려고 노력하는 대신 자신에게 유리한 방향으로 활용하자. 현실을 그대로 **내버려두자**.

또 다른 진실이 있다. 누군가 내게 부정적인 생각을 가졌다고 해서 그 사람이 나의 모든 걸 부정적으로 바라보는 것은 아니다. 내가 남편에 관해 나쁜 생각을 하더라도 여전히 남편을 사랑하고 존경하고 남편에게 친절하게 행동하는 이유는, 이 두 가지 마음이 동시에 사실일 수 있기 때문이다. 우리는 누군가의 행동 방식에 짜증이 나면서도 동시에 그 사람을 죽을 때까지 사랑할 수 있다.

이것이 우리가 사랑하는 사람들에 관해 느끼는 감정이다! 우리는 그들의 친구가 그들에게 나쁜 영향을 미친다고 생각한다. 우리는 그들의 남자 친구 또는 여자 친구가 그들을 함부로 대한다고 생각한다. 우리는 그들의 사업 아이디어가 실패할 것이라고 생각한다. 우리는 그들이 자기중심적이라고, 그들이 과잉 반응을 한다고 생각한다. 하지만 우리는 여전히 그들을 사랑한다.

내가 말하고자 하는 요점은 간단하다. 대부분의 성인은 당신과 당신이 하는 모든 일에 부정적인 의견을 가질 것이다. 그들이 판단하도록 **내버려두자**. 그들이 반응하도록 **내버려두자**. 그들이 당신을 의심하도록 **내버려두자**. 그들이 당신이 내리는 결정에 의문을 품게 **내버려두자**. 그들이 당신에 관해 틀린 판단을 하도록 **내버려두자**. 당신이 온라인에 영상을 올리기 시작하거나 원고를 열두 번째 다시 쓰고 싶을 때 그들이 눈을 굴리게 **내버려두자**.

다른 사람에 관해 걱정하느라 시간을 낭비하는 대신 스스로 자랑스럽게 여길 수 있는 방식으로 인생을 살아 보자. 단 한 번뿐인 거칠고 소중한 인생에서 **내가** 하고 싶은 일을 하자.

현재 당신은 다른 사람이 어떻게 생각할지를 예상하려고 노력하면서 인생을 살아가고 결정을 내리고 있기에, 이 접근 방식은 당신을 자유롭게 할 것이다. 다른 사람이 어떻게 생각할지에 대한 두려움이 선택을 좌우한다면 당신은 자신의 잠재력을 제한하고 진정으로 원하는 것을 추구하지 못하게 된다.

이런 이유로 당신은 해야 할 일을 미루고, 자신을 의심하고, 완벽주의에 사로잡혀 무력해진다. 가장 중요하게는 매일 아침 일어나서 실제로 성공에 도움이 되는 일을 회피한다. 당신은 판단이 두려운 나머지 어떤 위험도 감수하지 않으려 한다. 당신이 두려워하는 것이 과연 그것인가? 판단을 당할까 봐 두려운 것인가?

이혼하거나, 부동산업을 그만두거나, 학교로 돌아가거나, 머리를 자르거나, 축구팀에 지원했다가 떨어지면 사람들이 이에 관해 평가할까? 당연히 사람들은 그 일에 대한 의견이 있을 것이다. 그러면 뭐 어떤가? 이 어리석은 두려움 때문에 당신은 새로운 것을 시도하고, 위험을 감수하고, 자기 모습을 그대로 드러내고, 시간이 지나면 당신의 삶을 바꿔놓을 작은 시도를 하는 것조차 멈추고 있다. 얼마나 슬픈 일인가.

렛뎀 이론은 당신이 더 용기를 내도록 도움을 줄 것이다. 현실을 받아들이고 사람들이 당신을 비판하도록 자유를 주는 편이 더 현명하다. 다른 사람의 생각을 통제할 수 없으니 더 이상 두려워하거나 자신을 멈춰 세울 이유가 없다. 그렇게 하기엔 당신의 시간이 너무 소중하다. 당신에겐 이 거칠고 소중한 삶에서 해야 할 중요한 일이 있기 때문이다.

오늘부터 다른 사람에게 당신에 관해 부정적인 생각을 할 수 있는 자유를 주자. 그렇게 **내버려두자**.

중요하지도 않은 사람이 내 삶을 망치게 두지 마라

당신은 아마 이렇게 말할 것이다. "하지만 사람들이 나에 관해 부정적인 생각을 하는 것은 원치 않아요, 멜." 나도 이해한다. 그리고 나도 원치 않는다. 하지만 다른 사람의 생각에 대한 두려움이야말로 자기 의심의 주요 원인이다.

- '나는 부족해.' (누구에게?)
- '나는 그다지 똑똑하지 않아.' (누구를 위해?)
- '그들이 내게 화를 낼 거야.' (누가 화를 낸다는 걸까?)
- '부모님이 허락하지 않을 거야.' (그래서?)
- '내가 이렇게 하면 아무도 나를 좋아하지 않을 거야.' ('아무도'는 누구를 의미하는 걸까?)
- '친구들은 어떻게 생각할까?' (그들이 원하는 대로 생각하겠지.)
- '이렇게 하면 내가 나쁜 사람으로 보이지 않을까?' (누구에게?)

이런 모든 두려움은 다른 사람과 연결되어 있다. 그래서 내가 이 사실을 반복해서 말하는 것이다. 당신 주변의 모든 성인은 당신과 당신의 옷차림, 당신이 방금 말한 내용, 당신이 지난주에 한 일, 당신이 하고 싶은 일에 대해 부정적인 의견을 가지고 있다.

내버려두자.

성인은 무엇이든 자신이 원하는 대로 생각할 수 있다. 당신도 마찬가지다. 그래서 렛뎀 이론이 당신을 자유롭게 할 것이다. 방어적인 삶을 사는 대신 적극적인 삶을 살게 된다. 인생이라는 게임을 자신이 원하는 방식으로 진행하게 될 것이다. 사람들이 원하는 대로 생각하게 **내버려두자.** 내가 원하는 것은 **내가 하자.**

여기에 또 다른 진실이 있다. 당신은 다른 사람이 생각하는 것보다 훨씬 강하다. 자신의 힘을 다른 사람에게 내주지 말고 숨은 잠재력을 발휘하자. 내 삶은 **내가** 자랑스러워할 수 있는 방식으로 살아가자. **내가** 추구하는 가치에 맞는 결정을 내리자. **내가** 원해서 기꺼이 위험을 감수하자. **내** 영혼이 이끄는 길을 따르자.

자신을 행복하게 하는 일을 하고, 용기를 내고, 위험을 감수하고, 자기만의 길을 따르는 것이 다른 사람의 의견보다 항상 더 중요하다. 당신의 삶이다. 다른 사람의 의견이 당신의 삶을 망치게 두지 말자. 책을 쓰자. 데이트를 신청하자. 원하는 옷을 입자. 종일 서핑하자. 학교로 돌아가자. 학교를 그만두자. 이사하자. 개를 키우자. 여행을 예약하자. 술을 끊자. 성적 취향을 받아들이자. 두려워하던 길을 가 보자.

렛뎀 이론을 더 많이 사용할수록 두려움 이면에서 당신의 영혼이 당신을 위해 계획된 방향으로 당신을 조금씩 움직이고 있다는 사실을 깨달을 것이다. '내버려두자'라고 말할 때마다 모든 소음과 소란스러운 것을 제거하고 더 깊은 것, 즉 자신의 목소리, 직관, 진실, 인생의 고유한 길을 위한 공간을 만들 수 있다. 그 공간은 늘 그곳에 있었다. 단지 두려움에 묻혀 있었을 뿐이다.

다른 사람의 의견이라는 부담감에서 벗어나기 위해 렛뎀 이론을 활용하면 자신의 가치와 욕구, 목표를 로드맵으로 삼아 인생을 살아갈 것이다. 바로 거기에 비밀이 있다. 당신이 자신을 자랑스럽게 여길 때 당신은 모든 힘을 갖게 된다.

스스로 자랑스러울 수 있는 결정을 내려라

이제 자신의 욕구를 우선시하는 동시에 힘이 되고 애정 어린 관계를 유지하는 것과 관련해 매우 중요한 사실을 말해 주려 한다. 그것은 다른 사람을 배려하지 않는, 이기적이거나 자기애적인 사람으로 인생을 살지 말아야 한다는 것이다.

자신에게 맞는 것과 다른 사람의 기대나 감정 사이에서 균형을 맞추면서 자신의 욕구를 우선시하는 방법을 배우는 것은 중요하다. 살면서 타인에게 이리저리 휘둘리고 싶지는 않지만, 그렇다고 해서 배려 없이 밀어붙이는 사람이 되어서는 안 된다. 균형이 중요하다.

정신없이 바쁜 주말이 다가오고 있다고 가정해 보자. 한편으로는 친한 친구가 생일 파티를 열어서 친구들이 모두 모여 축하하는, 정말 즐거운 주말이 다가오고 있다. 하지만 파티가 열리는 곳까지는 네 시간 동안 운전해야 한다. 그리고 조부모님 방문 때문에 주말에 부모님 댁에 가기로 이미 몇 달 전에 약속한 상태다.

당신은 두 약속을 다 지키고 싶다. 좋은 친구가 되고 싶고, 좋은 자녀가 되고 싶고, 좋은 손주가 되고 싶다. 그래서 당신을 기다릴 친구를 위해 도시 북쪽으로 네 시간을 운전해 가서 금요일 밤에 열리는 파티에 참석한다. 당신은 파티에 참석할 수 있어서 기쁘다. 밤늦게까지 친구들과 웃고 떠들며 와인을 마신다. 정말 즐겁게 시간을 보낸다.

다음 날 아침 당신은 7시에 침대에서 일어나 트레이닝복을 입고 친구에게 남은 주말을 함께 보내지 못해 미안하다는 메모를 남긴다. 그리고 차에 올라 조부모님과 남은 주말을 보내기 위해 네 시간을 더 운전해서 부모님 댁으로 향한다. 운전하면서 당신은 스스로 이렇게 노력했다는 사실에 흐뭇하다. 생일을 맞은 친구가 당신이 떠난 것에 화가 나서 "하룻밤 있다가 가려면 굳이 왜 여기까지 왔는지 모르겠어."라고 말했다는 사실은 알지 못한 채(나중에 알게 되겠지만).

그 친구가 화를 내도록 **내버려두자**.

네 시간 후 약간 숙취도 있고 매우 피곤한 상태로 부모님 댁에 도착한다. 트레이닝복을 입은 채 차에서 내려 눈물을 글썽이며 기뻐하는 할머니를 껴안는다. 그리고 엄마를 포옹하는데 엄마가 귀에 대고 속삭인다. "할머니가 어젯밤에 도착하셨을 때 네가 없어서 크게 실망하셨어. 10분 후에 점심 먹으러 가야 하니까 옷부터 갈아입어."

할머니가 실망하시게 **내버려두자**.

나는 이 이야기를 통해 두 가지 사실을 증명하려고 한다. 첫째, 모든 사람의 기분을 맞추기 위해 안간힘을 써서 그들을 만족시켰다 해도, 그래도 그들이 긍정적인 생각을 하리라고 보장하지는 못한다. 그냥 **내버려두자**.

둘째(이 점이 가장 중요하다), 모든 사람을 행복하게 하려고 안간힘을 쓰는 사람이 되지 말자. 나도 한때는 그런 사람이었다. 그 결과 방전돼 버렸고 나는 무엇을 해도 충분하지 않은 사람이라는 생각을 하게 됐다. 이제 나는 렛뎀 이론을 알기 때문에 나 자신이 행복하기 위해 안간힘을 쓴다. 설명하자면 이렇다.

친구의 생일 파티에도 참석하고 조부모님도 뵙기 위해 엄청나게 노력한 이유는 그렇게 하면 자신이 자랑스럽게 느껴지기 때문이어야 한다. 친구에게 좋은 친구가 되려고 생일 파티에 가지 말자. 자신이 좋은 친구라고 느끼고 싶어서라면 친구의 생일 파티에 가자. 그리고 엄마를 기쁘게 하려고 조부모님을 뵈러 가지 말자. 조부모님과 가족을 우선시하는 것이 자신에게 행복한 일이라면 조부모님을 뵈러 가자.

 자신을 자랑스럽게 여길 수 있는 방식으로 행동하면 다른 사람의 생각은 중요하지 않다. 그들은 당신이 일찍 떠났다고 화를 낼 것이고, 늦게 도착했다고 화를 낼 것이다. 누군가는 항상 당신의 결정에 실망할 것이다. 하지만 당신이 당신 자신에게 실망해서는 안 된다. 또한 죄책감에 떠밀려 결정을 내리지 말자. 죄책감에 떠밀려 부모님 댁에 간다면 부모님을 악당으로 만드는 것이다. 만약 가지 않으면 자신에게 화가 날 것 같아서 가는 거라면 자신의 결정을 스스로 통제하는 것이다.

 이 이야기는 다른 사람의 생각에 대한 걱정을 멈추고 자신의 가치관에 따라 결정을 내리는 방법을 보여 주는 아주 간단한 예시다. 하지만 자신의 의견과 다른 사람의 의견이 실제로 충돌하는 순간에는 어떻게 해야 할까? 예를 들어 당신이 결혼하려는 상대를 엄마가 싫어한다면? 그때는 어떻게 할 것인가? 나도 그런 경험이 있다.

제6장

가장 까다로운 상대, 가족을 바라보는 법

내 생각에 낯선 사람이나 직장 동료 혹은 친구에게 렛뎀 이론을 적용하는 건 이론을 적용한 후 잠시 거리를 둘 수 있다는 점에서 비교적 쉽다. 침실로 들어가서 문을 닫아도 되고, 퇴근 후 집으로 가도 되고, 자리에서 떠나도 된다. 그리고 대부분의 경우 다른 사람이 당신에 관해 부정적인 생각을 하고 있어도 그 사실을 알지 못한다. 하지만 가족은 어떤가? 가족은 다르다. 가족은 평생 당신과 함께한다.

가족은 자신의 의견을 직설적으로, 노골적으로 말하는 경향이 있다. 가족은 명절에 집에 오지 않는다고 화를 내고, 왜 아직도 싱글이냐고 계속해서 묻는다. 가족은 당신이 학교를 그만두면 인생을 망쳤다고 생각하고, 당신의 친구들을 싫어한다. 그들은 당신의 삶의 방식에 동의하지 않는다. 당신이 만나는 사람을 좋아하지 않는다고 말하고, 당신이 사업을 하겠다며 잘 다니던 직장을 그만두는 것을 원하지 않으며, 당신이 자신을 더 잘 돌봐야 한다고 잔소리를 해댄다.

가족은 당신의 행복과 성공에 이해관계가 얽혀 있어서 훨씬 더 가혹하게, 직설적으로 말하는 경향이 있다. 가족이 걱정할 때는 보통 당신에게 강요하는 방식으로 표현한다. 당신의 친구가 마음에 들지 않는다고, 당신이 잘못된 방향으로 가고 있다고, 당신 자신을 더 잘 돌봐야 한다고 대놓고 말한다. 이는 당신에 대한 애정 표현의 한 방식이다. 그들은 당신이 더 잘되기를 바라고, 행복하기를 바라고, 당신의 잠재력이 낭비되지 않기를 바란다. 그러나 관심과 통제는 종이 한 장 차이다.

가족은 당신이 태어날 때부터 당신에 관한 의견을 가진다. 가족은 당신을 가장 오래 알고 지낸 사람이다. 그들은 당신에게 무엇이 가장 좋은지 안다고 판단해서 자신의 의견을 말할 권리가 있다고 생각한다(그리고 일반적으로 그 방법이 가족에게도 최선이라고 생각한다).

게다가 가족 구성원 모두는 서로에 대한 기대와 가족 운영 방식에 대한 기대가 있다. 서로를 오랫동안 알고 지냈기 때문에 다른 사람보다 더 크게 기대하고 더 큰 상처를 줄 수 있다. 그리고 이런 가족관계는 서로 연결된 시스템을 형성한다. 이 사실은 가족들이 당신의 변화에 더 극적으로 반응하는 이유이기도 하다. 당신이 가족 시스템의 일부이기 때문이다. 당신의 모든 변화는 전체 시스템에 긍정적 또는 부정적 파장을 일으킨다.

당신은 여러 세대에 걸쳐 이어져 온 얽혀 있는 관계 시스템의 일부이기 때문에 가족들이 반응을 보일 것이라는 사실을 아는 것만으로도 이런 상황에 대처하는 데 도움이 될 것이다. 그들의 기대나 가족 시스템이 옳다는 의미는 아니다. 다만 그게 현실이라는 말이다.

그리고 상황을 더 큰 맥락에서 이해하면 내가 가족에게 어떻게 보이는지 통제하는 데 도움이 된다. 예를 들어 배우자와 이혼을 결심하거나, 더는 전통을 따르고 싶지 않거나, 종교가 다른 사람과 결혼하거나, 독특한 직업을 추구하거나, 정치적 신념이 다르면 당신이 누구이고 어떻게 살아야 하는지에 관한 가족들의 기대와 신념에 혼란을 주기 때문에 가족 시스템 전체에 충격파를 일으킬 수 있다.

의붓자식이나 양부모의 역학 관계가 관계망 안에 추가되면 이런 파장은 아주 분명하게 드러난다. 이 같은 변화는 가족 시스템에 큰 충격으로, 좋든 안 좋든 시스템을 완전히 바꾸거나 망가뜨릴 수 있다. 새로운 사람이 들어오면 가족이 운영되는 방식에 대한 기존의 모든 기대가 무너진다. 이런 변화는 정말 받아들이기 어려울 수 있다. 특히 변화를 받아들이고 행복한 가족의 일원이 되어야 하는 아이들에게는 더욱 힘든 일이다.

렛뎀 이론은 양부모로서 해야 할 역할을 찾아가는 데 게임 체인저가 될 수 있다. 어른으로서 자녀가 슬퍼할 수 있도록 **내버려두는** 것은 당신의 몫이다. 의붓자식이 양부모인 당신(그리고 당신의 자녀)을 위협으로 받아들여도 **내버려두자**. 아무리 의도가 좋더라도 당신은 그들에게 위협이기 때문이다. 그들은 자기 부모와 함께 시간을 보내기 위해 당신과

제6장 가장 까다로운 상대, 가족을 바라보는 법

경쟁해야 한다. 이건 사실이다. 아이들도 부모와 마찬가지로 통제권을 갖고 싶어 한다. 그들이 자기감정을 느끼도록 **내버려두자**. 부모와 단둘이 시간을 보내게 **내버려두자**. 그들이 당신을 좋아하지 않아도 **내버려두자**.

특히 의붓자식은 당신의 이해와 선의와 공감이 필요하다는 사실을 절대 잊지 말자. 아이들은 단순히 인생에 새로운 어른을 받아들이는 방법을 배우는 것이 아니다. 그들은 자신이 원했던 가족의 상실을 슬퍼하고 있다. 이는 자연스러운 일이다.

이 점은 성인이 된 의붓자식이 있는 상황에도 적용된다. 당신이 한 가족에게 두 번째 또는 세 번째 아내나 남편으로 또는 최근에 배우자와 사별한 부모님의 새로운 이성 친구로 들어오면 처음에는 자녀들이 기대하기도 하지만 한편으로는 긴장할 수도 있다. 그리고 당연히 그래야 한다. 노년에 사랑이 찾아와 갑자기 기존 가족의 역사가 사라지고 유언장이 바뀌었다는 이야기는 흔히 들어봤을 것이다. 이제 집은 당신 명의로 되고, 당신이 위임권을 갖게 된다. 전 배우자 자녀들의 모든 기대와 그들의 어머니가 임종할 때 했던 모든 약속이 증발하는 것이다.

그러니 렛뎀 이론을 사용해서 자녀들이 긴장하도록 **내버려두고**, 내가 그들의 두려움을 누그러뜨려야 한다. 만약 당신이 기분 나빠하거나 통제하려 한다면 관계가 껄끄러워질 뿐 아니라 모두가 누군가의 편을 들어야 한다. 그런 상황이 공정하다는 말이 아니라 현실이라는 뜻이다. 하지만 좋은 소식이 있다. 당신이 어떤 행동을 보이느냐에 따라 이런 역학 관계를 얼마든지 바꿀 수 있다.

더 큰 맥락을 이해하고 아이들의 자연스러운 두려움을 인정하면 **내**

가 하기 부분에 집중해 선의를 갖고 더 현명하고 따뜻한 어른이 되는 데 도움이 될 것이다. 더 많은 선의와 친절함을 보일수록 역학 관계에 변화가 일어날 여지가 더 많이 생겨난다. 성인이 된 의붓자식을 더 열린 마음으로, 사랑으로 대할수록 그들도 나중에는 당신에게 똑같이 반응할 것이다. 자녀들의 두려움을 더 많이 이해할수록 그들도 당신을 덜 두려워할 것이다.

의붓자식과 양부모 사이의 역학 관계는 어렵다. 매끄러운 면이 하나도 없다. 하지만 렛뎀 이론과 이번 장에서 배울 방법을 사용하면 훨씬 더 아름다운 관계로 만들 수 있다. 어떤 회의에서 한 심리치료사가 이렇게 말하는 것을 들은 적이 있다. "가족이 아니었다면 이 일을 하지 않았을 겁니다." 가족인 이상 그들은 의견을 말할 권리가 있다. 하지만 그렇다고 해서 당신이 자신의 삶을 살고, 구속받지 않고, 자기가 선택할 사람을 사랑할 권리를 그들이 거부할 수 있다는 것은 아니다. 그들의 의견이 옳은지 아닌지는 중요한 문제가 아니다. 당신이 그들의 의견에 어떻게 반응하는지가 중요하다.

그렇다면 사랑하는 사람이 당신이 살아가는 방식이나 어떤 사람인지에 대해 동의하지 않으면 어떻게 될까? 나도 그런 경험이 있다. 당신은 이렇게 반응하면 된다. **내버려두자**. 그들의 의견을 바꾸려 하지 말자. 그들이 자기 의견을 가질 수 있도록 자유를 주자. 의붓자식이든, 시누이든, 할머니든, 남동생이든 그들에게는 자기가 원하는 대로 생각할 권리가 있다. 심지어 당신이나 당신이 사랑하는 사람을 좋아하지 않을 권리도 있다. 그러니 **내버려두자**. 그리고 **내가** 어떻게 반응할지를 선택하자.

사랑하는 사람이 원하는 것의 진실

내 친구인 리사 빌류Lisa Bilyeu는 베스트셀러 작가이자 팟캐스트 〈위민 오브 임팩트〉Women of Impact의 진행자다. 그리고 10억 달러(한화로 약 1조 4,000억 원) 규모의 영양식품 회사 퀘스트 뉴트리션Quest Nutrition의 공동 설립자이기도 하다. 리사는 '준거틀'Frame of Reference이라는 개념을 내게 공유했는데, 이는 내가 가족과 같은 가까운 사람들과의 역학 관계를 매끄럽게 만드는 데 큰 도움이 되었다.

이 개념은 당신이 누구인지, 누구를 사랑하는지, 무엇을 믿는지, 어떻게 인생을 살아가는지에 대해 인정받지 못하는 상황에 대처하는 도구로, 보다 깊은 수준에서 활용하는 것이 좋다. 나도 활용해 봤고 당신도 활용해 볼 수 있다.

우리 팟캐스트를 들은 전 세계 청취자들은 리사가 공유해 준 준거틀에 열광했다. 준거틀은 '누군가 무엇을 바라보는 렌즈를 이해하는 것'을 고급스럽게 표현한 단어로, 렛뎀 이론과 아주 잘 어울리는 말이다.

내 경우를 예로 들어 보겠다. 나는 남편 크리스를 처음 만났을 때 너무 황홀했고 미친 듯이 사랑에 빠졌다. 그래서 그가 프러포즈했을 때 날아갈 듯 기뻤다. 하지만 당시 엄마는 내 예상만큼 기뻐하는 것 같지 않았다. 그래서 나는 엄마와 대화하면서 엄마가 날 위해 기뻐했으면 좋겠다고 말했고, 마치 엄마가 날 위해 크리스를 선택한 것처럼 행동해 달라고 부탁했다. 그러자 엄마가 대답했다.

"하지만 나는 너를 위해 그 사람을 선택하지 않았어. 만약 나한테 선택권이 있었어도 그 사람을 선택하지 않았겠지. 그러니까 마치 그렇게 된 것처럼 행동하지 않을 거야."

당시엔 너무 화가 나서 어떻게 반응해야 할지 몰랐다. 엄마와 연을 끊고 싶지는 않았지만 그 상황에 어떻게 대처해야 할지도 몰랐다. 소울메이트라고 생각하는 사람과 미친 듯이 사랑에 빠졌는데, 엄마가 바로 내 앞에서 "나라면 그 사람을 선택하지 않겠어."라고 말하면서 기쁜 척하지 않겠다고 선언한 것이다.

나는 결국 크리스와 결혼했지만 당시 엄마와 나 사이에 흐르던 긴장감을 몇 년 동안이나 느껴야 했다. 도저히 엄마의 말을 잊을 수가 없었고, 어떻게 잊어야 할지도 몰랐다. 하지만 시간이 더 흐르면서 긴장감은 사라졌고, 30년이 지난 지금은 엄마가 크리스를 너무 좋아한다. 엄마는 농담 삼아 "크리스, 넌 내가 제일 좋아하는 사위야."라고 말한다(크리스는 엄마의 유일한 사위다).

그 긴장감은 어떻게 된 걸까? 나는 렛뎀 이론과 준거틀이라는 도구를 통해 엄마가 왜 그렇게 생각했는지 진심으로 이해하게 되었다. 이 도구들은 나와 엄마의 관계를 완전히 바꿔 놓았고, 내가 엄마의 의견에 동의하지 않을 때 엄마를 위한 공간을 확보할 수 있게 해주었다.

만약 내가 엄마의 입장이고 엄마의 인생에 대해 안다면, 나라도 내 딸이 크리스와 결혼하는 것을 원하지 않았을 것이다. 왜 그랬을까? 크리스는 동부 출신이다. 그래서 엄마는 딸이 크리스와 결혼하면 아마도 동부 지역에 정착해서 다시 중서부 지역으로 돌아오지 않거나 근처에서 살지 않을 거라고 생각했던 것이다.

엄마의 준거틀은 집을 떠나 아빠를 만난 후 다시는 집으로 돌아가지 않았던 엄마의 모습이었다. 엄마는 열일곱 살에 캔자스에 있는 대학에 진학하기 위해 나고 자란 뉴욕 북부의 가족 농장을 떠났다. 그리고 아빠를 만나 사랑에 빠졌다. 스무 살이 되던 해 엄마는 2년제 대학을 마치고 결혼해서 나를 낳았고, 아빠는 의대에 진학했다. 두 분이 계획했던 것은 아니었지만 상황은 그렇게 흘러갔다.

엄마가 나를 임신했다는 사실을 알았을 때, 나의 친할머니는 당시 스무 살이었던 엄마에게 "네가 우리 아들 인생을 망치지 않으면 좋겠다."라고 말했다고 한다. 상상할 수 있겠는가? 그때 엄마가 얼마나 어렸는지, 주변에 가족도 없이 캔자스에서 어떻게 살았을지를 생각하면 너무나도 슬프다.

이것이 바로 엄마가 겪은 일이었다. 이 경험이 부모와 떨어져서 가정을 꾸리는 것과 주변에서 가족의 지원을 받지 못하는 것이 얼마나 힘든 일인지에 대한 엄마의 준거틀을 형성했다.

아빠가 레지던트를 마치고 의대를 졸업한 후 부모님은 미시간에 정착했다. 나는 자라는 동안 멀리 사시는 조부모님이나 친척들을 거의 만나지 못했다. 우리 가족은 아빠, 엄마, 나, 남동생, 이렇게 세상에 네 명뿐이었다. 그래서 내가 집을 떠나 동부에 있는 대학에 진학했을 때 엄마는 내가 다시는 집에 돌아오지 않을지도 모른다는 두려움이 생겨났을 것이다. 그리고 내가 뉴욕에서 동부 출신인 크리스를 만나자, 나 역시 멀리 떨어진 곳에서 인생을 시작하고 다시는 작은 중서부 마을로 돌아오지 않을 거라는 엄마의 두려움이 확고해졌다.

그리고 정확히 그 일이 벌어졌다. 엄마의 가장 큰 두려움이 현실이 되었다. 엄마의 준거틀로 보면 엄마는 자신의 이야기가 눈앞에서 또다시 펼쳐지는 것을 목격한 셈이다. 엄마는 내가 집을 떠나 누군가를 만나면 다시는 집에 돌아오지 않으리라고 생각했다. 그래서 내가 미시간 출신의 남자와 결혼해서 가까이 살기를 바랐던 것이다.

30년 전 크리스를 만났을 때 나는 엄마의 준거틀에 관해 생각하지 않았다. 너무 기분 나쁘고 화가 나서 엄마는 '나를 지지하지 않는다'라고 결론 내렸다. 이제는 엄마가 나를 지지했다는 사실을 안다. 엄마는 그저 딸을 잃을까 봐 두려웠고, 딸을 너무 사랑한 나머지 내가 멀리 떨어져 살지 않기를 바랐을 뿐이다.

렛뎀 이론을 적용하면 나는 엄마에게 딸이 인생에서 다른 길을 선택하기를 바랄 수 있는 자유를 줄 수 있다. 그리고 엄마의 입장을 진심으로 깊이 이해할 수 있다. 또한 엄마에게서 딸을 빼앗아 갈 누군가와 내가 결혼하는 것을 보는 일이 얼마나 힘들었을지 공감할 수 있다. 나라도 내 딸과 아들을 위해서는 그런 사람을 선택하지 않을 것이다.

나도 내 딸 소이어가 유럽 사람과 결혼해서 파리에 사는 것을 원치 않는다. 물론 딸이 행복하다면 그렇게 해야 하지만 그것이 내 선택일까? 아니다. 이 말이 딸을 지지하지 않거나 통제하는 것처럼 들릴 수 있지만 부모라면 공감할 것이다. 통제하려고 하는 말이 아니라 내 감정이 그렇다는 걸 설명하는 것이다. 내 의견이 부정적일 수 있지만 그 의견을 말할 수는 있다. 분명 내 딸은 자기를 지지하지 않는 말이라고 느끼겠지만.

둘째 딸 켄들도 마찬가지다. 켄들은 지금 LA에 살고 캘리포니아에 사는 사람을 만나 정착해서 가족을 이룰 확률이 크다. 그렇게 되면 이곳 동부에 사는 것만큼 자주 딸이나 손주들을 만나지는 못할 것이다. 소이어가 파리에 가서 살거나 켄들이 LA에서 가족을 이루고 살 수 있는 것처럼, 나도 내 의견을 가질 수 있다.

엄마도 나를 위해 동부 출신 사람을 선택하지 않겠다는 의견을 가질 권리가 있다. 하지만 그 의견 때문에 내가 크리스와 결혼하고 우리가 원하는 곳에 살면서 가정을 이루는 것을 포기하지 않아서 다행이라고 생각한다. 그리고 지금은 렛뎀 이론 덕분에 엄마를 깊이 이해하게 되었고, 30년 전 엄마가 왜 기뻐하지 않았는지 알게 되어서 감사하다. 엄마의 말은 비난이 아니라 슬픔이었다. 엄마는 틀리지 않았다. 하지만 내가 틀린 것도 아니었다.

사실 우리는 둘 다 옳았다. 우리의 준거틀이 달랐을 뿐이다. 엄마의 렌즈를 통해 상황을 바라보게 되면서 우리의 관계는 다시 균형을 이룰 수 있었다. 나는 더 이상 엄마와 힘겨루기를 하지 않았고, 우리 사이엔 이해만 남았다.

이런 종류의 상황을 극복하는 것이 어려운 한 가지 이유는 두 사람 모두 자신이 옳다고 생각하기 때문이다. 상대방은 자신이 살아온 경험 또는 준거틀을 통해 자기 의견이 옳다고 믿는다. 당신도 자신이 살아온 경험, 즉 준거틀을 통해 자기 의견이 옳다고 생각한다. 하지만 이때 렛뎀 이론을 사용하면 두 사람의 의견이 모두 사실임을 받아들이고 서로를 이해할 수 있는 공간이 생긴다. 더 깊은 공감, 정직함, 사랑을 위한 공간이 생긴다.

감정에서 벗어나 다른 사람의 입장이 되어 보는 마음은 대단히 성숙한 사람만이 가질 수 있다. 누군가 당신을 사랑하면서도 당신에 대해 아주 마음 아프고 때로는 편견이 가득한 의견을 가질 수 있다는 사실을 이해하기란 어려운 일이다. 인생에서 이런 일이 생길 때 어떻게 반응할지는 철저히 개인의 선택이다. 가족 중 누군가 당신을 판단할 때 어떻게 반응해야 하는지는 말해 줄 수 없다. 다만 그 상황에 어떻게 반응할지 결정할 도구를 알려 줄 수는 있다.

당신의 인생에 이 사람이 필요한가? 그렇다면 렛뎀 이론이 이를 위한 공간을 마련해 줄 것이다. 나의 경험과, 이 책을 위해 조사하고 많은 사람의 경험을 들으면서 알게 된 사실이 있다. 사람들에게 스스로 결론을 내릴 수 있는 공간을 주고, 애정과 공감으로 온전한 자기 모습을 드러내는 데 집중하면 많은 경우 시간이 지나면서 사람들이 스스로 생각을 바꾼다는 사실이다.

정말 어려운 일처럼 들릴 수 있지만 다른 사람이 그들의 의견을 갖게 **내버려두고** 당신은 어떻게 반응할지에 집중하자. 나는 다른 사람의 준거를 '안에 들어간다'는 개념을 좋아한다. 그 이유는 다른 사람의 처지를 이해한다고 해서 내 의견을 바꾸지는 못하지만, 갈등을 헤쳐 나가는 과정에서 유대감이 깊어질 수는 있기 때문이다.

이렇게 하면 두 가지 사실이 공존할 수 있는 공간을 만드는 데 도움이 되고, 그 공간에는 사랑이 존재할 수 있다. 진심으로 말하지만, 부모님 때문에 쉽게 짜증 나거나 기분이 상한다는 것을 나도 안다. 쉽게 부모님을 탓하기도 한다.

또한 형제자매, 이혼한 부모, 시댁 식구, 양부모, 성인이 된 자녀와의 역학 관계에서도 쉽게 좌절감과 짜증을 느낄 수 있다. 그래서 그들의 관점을 이해하지 않기로 선택하기 쉽다. 다른 사람(특히 가족이나 새로 생긴 가족)을 있는 그대로 받아들일지, 아니면 필요한 거리를 유지할지 고민이 된다. 이때 가족 내에서 한 명만 행동하는 방식을 바꾸면 전체 시스템이 더 좋은 방식으로 변할 수 있다. 그 한 사람이 바로 당신이다.

당신이 가진 힘은 당신이 생각하는 것보다 훨씬 더 강력하다. 내가 이렇게 말하는 이유는 〈멜 로빈스 팟캐스트〉에 출연했던 뛰어난 임상심리학자이자 정신과 의사인 가버 마테Gabor Maté, 니콜 르페라Nicole LePera, 폴 콘티Paul Conti에게서 배운 내용 때문이다. 그들의 베스트셀러 저서, 강연, 영상, 소셜미디어 게시물, 연구 내용은 내가 치유에 관해 생각하는 방식을 바꾸었다. 그리고 더 나은 모습의 내가 되는 것이 삶의 모든 측면과 모든 관계를 어떻게 바꾸는지 보여 주었다.

그래서 나는 렛뎀 이론이 좋다. 내가 통제할 수 있는 생각, 행동, 에너지, 치유에 집중하는 방법을 배우면 나 자신뿐만 아니라 주변 세상을 바꾸는 힘을 발휘한다. 이 모든 것이 바로 당신에게서 시작된다. 당신에겐 그만한 힘이 있다. 당신이 자신을 발전시킬 때마다 당신의 모든 관계가 개선된다. 가족과의 관계는 특히 그렇다. 나도 그 영향력을 내 가족에게서 느꼈다. 이전에 신경 쓰이던 일들이 더는 내게 스트레스를 주지 않는다. 나는 감정적인 상황에 빠지지 않고, 스스로가 자랑스러워할 만한 방식으로 내 모습을 보여 주고 인생을 살아가는 것에 완전히 집중하게 되었다.

나는 친밀한 가족관계를 유지하는 것이 내게 중요하다는 점을 깨달았다. 그래서 가족이 내게 주는 스트레스를 허용하거나, 내가 통제할 수 없는 상황을 통제하려고 시간과 에너지를 사용하는 것은 시간 낭비임을 안다. 왜냐하면 사랑하는 사람과 보낼 수 있는 시간은 한정되어 있기 때문이다. 살다 보면 부모님이 나와 영원히 함께할 수 없으며, 이번 생이 그들에게도 인간으로서 처음 사는 삶이라는 사실을 깨달을 때가 온다.

사람들은 자신을 이해한 깊이만큼만 다른 사람을 이해할 수 있다. 사람들은 대부분 상담받으러 가지도 않고, 자신의 문제를 들여다본 적도 없으며, 그렇게 할 생각도 없다. 그냥 **내버려두자**. 부모님이 기대에 미치지 못해도 **내버려두자**. 가정생활이 동화 같지 않아도 **내버려두자**. 부모님은 자신이 가진 자원과 삶의 경험을 바탕으로 최선을 다하고 있다. 이제 앞으로 일어날 일은 당신이 선택해야 한다.

나쁜 일이 일어나는 것을 정당화하려는 말이 아니다. 당신이 더 나은 대접을 받을 자격이 없다는 말도 아니다. 누구나, 특히 가족으로부터 인정받고, 지지받고, 사랑받을 자격이 있다. 하지만 사람들은 대부분 자신을 이해하고, 과거를 치유하고, 자신의 감정을 관리하기 위해 노력해 본 적이 없다. 그들이 자신을 위해 노력해 보지 않았다면 당신을 위해 노력할 수 없고, 당신이 마땅히 누려야 할 방식으로 행동할 수도 없다.

내버려두자. 이 사실을 깨달으면 인생에 선택지가 생긴다. 가족을 있는 모습 그대로 **내버려두자**. 당신의 아버지는 변하지 않는다. 어머니도 변하지 않는다. 형제자매도, 시댁 식구도 변하지 않는다. 당신이 변화시킬 수 있는 유일한 사람은 당신 자신이다.

'내버려두자'라고 말할 때 아마도 처음으로 가족을 있는 모습 그대로 보게 될 것이다. 그들은 인간이다. 당신은 과거에 일어난 일을 통제할 수 없고, 가족들을 통제할 수도 없다. 오로지 당신의 미래, 당신의 행동만 통제할 수 있다.

당신이 처한 상황의 현실을 받아들이는 것이 그 현실에 굴복한다는 의미는 아니다. 오히려 자신의 미래를 만들어 가기 위한 힘을 되찾는 것이다. 성인이 성인답게 행동하도록 두고 사람들을 있는 모습 그대로 받아들이는 방법을 배우자. 그리고 그 상황에서 최선의 결과를 얻을 방법을 결정하자. 그러면 분명 가족의 역학 관계가 더 좋아질 것이다.

이렇게 일단 받아들이면 공감하는 마음으로 가족을 바라볼 수 있고, 더 중요하게는 자기만의 준거틀과 삶의 방식을 가진 개인으로서 자신을 바라볼 수 있게 된다. 그런 다음 두 번째 단계인 **내가 하기**로 넘어간다. **내가** 어떤 사람이 되고 싶은지, 어떤 가치를 추구하고 싶은지, 어떤 종류의 관계를 만들고 싶은지 생각해 보자.

그 관계는 죄책감 때문이 아니라 당신에게 중요한 일이기에 가족과 시간을 보내는 것일 수도 있고, 가족을 화나게 하더라도 자기만의 방식을 정의하는 것일 수도 있다. 보상이 없더라도 늘 노력하는 사람이 되는 것일 수도 있고, '사랑해', '이해해', '용서해'라는 말을 처음으로 해 보는 것일 수도 있다.

상대방의 의견이나 판단이 두려워 피해 왔던 껄끄러운 대화를 해야 한다는 의미일 수도 있고, 죄책감에서 벗어나 변화해야 한다는 의미일 수도 있다. 또한 자신이 마땅히 누려야 하지만 늘 부족했던 것은 더 이상 붙잡지 않고 자신을 분리해야 한다는 의미일 수도 있고, 시간이 있을 때 모든 것을 쏟아부어야 한다는 의미일 수도 있다.

• • •

이제까지 배운 내용을 요약해 보자. 당신은 현재 다른 사람의 의견에 대한 두려움이 당신을 통제하도록 허용하고 있다. 렛뎀 이론은 다른 사람의 의견이 당신의 삶에 영향을 미치지 않게 하는 방법을 알려 주고, 당신이 스스로 자랑스러워할 수 있는 방식으로 인생을 살아갈 수 있도록 힘을 준다.

1. 문제점: 당신은 다른 사람의 의견에 너무 많은 힘을 실어 주고 있다. 다른 사람의 생각에 대한 두려움이 당신의 선택을 좌우한다면, 당신은 잠재력을 제한하고 자신이 진정으로 원하는 것을 추구하지 못하게 된다. 이 두려움 때문에 당신은 해야 할 일을 미루고, 자신을 의심하고, 완벽주의에 사로잡히며, 가장 중요하게는 꿈을 포기하게 된다.

2. 진실: 사람들은 당신이 무엇을 하든 당신에 관해 부정적인 의견을 가질 것이다. 그런 일은 늘 생기기 마련이다. 그냥 내버려두자. 당신이 통제할 수 없다. 다른 사람의 의견에 방해받거나 사로잡히는 것은 시간과 에너지 낭비다.

3. 해결책: 다른 사람들이 원하는 대로 하도록 내버려두면 당신이 원하는 것을 할 수 있는 자유가 생긴다. 자기 생각과 행동을 스스로가 추구하는 가치에 맞추면 자

기 자신을 자랑스러워하게 된다. 그리고 자신이 자랑스러워지면 다른 사람의 생각은 신경 쓰지 않게 된다.

'내버려두자'라고 말하면 사람들이 당신에 관한 부정적인 생각을 하도록 내버려두기로 결정하는 것이다. '내가 하자'라고 말하면 당신은 정말 중요한 한 사람, 바로 당신의 의견에 집중하게 된다. 당신은 단 한 번뿐인 거칠고 소중한 삶을 살고 있다. 그러니 스스로 자랑스러워할 만한 방식으로 살아가자.

타인의 감정적 반응에
대처하기

제7장

남의 감정 관리는 내 몫이 아니다

이제 다른 사람의 반응이 당신의 결정에 영향을 미치도록 허용하는 문제에 관해 본격적으로 살펴보자. 사실 성인도 아이들만큼 감정적이다. 다른 사람의 반응을 관리하는 것은 당신의 몫이 아니다. 다른 사람의 정서적 미성숙함이 당신의 선택을 좌우하는 한, 당신은 자기 삶의 우선순위에서 늘 맨 뒤로 밀려날 것이다.

나는 이것이 얼마나 큰 문제인지 몰랐고, 아마 당신도 마찬가지일 것이다. 죄책감에 시달리고, 실망시킬까 봐 두려워하고, 상대방의 반응이 어떨지와 '시기가 적절한지'를 걱정하고, 상대방의 기분을 살피는 등 당신은 타인의 행동과 반응에 모든 에너지를 소모하고 있다.

하지만 그보다 더 심각한 문제가 있다. 그들의 은근히 비꼬는 행동, 죄책감 유발, 감정적 폭발은 당신의 결정에 영향을 미친다. '아니요'라고 말하고 싶을 때도 '네'라고 대답하는 이유가 바로 거기에 있다. 꿋꿋이 버텨야 할 때도 포기해 버리거나, 특정 인물이 기분이 좋지 않을 때 당신이 조심스럽게 행동하는 이유도 이 때문이다.

물론 그 순간에는 그들이 심어 주는 죄책감에 굴복하는 편이 더 편하게 느껴지지만, 장기적으로 보면 당신은 자신의 소중한 부분을 잃는 것이다. 여자 친구나 남자 친구와의 모든 상호작용이 당신을 감정적으로 지치게 한다면 스스로에게 질문해 보자. 왜 항상 내가 맞춰야 할까? 왜 나의 행복을 희생해 가면서 다른 사람의 행복을 책임져야 할까?

다른 사람의 정서적 미성숙함이 당신을 장악하게 두면 당신은 늘 맨 뒤로 밀려날 것이다. 그러니 누군가의 실망, 분노, 죄책감의 무게를 떠안는 대신 제약 없는 새로운 접근 방식, 즉 그냥 **내버려두기** 방식을 시도해 보자.

'내버려두자'라고 말하면 다른 사람이 자신의 감정을 바꾸지 않고 그대로 느낄 수 있는 공간을 준다. 그리고 '내가 하자'라고 말하면 누군가의 감정을 상하게 하더라도 자신에게 맞는 일을 하게 된다. 이것이 바로 자신의 삶을 책임지는 방식이다.

이제 다른 사람의 죄책감, 분노, 실망에 휘둘리지 않을 때다. 다른 사람의 감정적 반응을 관리하는 것은 당신의 몫이 아니다. 나는 심층심리학자이자 작가이며 내가 만난 가장 똑똑한 여성인 앤 다빈 Anne Davin 에게서 이 사실을 배웠다.

어느 날 나는 특히 까다로운 가족 구성원과 경계를 설정하는 것에 관해 그녀와 대화를 나눴다. 나는 이 가족 구성원이 나를 귀찮게 하지 않기를 바랐다. 그 사람은 끊임없이 모든 일을 본인 중심으로 만들었다. 당신 가족 중에도 그런 사람이 있을 것이다. 이런 사람과 저녁 시간을 보내면 엄청나게 피곤해진다. 그들은 관심이 자신에게 있지 않으면, 긍정적인 관심이든 부정적인 관심이든 그 관심을 자신에게 돌리기 위해 수많은 방법을 시전한다.

우리는 모두 여덟 살짜리 아이다

그때 앤은 모든 것을 바꿔 버린 말을 해주었다.

"멜, 대부분의 성인은 그냥 어른 몸 안에 여덟 살짜리 아이가 사는 것과 같아요. 다음에 그 사람과 함께 있다가 그 사람이 하는 말이나 행동하는 방식 때문에 감정이 올라오면, 그 사람 안에 있는 여덟 살 아이의 모습을 상상해 보세요. 왜냐하면 당신이 설명한 그 모습은 여덟 살 아이의 정서적 성숙도를 지닌 사람이기 때문이에요. 그런데 좋든 싫든, 대다수 사람이 그래요."

솔직히, 그곳에 앉아서 앤의 말을 생각해 보니 많은 것이 이해됐다. 사람은 대부분 자신의 감정을 건강한 방식으로 처리하는 방법을 모른다. 하물며 자신의 요구 사항을 직접적이고 정중하게 전달하는 방법은 더더욱 모른다. 물론 나도 그랬다.

이렇게 생각해 보자. 엄마는 왜 무슨 일인지 설명하지 않고 토라지는 걸까? 친구가 왜 당신에게 침묵하며 무시하는 걸까? 왜 당신이 친구들과 외출할 때 남자 친구가 은근히 비꼬는 듯한 문자를 보내는 걸까? 왜 언니는 화를 내고 나서 한 시간 후에 아무 일도 없었던 것처럼 행동하는 걸까?

그 이유는 성인도 마음속은 어린아이처럼 감정적이기 때문이다. 다른 점이 있다면 성인은 대부분 감정을 숨기는 데 능숙하다는 것이다. 렛뎀 이론의 장점이 바로 여기 있다. 이 이론을 사용하면 상대방을 더 비판적으로 바라보지 않고 공감하게 된다. 상대방의 행동에 짜증이 나는 대신 대부분의 사람이 감정을 성숙하게 다룰 수 있는 도구가 없을 뿐이라고 이해하게 된다.

사실 아무도 감정을 다루는 방법을 배운 적이 없다. 감정을 다스리려면 감정을 이해하고 건강한 방식으로 처리하는 방법을 알아야 한다. 내 경험으로 비추어 볼 때 대부분의 사람은 이 방법을 알지 못하며, 나는 확실히 몰랐다. 정서적 성숙은 타고나는 것도 아니고 우연히 생기는 것도 아니다. 시간과 연습, 배우려는 열망이 필요한 기술이다. 심리치료사 말이 옳다. 사람들은 대부분 자신이 원하는 것을 얻지 못하거나 불편한 감정을 느낄 때 여덟 살짜리 아이처럼 행동한다.

그러나 이제는 렛뎀 이론을 통해 공감하는 마음으로 대응하고, 자신의 경계를 설정하고, 다른 사람의 정서적 미성숙함이 당신의 삶을 결정하게 두지 않는 법을 배우자. 그리고 성인과 아이의 행동 사이에는 반박할 수 없는 연관성이 있기 때문에 이 방법은 꼭 필요하다.

아이의 행동 = 성인의 행동

아이는 당신에게서 도망친다.	성인은 충돌을 피한다.
아이는 구석에서 뿌루퉁해 있다.	성인은 침묵한다.
아이는 얼어붙는다.	성인은 감정을 드러내지 않는다.
아이는 짜증을 낸다.	성인은 폭발하고, 분노하는 문자를 보내고, 감정을 분출한다.
아이는 문을 닫는다.	성인도 문을 닫는다.
아이는 거짓말을 한다.	성인도 거짓말을 한다.

위 표를 읽으면서 누군가가 즉시 떠올랐는가? 내가 심리치료사와 함께 이 표를 분석할 때도 똑같은 일이 일어났다. 아이들이 이렇게 행동하는 이유는 자기감정을 조절할 수 없기 때문이다.

예를 들어 아이를 데리고 백화점에 갔는데 아이가 레고 세트를 가지고 싶어 한다고 하자. 그런데 아이에게 사 줄 수 없다고 말하는 순간 어떤 일이 일어날까? 아이의 작은 몸에 슬픔, 실망, 놀람, 분노와 같은 감정이 물밀듯 밀려올 것이다. 아이는 극적인 감정 반응을 보이고 울거나, 얼어붙거나, 바닥에 주저앉아 난동을 부리기 시작할 것이다.

해결책은 아이에게 장난감이나 레고 세트를 사 주는 것이 아니라 아이가 느끼는 감정을 차분하게 이해하고 공감하면서 아이가 감정을 온전히 느끼고 처리하도록 도와주는 것이다. 예를 들면 몸을 숙여 아이에게 이렇게 말하는 것이다. "힘들다는 거 알아. 레고 세트를 갖고 싶다는 것도 알아. 화내도 괜찮아. 실망해도 괜찮아. 엄마도 원하는 걸 얻지 못하면 화가 나."

아이들이 원하는 만큼 울거나, 애원하거나, 하고 싶은 대로 하도록 **내버려두자**. 아이들이 감정의 파도를 온전히 경험하지 못한다면(어른들에게도 "진정해.", "이건 바보 같은 짓이야.", "네가 과민반응하는 거야."라고 말하지 말아야 한다) 인간의 정상적인 감정을 건강한 방식으로 처리하는 방법을 절대 배우지 못한다. 대신 정서적으로 미성숙한 성인이 되어 다른 사람에게 화풀이하게 된다.

부모들도 이 방법을 알지 못했기 때문에, 나는 대부분의 성인이 건강한 방법으로 감정을 처리하는 방법을 배운 적이 없었다고 생각한다. 만약 당신의 부모님이 이 방법을 알고 계셨다면 당신은 운이 좋은 사람이다. 아이들은 이 방법을 스스로 배울 수 없다. 앞에서 언급했던 것처럼 시간과 연습, 배우려는 열정이 필요한 기술이다.

나는 이 책을 위해 조사하면서 부모로서 나도 완전히 실패했다는 것을 깨달았다. 나였다면 아이에게 레고를 사 주거나 짜증이 폭발해서 "그만 울어!"라고 소리쳤을 것이다. 아니면 아이를 바닥에 내버려두고 그 자리를 떠났을 것이다. 그러고는 아이가 내가 사라졌다는 사실을 깨닫고 무서워서 울음을 그치길 바랐을 것이다. 내 자녀 세 명이 모두 상담을 받아야 하는 이유가 여기에 있었다.

내가 하는 말이 농담이면 좋겠다. 하지만 나는 감정을 조절하는 방법을 알지 못했기 때문에 실패하고 말았다. 어렸을 때 감정을 조절하는 방법을 배우지도 못했다. 나는 감정에 관해 이야기하지 않는 가정에서 자랐다. 사람들은 감정에 휩싸이면 분노가 폭발하고, 그러고서 아무 일도 없었다는 듯 행동하는 경향이 있다. 그래서 나도 아이들이 화를 내면 항상 분노와 좌절감이 밀려왔다. 나는 그저 어린 시절 경험을 똑같은 방식으로 내 아이들에게 반복하고 있었다.

렛뎀 이론을 통해 나는 아이들의 행동에 대한 감정적 반응을 조절하는 방법을 배웠고, 좀 더 지혜롭게 반응할 수 있을 정도로 침착해질 수 있었다. 즉각 반응하는 일도 줄어서 내가 인지하지 못했던 힘겨루기를 피하는 데 도움이 됐다. 이 접근 방식에 대한 더 많은 내용은 이 책 마지막에 수록된, 하버드 대학교의 스튜어트 애블론과 함께 만든 안내서에서 볼 수 있다.

여기서 렛뎀 이론의 매우 중요한 지점으로 이어진다. 나는 이 점을 확실히 짚고 넘어가고 싶다. 어른은 아이들의 정서적, 신체적 요구를 100퍼센트 책임져야 한다. 아이들은 스스로 필요한 정서적, 신체적 지원을 할 수 없다. 아이들이 감정적 반응을 건강한 방식으로 조절하도록 돕는 것은 부모의 몫이다. 감정이란 지극히 자연스러운 것이며, 이를 어떻게 처리하는지 가르치는 것 또한 당신의 책임이다.

성인의 감정에 대한 책임은 누가 지는가?

여덟 살 아이가 원하는 레고를 못 사서 속상해하는 것은 정상적인 반응이다. 학교에서 친구가 상처 주는 말을 해서 슬퍼하는 것은 건강한 반응이다. TV를 보고 싶은데 부모님이 자야 할 시간이라고 말해서 속상해하는 것은 정상적인 반응이다.

그런데 성인도 마찬가지다. 직장에서 해고당하면 좌절하고 의기소침해지는 것이 당연하다. 이별을 겪고 우울해지는 것은 정상이다. 심리학자인 리사 다무르Lisa Damour 박사에 따르면 이런 감정은 모두 지극히 건강한 반응이며 자신의 마음이 정상적으로 작동하고 있다는 증거다.

하지만 아마도 당신은 자랄 때 감정을 참으라고 배웠을 것이다. 아이에게 "이겨 내야지.", "그만 울어.", "진정해."라고 말하면 아이에게 감정을 억누르는 방법을 훈련시키는 것이다. 인간의 정상적인 감정을 다른 곳으로 돌리거나, 피하거나, 무감각하게 만드는 것이다. 다무르 박사는 많은 사람이 불안, 우울증, 중독, 만성 통증을 안고 사는 이유는 오랜 시간 감정이 표출되지 못하고 안에 쌓였기 때문이라고 말했다.

다시 한번 말하지만 아이가 다양한 자신의 감정을 처리할 수 있는 공간을 만들게 돕는 것은 부모의 책임이다. 하지만 다른 성인의 감정적 반응을 관리하는 것은 당신의 몫이 아니다. 이 점을 이해하는 것이 매우 중요하다.

어른아이 같은 행동을 하는 사람

주위에서 흔히 경험할 수 있는 경우, 예를 들어 당신에게 침묵으로 대하는 사람을 보자. 침묵은 미성숙한 성인이 화가 났을 때 자기감정을 건강하고 존중하는 방식으로 처리하는 방법을 모를 때 하는 행동이다. 감정을 해결하는 대신 그들은 침묵한다. 그리고 아무 문제도 없는 것처럼 행동한다. 종종 당신을 무시하기도 한다. 당신은 친구나 가족, 동료가 침묵하면 고통스러워서 본능적으로 자신이 무엇을 잘못했는지 떠올리려고 애쓴다.

이 반응이 바로 당신에게 침묵한 상대가 원하는 것이다. 그들은 당신의 관심을 원한다. 구석에서 삐죽거리며 부모가 와서 달래 주기를 원하는 아이처럼, 침묵으로 대하는 성인은 "괜찮아?", "내가 뭐 해줄까?", "내가 뭐 잘못했어?"라고 물어 주기를 원한다. 그들이 침묵을 사용하는 것은 자기감정을 처리하는 방법을 모르기 때문이다. 그리고 당신이 자기에게 와서 무슨 일이냐고 물어보게 해서 스스로 해결하지 않아도 되는 상황을 만드는 것이다.

고등학교 때 항상 이런 식으로 행동하던 친구가 있었다. 조금 전까지만 해도 잘 지내다가 그다음 순간에는 나에게 말을 걸지 않았다. 그런데 나는 무엇을 잘못했는지 전혀 몰랐다. 전화도 걸고, 복도에서 인사하고, 내가 무엇을 잘못했는지도 모른 채 용서를 구하기도 했다. 그 친구는 문제가 무엇인지 말해 주지 않았고, 어느 날 갑자기 다 잊은 것처럼 다시 친한 친구가 되곤 했다. 친구가 다시 말을 걸어 주면 나는 항상 안도했고 다시 아무 일도 없었던 것처럼 지냈다. 이제 생각해 보니 그 친구는 나에게 와서 감정을 공유하기보다 침묵하고 솔직한 대화를 피하는 편이 쉬웠던 것이다. 하지만 그녀는 방법을 몰랐다.

한 가지 더 이해해야 할 점은 그 모든 일이 당신과는 전혀 관련이 없다는 것이다. 누군가 당신에게 침묵한다면 그것은 모두 그들이 자기감정이나 과거의 나쁜 기억을 이해하지 못하기 때문이다.

나는 임상심리학자이자 베스트셀러 작가이며 나르시시즘에 관한 세계 최고의 전문가인 라마니 두르바술라Ramani Durvasula를 만나기 전까지 이 사실을 제대로 이해하지 못했다. 두르바술라는 내 팟캐스트에 여러 번 출연했으며 그녀의 연구는 내 삶을 바꿔 놓았다. 그녀는 "누군가 변하길 바라면 정서적으로 미성숙하거나 당신을 감정적으로 학대하는 사람과의 관계에 계속 갇히게 된다."라고 알려 주었다. 이 일은 당신과 전혀 관련이 없다. 이 사람은 변하지 않는다. 변해야 하는 사람은 바로 당신이다. 그것이 바로 렛뎀 이론이 삶을 변화시키는 이유다.

내버려두자. 성인이 여덟 살 아이처럼 행동할 때마다 **내버려두자**.

이 전략은 당신의 삶을 변화시킬 것이다. 당신의 부모가 화를 내며 방을 뛰쳐나가 며칠 또는 주말 동안 누구와도 대화하기를 거부할 수도 있다. 내 친구의 경우, 어머니가 갑자기 한 달 동안 그녀와 대화하지 않다가 어느 날 아침 또 아무 일도 없었던 것처럼 행동했다고 한다.

당신에게는 나르시시스트 성향을 지닌 아버지가 있을 수도 있고, 피해자인 척하는 자매나 문자 메시지를 계속 보내며 사과하는 전 남자 친구가 있을 수 있다. 두르바술라는 이렇게 조언한다. 그들은 변하지 않는다. 하지만 이는 좋은 소식이다. 당신에게 힘이 있고, 당신이 어떻게 대응할지 선택해 힘을 되찾을 수 있다는 의미이기 때문이다.

렛뎀 이론을 사용하면 무엇을 해야 하는지 정확히 알게 되기 때문에, 다시는 다른 사람의 정서적 미성숙함이나 감정적 학대의 희생자가 되지 않을 수 있다. 이제는 다음과 같이 생각하고 행동하자.

첫째, 다른 사람의 감정을 관리하는 것은 절대 당신의 몫이 아니다. 누군가 당신에게 침묵하거나 희생자인 척하거나 짜증을 퍼부어도 **내버려두자**. 둘째, 그들 안에 갇혀 있는 여덟 살짜리 아이를 상상해 보자. 그렇게 하면 놀라운 일이 일어난다. 당신은 상대방을 더 이상 두려워하지 않게 된다. 오히려 그 사람이 가여워지고, 경멸 대신 연민을 느낀다.

당신은 또한 그들이 슬픔, 불안, 실망, 분노, 두려움, 거부감과 같은 정상적인 인간의 감정을 처리하지 못하는 것이 당신의 잘못이 아니라는 사실을 깨닫게 될 것이다. 그들은 어렸을 때부터 그렇게 행동하며 자라 왔다. 그러니 그들의 감정을 관리하거나 고치려고 노력하는 것은 당신의 몫이 아니다. 당신의 몫은 그들의 감정적 동요로부터 자신을 보호하고 상황을 있는 그대로 이해하는 것이다. 그들은 자기감정을 건강한 방식으로 다루거나 표현하는 방법을 전혀 모르는 사람이다.

그들이 침묵하게 **내버려두자**. 폭발하게 **내버려두자**. 피해자인 척하게 **내버려두자**. 토라져 있게 **내버려두자**. 그런 상황이 일어났다는 사실을 부인하게 **내버려두자**. 모든 상황을 자신에 관한 일로 만들도록 **내버려두자**.

그다음에 **내가** 이 상황에서 성숙하고, 현명하고, 상냥한 성인이 되자. **내가** 이 문제를 직접적으로 해결할지, 아예 해결하지 말지 결정하자. 다른 사람의 감정을 관리하는 것은 내 몫의 일이 아니라는 사실을 **내가** 기억하자. 이런 상황이 발생하는 연이은 문자, 저녁 식사 자리의 대화, 관계, 친구 그룹에서 **내가** 벗어나자.

다른 사람이 변하기를 기대하는 대신 내가 변하자. 나 자신에게 더 높은 기준을 적용하고 이런 유형의 감정적으로 미성숙한 행동이 내 책임이 되지 않게 하자. 누군가의 정서적 미성숙함이 학대처럼 느껴지는 상황에 머무르지 말자. 항상 피해자인 척하는 사람을 가엾게 여기지 말자. 누군가의 명백한 자기애적 행동 양식을 정당화하지 말자.

여덟 살 아이처럼 행동하는 사람과의 관계에 더 많은 시간을 쏟을수록 마치 그 사람의 부모가 된 것처럼 느껴질 것이다. 내적으로 많이 성숙해져야 하는 사람을 상대하고 있다는 사실을 알게 되면 그 사람에게 기꺼이 쏟을 시간과 에너지의 양에 대해 더 건강한 경계를 설정할 수 있다. 왜냐하면 이 사람이 정서적 기능을 높이는 작업을 하기 전까지는 항상 침묵하거나 피해자인 척하거나 은근히 비꼬는 태도를 보일 것이기 때문이다. 이것은 성격이 아니라 행동 양식이다.

미성숙한 행동을 하는 이가 당신이라면

이 글을 읽으면서 정서적으로 미성숙했던 사람이 바로 당신이었던 때가 있었다는 사실을 깨달으면 어떻게 행동하겠는가? 당신은 감정에 휩싸이고, 토라지고, 침묵으로 대하고, 연이은 문자를 보냈다. 피해자인 척하고, 다른 사람에게 갑자기 화를 내고, 모든 일을 자기중심으로 만들었다. 당신이 이 사실을 깨달았다면 당신에게 이 말을 해주고 싶다. 당신만 그런 게 아니다. 나도 그랬다.

다른 사람의 미성숙한 행동을 보기는 쉽지만 자신의 미성숙한 행동을 깨달으려면 어느 정도 수준의 용기와 정서적 지능이 필요하다. 내 경우에는 여덟 살 아이도 아니었다. 감정적으로 너무 미성숙해서 아마 다섯 살 정도 됐던 것 같다.

나는 감정에 너무 쉽게 휩싸여서 성질을 부렸는데, 사소한 일로 남편에게 감정을 터뜨리기도 하고 아이들에게 화를 내기도 했다. 항상 나 중심으로만 생각하고 살았던 때가 있었고, 그래서 우정을 여러 번 망쳤다. 지금도 일로 심하게 스트레스를 받으면 내가 일 때문에 얼마나 스트레스를 받고 있는지 동업자에게 성난 문자를 길게 보낸다. 옳지 않은 행동이다. 렛뎀 이론에 관한 책을 쓰고 삶에서 **내버려두기**를 활용하면서도, 지금도 여전히 내 감정을 처리할 수 있는 공간을 만드는 방법을 끊임없이 배우고 있다.

렛뎀 이론을 실천할 때 가장 어려운 부분이 바로 이것이다. 즉각적으로 반응하지 않고 날것 그대로의 내 감정을 느끼는 법을 배우는 것. 나는 여전히 불같이 화를 내거나 즉시 상황을 통제하고 싶은 욕구를 느낀다. 항상 그렇다. 그리고 실수할 때면 여전히 좌절한다. 하지만 그것이 핵심이다. 완벽해지는 것이 아니라 자신에게 친절하고 계속해서 성장하는 것이 중요하다. 이 과정은 평생 계속되며 처음부터 다시 시작해야겠다고 느껴지는 날도 많다. 나는 이것이 평생 노력해야 할 기술이라고 생각한다. 아마 당신도 그래야 할 것이다.

렛뎀 이론은 나 자신에게 더 연민을 갖도록 해주었다. 또한 내 감정을 다루는 방법을 더 깊이 이해할 수 있게 도와주었다. 누군가 짜증을 낼 때 렛뎀 이론을 사용하는 방법은 간단하다. 그런데 여기서 더 나아가 자기감정을 처리하는 데 렛뎀 이론을 사용할 줄 알게 되면 당신은 록스타 수준에 올라설 것이다.

내가 내 감정을 더 잘 조절하게 되면서 얼마나 더 많은 돈을 벌고, 얼마나 더 똑똑해지고, 얼마나 더 좋은 부모, 좋은 배우자, 좋은 친구가 되었는지 말로 표현할 수 없을 정도다. 그리고 마침내 성숙한 어른이 된 기분이 들기 시작했다.

렛뎀 이론을 적용해 자기감정을 건강한 방식으로 처리하는 방법은 이렇다. 감정이 고조되는 것을 느낄 때 **내버려두자**. 분노, 좌절, 상처, 실망, 슬픔, 비통함, 눈물, 실패의 감정이 차오르도록 **내버려두자**. 그다음 **내가** 내 반응을 자제하자. 휴대폰을 꺼내지 말고, TV를 켜지 말자. 술을 마시지 말고, 냉장고를 열지 말자. 큰 소리로 울지 말고, 다른 사람에게 문자를 보내지도 말자. 그냥 감정을 깨닫고 그 감정이 올라오도록 **내버려두자**. 감정이 올라오도록 **내버려두는** 방법을 배워야 하는 이유는 일단 감정이 올라오고 나면 곧 사라지기 때문이다.

감정이 올라오도록 내버려두자

감정은 그저 뇌에서 타오르는 화학물질의 폭발로, 불과 6초 만에 몸으로 흡수된다. 감정 반응은 너무 빠르게 일어나기 때문에 종종 우리도 모르는 사이에 일어날 수 있다. 그리고 이런 감정은 화학물질 폭발과 함께 나타나는 신체적 감각, 즉 땀이나 근육 경직, 심장 두근거림 등을 통해 먼저 감지할 수 있다. 연구에 따르면 대부분 감정은 반응하지 않을 때 90초 이내에 일어났다가 사그라든다.

감정이 일어나는 것은 통제할 수 없다. 통제하려고 하면 시간 낭비다. 더 좋은 전략은 감정이 일어났다가 사그라지도록 반응하지 않고 **내버려두는** 것이다. 마찬가지로, 아무리 열심히 노력해도 다른 사람의 감정적 반응을 당신이 통제할 방법은 없다.

감정은 전염되기도 한다. 다른 사람이 슬프거나, 두렵거나, 혐오감을 느끼거나, 화가 난 것을 보면 당신의 몸에서도 같은 감정을 느낄 수 있다. 이 특성은 누군가의 목소리 톤, 에너지 변화, 나쁜 기분, 신체언어를 접하고 당신이 바로 긴장하는 이유를 설명해 준다.

한 가지 더 알아야 할 것은 우리가 배고프거나, 피곤하거나, 스트레스를 받거나, 술에 취하거나, 외롭거나, 화가 나거나, 상처받았을 때 더 감정적이 된다는 사실이다. 내가 이 이야기를 하는 이유는 대체로 나중에 후회할 행동이나 말을 할 때 살펴보면 스트레스, 술, 배고픔과 관련이 있기 때문이다.

나는 이 모든 사실을 알게 된 후부터 감정을 더 잘 관리하려고 노력했고 그 결과 내가 하는 말과 행동, 생각을 통제할 수 있었다. 내가 렛뎀 이론을 사용하면서 배운 가장 큰 교훈은 이것이다. 당신은 절대로 당신의 주위에서 일어나는 일을 통제할 수 없다. 또한 당신의 감정적 반응도 절대 통제할 수 없다. 왜냐하면 이 반응은 스트레스 반응과 마찬가지로 자동으로 일어나기 때문이다.

하지만 다른 사람, 주변의 세상, 내면에서 일어나는 감정에 대한 당신의 생각과 말, 행동은 언제나 선택할 수 있다. 그것이 당신이 가진 힘의 원천이다. 다른 성인이 자신의 감정을 관리하게 두는 방법을 배우면 당신의 삶이 바뀔 것이다. 또한 매우 고통스러운 일이어도 자신이 필요한 것을 전하고, 감정이 일어났다가 사그라들게 내버려두는 방법을 배우면 역시 당신의 삶이 바뀔 것이다. 그렇기 때문에 사실, 자신을 위해 옳은 결정을 내리는 것은 인생에서 가장 어려운 일이 되곤 한다.

제8장

다른 사람 말고, 나에게 올바른 결정

최근에 내 팟캐스트 청취자 한 명이 이런 질문을 보냈다.

"멜, 저는 약혼했고 곧 결혼할 예정이에요. 몇 주 후면 결혼식이고 제 인생에서 가장 행복한 날일 거라는 것도 알고 있어요. 그런데 행복하지 않아요. 결혼식이 가까워질수록 약혼녀와 더 많이 싸우고 있어요. 이 두려운 감정을 떨쳐 낼 수가 없어요. 마음속 깊이 제가 큰 실수를 하는 게 아닌지 두려워요. 어떻게 해야 할지 모르겠어요. 이미 청첩장은 발송했고 양가 부모님이 집과 예식장 보증금도 다 내셨어요. 가족을 실망시키고 싶지 않아요. 부모님이 돈을 잃게 하고 싶지도 않아요. 약혼녀의 마음을 아프게 하고 싶지도 않고, 그녀의 부모님과 우리가 아는 모든 사람이 제게 화를 내는 것도 원하지 않아요. 어떻게 결혼식을 취소할 수 있을까요?"

이 질문을 보는 것만으로도 심장이 멎는 것 같았다. 당신도 분명 그랬을 것이다. 이렇게 잃을 게 많은 문제일 때는 옳은 대답이 항상 잘못된 것처럼 느껴진다. 언뜻 복잡한 사연인 것 같지만, 대답은 간단하다. 결혼식을 취소해야 한다. 결혼식이 두렵다면 실수하고 있다는 뜻이다. 취소하고 싶다는 생각을 멈출 수 없다면 취소해야 한다.

올바른 결정이 분명해 보인다고 해서 늘 쉬운 결정인 건 아니다. 인간의 경험은 대부분 감정적인 것이기 때문이다. 겉으로는 논리적으로 보여도 그 결정이 다른 사람에게 많은 고통을 주리라는 걸 알면 논리적으로 느껴지지 않는다. 인생에서 이런 딜레마에 빠졌을 때, 즉 자신에게는 옳은 일이지만 다른 사람들이 받아들이기 고통스러운 결정이라면 스스로 고통을 감내하기로 선택하는 경우가 너무 많다.

내게 사연을 보낸 예비 신랑은 자신이 무엇을 해야 하는지 머릿속으로는 알고 있다. 문제는 그의 감정이다. 그는 확신을 얻고 싶어서 내게 질문했다. 그는 자신의 감정을 어떻게 처리해야 할지, 그 감정이 다른 사람에게 일으킬 감정적 동요를 어떻게 다뤄야 할지 전혀 알지 못한다. 어려운 결정을 두고 고뇌하는 것은 매우 어려운 상황에 대한 건강한 정신적 반응이다. 다른 사람에 대해 걱정하고 있다는 사실은 그가 좋은 사람이라는 신호다.

살다 보면 당신의 말이나 행동 때문에 다른 사람이 화를 내거나 실망하거나 가슴 아파하는 경우가 많이 있을 것이다. 하지만 어쩔 수 없는 일이다. 올바른 결정을 내릴 때는 자신의 감정과 다른 사람들의 감정적 반응으로부터 자신을 분리할 수 있어야 한다. 감정에 이끌려 결정을 내려서는 안 된다. 감정은 종종 올바른 결정을 내리지 못하게 막기 때문이다.

보기보다 훨씬 더 어려운 일이다. 올바른 결정을 내리는 건 굉장히 고통스러울 수 있다. 누군가에게 정직하게 말하는 건 정말 가슴 아픈 일일 수 있다. 특히 사랑하는 사람에게 상처를 주는 결정일 때는 그 결정이 당신을 완전히 파괴할 것같이 느껴질 수 있다. 이 예비 신랑의 상황, 결혼식을 취소하고 싶은데 방법을 모르는 이의 상황을 생각해 보자. 아마 당신도 그의 사연을 읽으면서 공포의 파도가 밀려오는 것을 느꼈을 것이다. 우리는 이 사람을 알지도 못하는 데 말이다. 감정은 이토록 강렬하다.

그 남자가 약혼녀를 앞에 앉히고 "얘기 좀 하자."라고 말하는 모습을 상상하기만 해도 마음이 무거워진다. 약혼녀가 얼굴을 손으로 가리고 흐느끼는 소리가 들리는 것 같다. 남자가 부모님에게 전화를 걸어 소식을 알리는 모습도 상상할 수 있다. 약혼녀가 부모님에게 전화를 걸 때 슬픔에 목이 메는 모습을 떠올리면 가슴이 조여 온다. "아빠, 그 사람이 끝냈어요. 결혼식을 취소했어요." 딸이 가슴 아파하는 모습을 보면서 아빠의 가슴에 분노가 차오르는 것을 느낄 수 있다.

이 상황을 읽거나 듣기만 해도 당신 안에서는 감정적인 반응이 일어난다. 그래서 사람들을 실망시키고 마음 아프게 하는 것이 인생에서 해야 할 가장 힘든 일인 것이다.

성인은 감정을 느끼고 화를 낼 수 있다. 상심하고, 절망하고, 당황하고, 충격받고, 수치심을 느끼고, 당신에게 극도로 화를 낼 수도 있다. 하지만 당신은 그들의 감정을 통제할 수 없다. 당신은 진실을 외면함으로써 그 감정을 통제하려고 시도한다. 우리 모두 그렇게 한 적이 있다. 그래서 잘못된 관계, 잘못된 직업, 잘못된 행동양식을 여러 해 동안 이어간다. 그래서 아직도 친구가 뒤에서 험담해도 말하지 못하고, 엄마에게 정면으로 맞서지 못하고, 휴가를 쓰지 못하고, 가장 친한 친구에게 사랑한다고 고백하지 못하는 것이다.

피하는 게 더 쉽다고 느껴질 수 있다. 문제를 피하면 직면하지 않아도 된다는 의미이기 때문이다. 그러나 지금 쉬우면 나중에 훨씬 더 어려워질 수 있다. 지금 어려운 대화를 피한다고 해서 내년에 더 쉬워지는 건 아니다. 사실 내 경험에 비추어 볼 때 더 오래 기다릴수록 더 고통스러워진다. 자신에게 옳은 일을 하지 않기로 선택하면 고통은 더 커질 뿐이다.

그 예비 신랑은 결혼식을 취소했을까? 그건 모르겠다. 그가 취소했기를 바라는가? 그렇다. 나는 그 남자가 자신과 약혼녀를 위해 그렇게 했기를 바란다. 누구든 자신과 함께하고 싶어 하는 사람과 함께할 자격이 있다. 인생에서 가장 용기 있고 명예롭고 친절한 행동은 누군가에게 함께하고 싶지 않다고 말하는 것이다. 하지만 무척 어려운 일이다. 특히 상대방이 감정적으로 미성숙한 경우 정직하게 말하기가 힘들다.

나는 이런 점을 바꾸는 데 렛뎀 이론의 도움을 받았다. 나는 누군가 내게 화를 내거나 내가 나쁜 사람이라고 생각할까 봐 대화를 피하거나 모든 것을 지나치게 상세하게 설명하곤 했다. 하지만 그럴수록 불안감만 커졌을 뿐이다. 화를 내게 **내버려두고**, 혼란스러워하게 **내버려두고**, 반응하도록 **내버려두는** 방법을 배우고 나서야 비로소 내 삶이 변했다. 당신도 그 힘을 경험할 수 있다.

물론 나도 이해한다. 당신이 그들의 죄책감, 화풀이, 나쁜 기분을 대하고 싶지 않아서 피하는 것일 뿐이라는 걸. 하지만 문제는 당신이 대립을 피하는 게 아니라 누군가의 감정을 피하고 있다는 것이다. 이때 유일한 갈등은 당신의 결정이 그 사람에게 어떤 감정적 영향을 미치고 어떻게 반응할지에 대해 마음속으로 느끼는 갈등뿐이다.

그래서 어떤 사람들은 사랑이 끝났다는 것을 알면서도 10년 동안 결혼 생활을 유지한다. 사람들이 너무 오랫동안 직장에 머무르는 것도 같은 이유에서다. 사람들이 전공과 진로를 선택하고 나면 그 길을 유지하는 이유도 다른 사람에게 어떤 감정을 불러일으킬 결정을 내리기가 두렵기 때문이다.

만약 감정이 삶의 정상적인 일부고 성인들은 감정의 기복을 느끼고 견뎌 낼 수 있다는 것을 인정하면 당신은 더 용감해질 것이다. 다른 사람이 감정을 느끼지 않도록 보호하는 것은 당신의 일이 아니다. 당신이 해야 할 일은 당신이 중요하게 여기는 가치와 일치하는 방식으로 인생을 사는 것이다. 마음속 깊은 곳에서 들리는 소리가 진실이다.

때로는 누군가에게 상처를 줄 수도 있다. 실망시킬 수도 있다. 자신의 결정이 누군가에게 상처를 줄 거라는 사실을 알면 고통스럽고 가슴 아프기 마련이다. 인생에서 가장 힘든 일이 될 것이다. 나는 내 행동이 누군가를 실망하게 하거나 화나게 할 수 있다는 사실을 알았을 때, 부정적인 감정은 인생에서 만나는 문제에 대한 건강한 정신적 반응이라고 했던 다무르 박사의 말을 떠올리곤 했다.

사람들은 당신이 마음을 바꿀 때 화를 낼 수 있고, 당신이 이별을 고할 때 실망하거나 가슴 아파할 수 있으며, 당신이 해고를 통보했을 때 분노하거나 우울해질 수 있다. 그렇다면 당신은 어떻게 해야 할까? 자신에게 올바른 결정이라고 생각하는 어려운 결정을 내릴 때 당신이 느낄 고통스러운 죄책감과 불편함을 어떻게 해결해야 할까?

감정의 파도를 타는 법

나는 감정적 불편함을 바다에서 파도를 타는 법을 배우는 것처럼 생각하는 게 도움이 되었다. 감정은 본질상 파도와 같기 때문이다. 감정은 올라가기도 하고 내려가기도 한다. 인생 역시 안정되고 고요하고 평온한 날도 있고, 결혼식을 취소하는 날처럼 허리케인이 몰아치고 익사할 것 같은 느낌이 드는 날도 있다. 하지만 익사하지는 않을 것이다.

결혼식을 취소하는 일이 괴로울까? 당연하다. 인생에서 아주 고통스러운 경험 중 하나가 될까? 그렇다. 그녀의 아버지가 나를 죽이고 싶어 할까? 적어도 몇 달간은 확실히 그럴 것이다. 보증금을 잃은 부모님이 내게 화를 낼까? 그렇다. 부모님이 당신의 약혼녀를 좋아해서 마음이 아플까? 그럴 것이다. 그들은 기대했던 멋진 결혼식이 사라져서 슬퍼할 것이다.

   천천히, 그들이 느껴야 하는 감정을 느끼도록 **내버려두자**. 그들이 느껴야 할 감정을 느끼고, 그 상황을 통제하거나 피하거나 바꾸려 하지 않으면 삶은 새로운 일상으로 돌아가는 길을 찾는다. 결국 부모님은 당신이 그런 결정을 내린 이유를 이해할 뿐만 아니라 용기를 낸 당신을 자랑스러워할 것이다. 부모님을 그냥 **내버려두자**.

   내가 해야 할 일은 이 또한 지나간다는 사실을 스스로 상기하는 것이다. 당신은 누군가의 감정적 반응보다 강하다. 그들이 의견을 가지도록 **내버려두자**. 그들이 반응하도록 **내버려두자**. 나는 내 감정을 느끼자. 내 감정이 솟구쳐 오르게 두고, 그 감정을 처리할 수 있는 공간을 만들어 주자.

   다른 사람의 감정적 반응이 당신이 어려운 결정을 하는 데 방해가 되지 않게 하자. **내가** 먼저 자기 자신과 다른 사람에게 정직하자. 옳은 일이고 나중에 더 많은 고통에서 벗어나게 할 일이라면 지금은 고통스러워도 **내가** 그 어려운 일을 하자. **내가** 마땅히 누려야 할 삶을 살 기회를 나에게 주자.

・・・

이제 다른 사람의 감정적 반응에 대처하는 방법에 대해 배운 내용을 요약해 보자. 지금 당신은 다른 사람의 감정적 반응에 결정이 흔들린다. 이때 렛뎀 이론은 당신이나 다른 성인이 아이처럼 행동할 때 한발 물러설 힘을 줄 것이다.

1. 문제점: 당신은 다른 사람의 정서적 미성숙함이 당신의 삶에 영향을 미치도록 허용하고 있다. 당신은 다른 사람의 폭발하는 분노와 죄책감 유발, 반응에 사로잡혀 자신에게 집중하기보다는 다른 사람의 감정을 끊임없이 관리하려고 한다. 이는 당신이 자기 행복을 희생하면서 다른 사람의 정서적 요구를 우선시한다는 의미다.

2. 진실: 당신에게는 다른 사람의 감정적 반응을 관리할 책임이 없다. 당신은 다른 사람이 어떻게 느끼거나 반응하는지 통제할 수 없으며 그들의 정서적 미성숙함을 고칠 수도 없다. 대부분의 성인은 여덟 살 아이의 정서를 가지고 있고 당신이 그것을 바꿀 수는 없다.

3. 해결책: 렛뎀 이론을 적용하면 성인이 아이처럼 행동하고 감정적으로 폭발할 때도 통제력을 유지할 수 있다. 다른 사람이 화를 내더라도 자신에게 올바른 결정을 하자. 다른 사람의 감정이라는 짐을 짊어지지 말고 자신이 추구하는 가치에 맞는 방식으로 행동하면 자신의 힘을 유지할 수 있다.

'내버려두자'라고 말하면 당신은 다른 사람의 감정을 관리하거나 고쳐야 할 책임을 지지 않으면서 그들이 자신의 감정을 경험할 공간을 제공하게 된다. '내가 하자'라고 말하면 다른 사람에게는 잘못된 것처럼 보여도 당신 자신에게 올바른 결정을 내릴 용기를 얻을 수 있다. 이제 성숙한 성인답게 행동할 때다.

습관적인 비교에서 벗어나기

제9장
그렇다, 인생은 불공평하다!

인생은 불공평하다. 하지만 결국에는 눈을 떠 이 사실을 받아들이고 다른 사람이 무엇을 가졌는지, 어떻게 생겼는지, 무엇을 성취했는지에 대한 집착을 멈춰야 한다. 여기서는 이 지구상의 모든 사람이 겪는 문제, 즉 다른 사람의 성공이 당신을 무력하게 만드는 문제에 관해 이야기해 보자. 현실적으로 우리는 다른 사람의 성공, 운, 인생의 타이밍을 통제할 수 없다. 우리가 선택할 수 있는 것은 다른 사람의 성공 사례를 활용하는 방식과 그 뒤에 취하는 행동이다.

다른 사람의 삶이 자신의 실패, 매력 없음, 부족함의 증거라고 생각하면 자기 스스로가 가장 큰 걸림돌이 된다. 소셜미디어를 아무 생각없이 훑어보거나 다른 사람보다 열등하다고 생각하면 갑갑하고, 희망이 없고, 계속 뒤처진다는 느낌을 받게 된다. 아무 이유 없이 자신을 괴롭히는 것이다. 다른 사람을 보며 무력함을 느끼고, 결국 해야 할 일을 미루고 자기비판에 빠진다.

삶이 불공평하다고 느끼고 자신을 다른 사람과 비교하는 데 집중하면 의욕을 잃고 앞으로 나아가지 못한다. 그리고 결국 이 생각이 자기실현적 예언이 되어 그대로 이루어진다. 자신을 비교하는 습관 때문에 실패하는 것이다.

그렇다, 문제는 바로 자신에게 있다. 그리고 문제 해결을 위한 첫 번째 단계는 인생이 불공평하다는 진실을 받아들이는 것이다. 어쩔 수 없는 사실이다.

학비를 감당할 수 없어서 학자금 대출에 허덕이는 것은 불공평한 일이다. 슈퍼모델처럼 생긴 여동생과 술집에 가면 모두 동생에게만 몰려가고 나 혼자 구석에서 술을 마시는 것은 불공평하다. 상사가 회사에서 계속 말도 안 되게 교대 시간을 배정하는 것은 불공평하다. 내 나라가 전쟁으로 분단된 것은 불공평하다. 태어나면서부터 당뇨병이 있어서 평생 인슐린을 관리해야 하는 것은 불공평하다. 아직 나이가 젊은데 유방암 진단을 받은 것은 불공평하다.

동료가 승진했는데 나는 아직 승진하지 못한 건 불공평하다. 친구가 부모님의 돈으로 좋은 집이나 아파트를 소유하고 있는 것은 불공평하다. 이웃집 남자는 완벽한 가정생활을 하는 것처럼 보이는데 우리 가족은 리얼리티 쇼에 출연할 수조차 없을 정도로 엉망진창인 것은 불공평하다. 형이 나보다 신진대사가 빨라서 원하는 것을 다 먹을 수 있는 것은 불공평하다. 오염된 지역에서 자라서 천식이 생긴 것은 불공평하다. 생활비와 연료비가 계속 오르는 것은 불공평하다. 얼굴에 보기 싫은 여드름이 나는 것은 불공평하다.

맞다. 불공평하다. 나도 그렇게 생각한다. 그러나 모든 인간은 인생에서 각자 다른 패를 받았고 다른 사람이 쥐고 있는 카드는 통제할 수 없다. 다른 사람의 패를 들여다보는 데 더 많은 시간을 쓸수록 전체 게임의 핵심을 더 많이 놓치게 된다.

당신은 인생에서 누군가를 상대로 경쟁하고 있지 않다. 그들과 함께 게임을 하고 있다. 누군가는 늘 당신보다 좋은 카드를 가지고 있을 것이다. 당신이 매일 SNS 속 타인과 자신을 비교하느라 바쁘게 지내는 동안, 당신은 인생에서 가장 중요한 비밀 하나를 놓치고 있다. 바로 다른 사람은 당신에게 더 잘하는 방법을 알려 준다는 것이다. 그리고 그 방법으로 당신은 승리할 수 있다.

사실이다. 많은 사람이 '운이 더 좋거나' 또는 '더 성공적인' 패를 받았다. 그래도 **내버려두자**. 그들은 목표를 빨리 달성할 것이다. 남들보다 유리한 위치에 있고, 자원도 더 많고, 지원도 더 많이 받을 것이다. 그 사실을 바꾸기 위해 당신이 할 수 있는 것은 아무것도 없다. 그것이 사실이다. **내버려두자**.

불공평한 현실에 관해 걱정하거나 낙담하는 것은 당신의 지능에 대한 모욕이다. 당신은 승리하는 방법을 알아낼 수 있다. 자신이 가지고 있는 것을 활용하는 방법을 배우고 현재 위치에서 시작해 인생에서 원하는 것을 무엇이든 만들 수 있다. 하지만 자신을 다른 사람과 비교하는 어리석고 해로운 습관에 힘을 쏟으면 결코 그렇게 할 수 없다. 이제 그만하자.

술집에서 모든 사람이 여동생이 아닌 당신에게 몰려들거나, 유럽 여행을 간다거나, 키가 더 커지거나, 얼굴빛이 건강해지거나, 청혼을 받는다거나, 돈을 더 벌기를 바란다고 해서 현실이 되지는 않는다. 자신감만 사라질 뿐이다.

세계적인 카드 게임 선수라면 누구든 당신에게 이렇게 말할 것이다. 중요한 건 어떤 패를 들고 있느냐가 아니라 어떻게 게임을 하느냐라고. 인생이라는 게임에서 승리하려면 자신이 가진 카드에 집중하고 그 카드로 무엇을 할지 선택해야 한다. 나도 알고 있다! 하지만 자신이 들고 있는 패가 세상에서 제일 운이 안 좋은 패임을 아는 건 정말 짜증 나는 일이다.

"왜 하필 나야?"라고 말하기는 쉽다. 자신을 불쌍하게 여기기도 쉽다. 다른 사람에겐 멋진 몸매, 돈, 사랑하는 사람, 건강, 자동차, 물려받은 재산, 안전, 절제력, 친구들이 있는 것을 보며 스스로 불쌍하다고 느끼기도 쉽다. 불공평하기 때문이다. 그런데 알고 있는가? 인생은 절대 공평해지지 않을 것이다.

어떤 사람들은 그저 운이 정말 좋을 뿐이다. 내 주변에도 태어날 때부터 성공이 정해진 것처럼 보이는 친구들이 있다. 그들은 원하는 것은 무엇이든 얻은 것처럼 보인다. 긍정적인 일과 경험이 여기저기서 생겨나고 모든 일이 항상 그들에게 유리하게 펼쳐진다.

왜 그들은 그렇게 운이 좋고, 나는 그렇지 않을까? 나는 불쌍하고 다른 사람에게는 화가 난다. 그들은 최고의 가족이 있고 대학에서 평생의 사랑을 만났다. 매력적이고 재능이 많은 그들은 아무 문제가 없어 보인다. 당신이 아는 한 그들은 우울증이나 불안감, 어린 시절의 그 어떤 트라우마도 겪지 않았다. 하지만 아무리 그렇다고 해도 다른 사람의 인생 또는 행운을 질투하며 비교하는 것은 시간 낭비다.

비교가 당신의 삶을 흔들 때

"하지만 멜, 나는 다른 사람이 얼마나 더 매력적인지 부러워하는 걸 멈출 수가 없어요. 나는 지금보다 키가 더 컸으면 좋겠고, 라임병에 걸리지 않았으면 좋겠고, 부모님이 이혼하지 않았으면 좋겠고, 가족이 더 화목했으면 좋겠거든요."

이렇듯 자신을 남과 비교하는 것은 어쩔 수 없는 일이다. 주위를 둘러보고 다른 사람은 무엇을 하는지, 자신은 어느 정도인지 판단하는 것은 인간의 본성이다. 문제는 비교하려는 성향 자체가 아니라 비교를 통해 무엇을 하는가다. 그러니 한번 물어보자. 당신은 비교할 때 무엇을 하고 있는가? 자신을 괴롭히고 있는가, 아니면 중요한 사실을 배우고 있는가?

사람들은 두 가지 방식으로 비교를 받아들인다. 바로 고문과 스승이다. 비교가 인간의 어쩔 수 없는 본성이라면 최대한 유리하게 사용해야 한다. 그러려면 우선 당신이 하는 비교가 어떤 유형인지, 즉 고문인지 스승인지 파악해야 한다. 이 차이는 구분하기 쉽다.

먼저 고문인 비교를 살펴보자. 절대로 바꿀 수 없는 무언가에 집착하거나, 사로잡히거나, 자책하는 경우다. 타인의 인생에서 고정된 속성에 초점을 맞추면 비교가 고문처럼 느껴진다. 예컨대 다른 사람의 타고난 아름다움, 체형, 가족력, 키, 신진대사, 부모, 출신 국가, 과거 경험, 운동신경, 절대음감, 천재적인 두뇌 능력, 눈 깜짝할 사이에 언어를 습득하는 능력, 뛰어난 기억력, 예술적 재능 같은 천부적인 재능 등. 내가 무슨 말을 하는지 알 것이다.

이렇듯 타인의 고정된 속성을 부러워할 수도 있지만 이런 특징은 타고나는 것이며 열심히 노력해서 얻는 것이 아니다. 이런 특징은 주어진 카드로서 절대 사라지지 않는다(당신의 카드도 마찬가지다). 더 중요한 사실은 아무리 노력해도 이런 카드가 어느 날 마법처럼 당신의 삶에 나타나지는 않는다는 것이다.

내게 주어진 카드가 고정된 속성인지 아는 방법은 이렇다. 30초 안에 이 속성을 바꿀 방법이 있는가? 없다면 이런 특징은 절대 바꿀 수 없다. 자신이 바꿀 수 있는 것과 없는 것의 차이를 이해하는 것은 중요하다. 자신을 누군가와 또는 그들 인생의 어떤 측면과 비교하는 것은 아무리 노력한다 해도 그저 자신을 괴롭히는 일이다.

따라서 누군가의 고정된 속성과 자신의 속성을 비교하는 데 집착하며 시간을 보내는 것은 자기 학대다. 당신의 성장에 도움이 되지 않으며 행복에도 해롭다. 바꿀 수 없는 속성이라면 받아들이는 법을 배워야 한다. **내버려두자.**

물론 이는 쉬운 일이 아니다. 나는 첫째 딸 소이어가 이 유형의 비교에 빠져 몇 년 동안 자신을 괴롭히는 모습을 지켜봤다. 소이어는 자신과 완전히 다른 체형, 골격, 신진대사, 운동 능력을 지닌 여동생 켄들에게 집착했다. 게다가 켄들은 멋진 목소리와 절대 음감까지 타고났다. 소이어는 아무리 해도 이 사실을 바꿀 수 없다. 켄들도 이 사실을 바꿀 수 없고 나도 이 사실을 바꿀 수 없다.

하지만 나는 소이어가 몇 년에 걸쳐 자신을 비참하게 만들고 고통스러운 비교에 빠져 자신의 힘을 내주는 모습을 지켜봤다. 결국 그녀는 자기 몸을 싫어하게 되었다. 신진대사가 원활하지 않다고 자책하고, 살을 빼기는 어렵고 찌는 건 쉽다고 불평했다. 켄들은 자기 옷이 잘 맞는데, 자신은 켄들의 옷이 안 맞는다며 불공평하다고 했다.

그런데 사실 소이어의 말이 맞다. 불공평하다. 아무리 운동하고, 보충제를 먹고, 노래를 배워도 소이어의 마음속 점수, 즉 켄들이 이겼고 소이어가 졌다는 사실을 바꿀 순 없다.

심리학자들은 이런 비교를 '상향 비교'라고 부른다. 상향 비교는 자신보다 낫다고 생각하는 사람이나 그들의 특성을 기준으로 자신을 평가하려는 경향을 의미한다. 연구에 따르면 상향 비교는 자존감을 파괴한다. 그리고 주변을 둘러보면 자기가 다른 사람보다 얼마나 나은지 '하향 비교'를 하는 사람은 거의 없다. 유엔의 보고에 따르면 전 세계 사람 네 명 중 한 명은 깨끗한 식수를 이용하지 못한다. 사실 흐르는 물과 전기, 책을 읽을 시간이 있다면 당신은 대부분의 사람보다 더 나은 삶을 살고 있는 것이다. 여기서 다시 이런 고통스러운 비교와 통제하거나 바꿀 수 없는 삶의 측면을 두고 자책하게 된다.

나는 소이어가 자신을 얼마나 불행하게 만드는지를 지켜보면서 마음이 너무 아팠다. 하지만 나는 딸을 구할 수 없다. 이런 유형의 비교를 하지 못하게 막을 수도 없다. 아무리 칭찬하고 안심시켜도 그녀의 행동을 바꿀 수 없을 것이다. 그녀는 자신을 위해 스스로 변해야 한다.

자신을 괴롭히는 것을 멈추지 않는 한 소이어는 바로 앞에서 자신을 기다리고 있는 크고 아름답고 멋진 삶을 절대 보지 못할 것이다. 자기 몸의 아름다움도 받아들이지 못할 것이다. 또한 훌륭한 자신의 모습 대신 자신이 아닌 것에 집착할 것이다. 소이어는 동생에게 집착하는 동안 다른 사람의 눈에는 보이는 자신만의 재능, 두뇌, 운동 능력을 보지 못하고 있었다.

다른 사람이 쥔 카드에 그만 집착하자. 인생은 불공평하다. 누군가는 늘 나보다 더 좋은 카드를 가진 것처럼 보인다. 그러니 자기 카드와 다른 사람의 카드를 비교하면 항상 패배할 수밖에 없다. 다른 사람에게 그만 집중하자. 그렇게 해서는 인생이라는 게임에서 결코 이길 수 없다. 다른 사람을 상대로 경쟁하려고 하지 말고 그들과 함께 게임하는 방법을 배우자.

슬픈 사실은 이런 유형의 비교가 너무 가혹해서 많은 사람이 섭식 장애나 정신 건강 문제, 중독이나 수치심으로 힘들어한다는 것이다. 이 이야기를 가볍게 하지 않는 이유는 이런 현상이 내가 깊이 사랑하는 사람을 포함해 많은 사람이 직면하는 굉장히 심각한 문제로 이어질 수 있기 때문이다. 심리학자들은 많은 장애의 근본 원인이 강박적인 통제 욕구라고 말한다. 이 책에서 배우는 내용처럼 통제할 수 없는 것을 통제하려고 하면 오히려 통제력을 잃고 무력감을 느끼게 된다. 따라서 자신이 이 유형의 비교에 빠져 있다면 깨달아야 한다.

멈추자. 사람들이 자신의 삶을 살도록 **내버려두자. 나는** 내 삶에 집중하자.

당신은 자신을 괴롭히면서 인생을 낭비하기에 너무 똑똑하다. 자신의 힘을 지키자. 자기만의 독특한 삶의 잠재력을 발휘하자. 더 행복해지려면 스스로 더 행복해지도록 허용해야 한다. 인생을 즐기거나 사랑하면서 동시에 자신을 비난하는 것은 불가능하다.

이제 두 번째 유형의 비교로 넘어가 보자. 이 유형의 비교는 당신에게 큰 도움이 될 것이다.

제10장

비교를 영감으로 바꾸는 법

앞서 고문이라는 비교 유형을 살펴봤는데, 이제 다른 유형의 비교에 관해 이야기해 보자. 이 유형은 가르침을 주는 비교다. 즉 다른 사람의 삶이나 성공에서 나도 할 수 있는 측면을 바라보는 비교다. 이런 비교는 자기 자신에게 긍정적인 힘을 주는 좋은 비교다.

   시간을 투자하고 꾸준히 노력하면 직업과 건강을 포함해 삶의 많은 측면을 바꿀 수 있다. 사실 당신이 바꿀 수 있는 것의 목록은 끝이 없다. 더 좋은 친구 그룹 만들기, 목적 찾기, 아이들과 더 많은 시간 보내기, 휴가, 경제적 자유 얻기, 일찍 일어나기, 인생 최고의 사랑을 찾기, 훌륭한 요리사 되기, 인생 최고의 몸매 만들기, 알이 큰 반지나 화려한 시계나 스포츠카 사기, 주방 리모델링하기, 세컨드 하우스 짓기, 양부모와 관계 개선하기, 건강한 습관 기르기, 책 쓰기, 트라우마 회복하기, 소셜미디어 팔로워 수 늘리기, 자신을 위한 경계를 설정하고 시간 갖기, 사업 시작하기, 더 좋은 평판 쌓기 등.

일부러 길게 목록을 작성해 봤다. 사실 인생에서 원하는 것의 95퍼센트는 열심히 일하고, 성실하고, 절제력과 인내심이 있으면 얻을 수 있다. 인생에서 확정된 것은 거의 없다.

누군가 당신이 상상할 수 있는 것보다 더 좋고 크고 멋진 일을 해냈다면 **내버려두자**. 그들이 성공하도록 **내버려두자**. 그들이 당신을 이기게 **내버려두자**. 가장 현명하고 멋진 방법으로 해내도록 **내버려두자**. 그들의 성공이 바로 공식을 알려 줄 것이다. 내가 소셜미디어에 게시물을 올리지 않았던 이야기를 기억하는가? 당신이 무엇을 원하든, 누군가는 당신에게 성공의 공식을 알려 줄 것이다. 그들이 앞장서게 **내버려두자**.

나는 이 사실을 이해하지 못한 채 인생의 대부분 시간을 보냈다. 누군가 내가 원하던 것을 나보다 먼저 성취하면 그 사람이 나를 이겼다고 생각했다. 주위 사람들을 보면서 그들의 성공을 내 실패로 여겼다. 이처럼 다른 사람의 성공을 자신의 실패로 여기면 시작도 하기 전에 이미 패배감을 느낀다.

주의를 기울이지 않으면 타인과의 비교가 자신을 의심하고, 일을 미루고, 계속 정체된 상태로 머무는 이유가 될 수 있다. 당신도 다른 사람과 똑같이 성공할 수 있다. 하지만 당신은 성공하기 위해 노력하는 대신 당신이 원하는 바로 그 성공을 적극적으로 부정하고 있다. 이는 다른 사람의 성공과 행복을 문제로 삼는 전형적인 이유다. 하지만 그들이 문제가 될 필요는 없다.

행복, 성공, 우정, 돈은 당신을 포함한 모든 사람에게 충분히 돌아갈 수 있다. 공급량이 무한하다. 아무도 당신에게서 무언가를 뺏지 않는다. 당신이 진지하게 노력하면 돈은 기다리고 있다. 다시 한번 강조하지만 다른 사람의 승리는 당신의 패배가 아니다. 따라서 다른 사람의 성공을 바라보는 시각을 바꿔야 한다.

사실 지구에는 80억 명 이상의 사람이 살고 있다. 누군가 더 많은 돈을 벌거나, 가장 멋진 옷을 입거나, 최고의 친구 그룹이 있거나, 일류 학교를 나왔거나, 몸매가 최고로 멋지거나, 회사를 매각했거나, 〈뉴욕 타임스〉 베스트셀러 작가거나, 전 세계를 여행했거나, 당신이 바라는 모든 것을 가지고 있다는 증거를 찾는다면, 물론 찾을 수 있을 것이다. 문제는 비교하려는 성향 자체가 아니라 비교를 자신에게 유리하게 활용하지 못하는 것이다. 렛뎀 이론을 사용하면 비교를 인생의 심각한 문제에서 최고의 스승으로 바꾸는 법을 배우게 된다.

비교는 항상 당신의 스승이었다

최근에 나는 몰리라는 친구와 대화를 나눴다. 몰리는 매우 재능 있는 인테리어 디자이너다. 그녀는 성공적인 사업을 구축했고 많은 직원을 두고 있으며 고객을 위해 훌륭하게 작업한다. 최근 몰리는 내게 소셜미디어에 관해 조언을 구하며 몇 가지 질문을 했다.

"멜, 어떻게 하면 소셜미디어에 노출될 수 있지? 소셜미디어를 더 많이 활용해야 하고 사업 마케팅을 더 활발하게 해야 하는 건 알겠는데 어디서부터 시작해야 할지 모르겠어."

모든 사업에는 정해진 공식이 있다. 그래서 나는 그녀가 할 수 있는 일의 간단한 목록을 적어 주었다. 매일 게시물 올리기, 프로젝트를 설명하는 비디오 만들기, 작업 전후 사진 올리기, 쇼츠 영상 라이브러리를 만들어 줄 인턴 고용하기, 무료 온라인 강좌를 통해 소셜미디어 플랫폼을 배우고 집중할 플랫폼을 하나 선택하기.

앞서 몇 년 전 내가 강연 사업을 시작하려고 했을 때처럼, 당신이 따라야 할 단계 역시 대단히 간단하다. 문제는 그 단계를 따르지 않는다는 것이다. 얼마 전 몰리에게서 전화를 받았는데, 받는 순간 뭔가 잘못되었다는 것을 알 수 있었다.

"몰리, 목소리가 평소랑 좀 다르네. 아이들은 잘 지내지?"

"응, 애들은 괜찮은데, 내가 안 괜찮아."

"무슨 일이야?"

"얼마 전에 뭔가를 보고 나서 머리가 복잡해졌어. 그 이후로 계속 불안해하고 있어."

그녀의 말을 들으면서 생각했다. '대체 무슨 일이 생긴 거야? 어떡하지? 정말 심각한 문제 같은데.'

알고 보니 몰리가 오랫동안 알고 지냈던 동네 사람에 관한 이야기였다. 그녀는 몰리가 그다지 좋아하는 사람은 아니었다. 항상 어디서든 주목받으려 했고 다른 사람을 불편하게 했다. 그 둘의 에너지는 잘 맞은 적이 없었다.

전날 밤, 종일 디자인 고객을 상대하느라 긴 하루를 보낸 몰리는 아이들을 재우고 소파에 앉아 소셜미디어를 훑어보기 시작했다. 그런데 누가 몰리의 피드에 계속해서 떴는지 맞혀 보라. 그렇다. 바로 그 짜증 나는 여자였다.

역시 인테리어 디자인 사업에 뛰어든 그녀가 소셜미디어에 게시물을 올리기 시작했는데, 갑자기 게시글이 폭발적인 인기를 얻고 있던 것이다. 그녀의 게시물에 수천 명이 '좋아요'를 눌렀고 수많은 댓글이 달렸다. 그중에서도 몰리가 가장 분통 터지는 지점은 이제 주위 모든 사람이 그 여자가 얼마나 재능 있는 사람인지 이야기하고 있다는 것이었다.

몰리는 참을 수가 없었다. 모든 댓글을 읽고 그 여자의 웹사이트를 들어가 봤다. 웹사이트는 세련되고 깨끗해 보였다. 반면 몰리의 웹사이트는 지난 3년 동안 업데이트가 되지 않았다. 그 여자가 자신을 마케팅하는 방식은 매우 인상적이었다. 그녀는 마치 오랫동안 이 일을 한 대단한 전문가처럼 보였다. 그 모습에 몰리는 온갖 부정적인 생각을 하게 됐다.

'그 여자가 내 고객을 다 뺏어 갈 거야! 모두 그 여자가 나보다 낫다고 생각하겠지. 대체 어떻게 이 모든 걸 해낸 거지? 나는 왜 이렇게 하지 못했을까? 아아악!'

몰리는 내게 울분을 토하며 말했다.

"이 사진들은 심지어 다 자기 집 사진이야, 멜. 자기가 직접 디자인한 것도 아니라고!"

그러고는 잠시 숨을 고르더니 말했다.

"내가 어떻게 하면 좋겠어?"

그때 몰리에게 했던 말을 지금 당신에게 똑같이 하려고 한다. 다음에 누군가가 하는 일과 자신의 일을 비교하게 되거나 화가 치밀어 오를 때 이 말을 기억하길 바란다.

"그 여자한테 고마워해야지!"

만약 지금 다른 사람의 성공이 부럽다면, 잘됐다. 진심으로 기쁘다. 질투는 미래의 당신에게서 온 초대장이다. 당신이 다른 사람을 좀 더 자세히 살펴보라고 초대하는 것이다. 당신이 열등감을 느끼게 하기 위해서가 아니라 무엇이 가능한지를 보여 주기 위해서다.

그 여자는 몰리의 성공을 가로채지 않았다. 몰리가 웹사이트에 변화를 주거나 소셜미디어에 집중하지 못하게 막지도 않았다. 온라인에서 그녀가 성공했다고 해서 몰리가 실패한 것은 아니다. 당신이 성공을 이루는 것을 다른 사람은 절대 막을 수 없기 때문이다. 그들은 당신을 막을 수 없다. 오직 자기 자신만 막을 수 있다.

그 여자는 소셜미디어의 중요성을 몰리에게 일깨워 주었다. 그녀는 몰리에게 길을 안내해 준 스승이다. 그들이 당신을 일깨우도록 **내버려두자**. 성공하도록 **내버려두자**. 멋진 웹사이트 디자인으로 당신을 압도하도록 **내버려두자**.

그들이 잘나가게 내버려둬라

어쩌면 당신은 일상에 사로잡혀 눈앞에 놓인 것을 무시했을지도 모른다. 어쩌면 너무 신중하게 움직여서 자신의 삶이 얼마나 크고 아름다울 수 있는지 알지 못했을 수도 있다. 어쩌면 늘 해왔던 방식에 너무 익숙해져서 새로운 방식을 시도하기가 꺼려졌을 수도 있다.

다른 사람들은 당신에게 무엇이 가능한지를 보여 준다. 비교를 스승으로 받아들이면 다른 사람이 당신에게서 아무것도 가져가고 있지 않으며, 오히려 무언가를 주고 있음을 깨달을 것이다. 다른 사람들은 당신이 아직 스스로 완전히 보지 못하는 미래의 조각을 당신에게 보여 주는 멋진 능력을 지녔다. 그들은 당신이 알지 못했거나, 달성할 수 없다고 스스로에게 말했던 가능성을 보여 준다.

누구든, 무엇이든 당신을 질투하게 만든다면 좋은 일이다. 그들의 성공과 승리가 당신이 원하는 것을 만들 기회를 줄이지 않는다. 오히려 늘리고 넓혀 준다. 그들이 앞서 나가도록 **내버려두자**. 질투를 영감으로 바꿔, 그들을 통해 무엇이 가능한지 보자. 당신이 비교하는 대상은 거울과 같은 역할을 해서 더 큰 가능성을 보여 준다. 몰리의 경우에는 그녀가 이제껏 피해 왔던 공식과 작업을 보여 주었다. 그것이 바로 내가 몰리에게 말한 내용이다. 그들이 앞서 나가도록 **내버려두자**.

매우 중요한 이야기인데, 그 여자가 몰리의 심기를 건드린 데는 이유가 있다. 사실 이렇게 거슬리는 사람이 있어야 한다. 인생에서 무언가를 할 동기가 없다면 변화를 위한 고통스러운 무언가가 필요하다. 몰리는 수년간 유명한 인테리어 디자이너들을 지켜봐 왔다. 그리고 소셜 미디어를 해야겠다고 계속 얘기했다. 하지만 그 일을 우선순위에 두지 않는 이유로 온갖 변명을 늘어놓았다.

그런데 갑자기 디자인 경험도 전혀 없는 짜증 나는 여자가 나타난 바람에 몰리는 수년 전부터 마음속으로 해야겠다고 다짐한, 이미 알고 있었던 모든 일을 보게 되었다. 몰리는 그 이웃집 여자에게 특별한 장점이나 재능이나 자원이 없다는 걸 알고 있었다. 그래서 그렇게 화가 났다. 이 성가신 여자는 몰리의 눈앞에 간단한 사실을 들이밀었다. '내가 할 수 있다면, 당신도 할 수 있어.'

이 지점에서 비교가 정말 흥미로워진다. 이런 유형의 사람들은 거울 역할을 해서 당신이 자신을 돌아보게 한다. 그러니 그들이 당신을 화나게 하도록 **내버려두자**. 당신을 화나게 하는 사람들에게 고마워하라. 당신은 그들에게 화가 난 게 아니기 때문이다.

당신 안에서 불타오르는 분노는 당신 자신을 향한 것이다. 당신이 더 빨리 일을 시작할 수 있었을 거라는 사실, 이 문제를 해결할 능력이 있다는 사실을 알고 있기 때문이다. 그저 하지 않았을 뿐이다. 강연 사업을 시작할 때 내 모습도 그랬다. 그래서 이런 유형의 비교가 당신의 가장 훌륭한 스승이라고 말하는 것이다.

이런 비교가 스승인 이유는 당신이 무엇을 해야 하는지 알려 주기 때문이 아니라 당신에게 힘을 불어넣어 주고 분노를 일으키기 때문이다. 그리고 이 분노는 당신이 앞으로 나아가기 위한 연료가 된다. 그러니 누구든 당신을 자극하는 사람이 있으면 **내버려두자**. 그들이 당신의 신경을 거스르도록 **내버려두자**. 당신의 분노를 촉발하도록 **내버려두자**. 그리고 당신이 정확히 무엇을 원하는지, 그것을 얻기 위해 무엇을 해야 하는지 보여 주도록 **내버려두자**.

당신의 가능성을 비추는 거울

이렇게 질투하고 짜증 나는 순간을 어떻게 하면 좋은 것으로 바꿀 수 있을까? 어떻게 하면 비교를 영감으로 바꿀 수 있을까? 간단하다. '**내가 하자**'라고 말하고 다른 사람들의 성공 사례가 제공하는 데이터를 살펴보면 된다.

자신이 비교라는 게임을 하고 있다는 사실을 깨달을 때마다 아주 중요한 일이 발생한다. 즉 비교는 인생에서 당신의 관심이 더 많이 필요한 부분을 보여 준다. 이제 생각하고 변명할 시간은 끝났다는 뜻이다. 이제 **내가** 해야 할 일을 시작하자. 그리고 반복해서 연습하자.

이 말은 내 친구이자 베스트셀러 작가인 제프 워커Jeff Walker가 늘 하는 말이기도 하다. "성공은 반복 연습에 달려 있다." 이 말은 무슨 뜻일까? 간단하다. 성공하거나 체중을 감량하거나 책을 쓰거나 유튜버가 되려면 매일 아침 일어나서 지루하고 짜증 나고 불편한 일을 해야 한다. 반복해서 연습해야 한다.

헬스장에 가는 게 습관이 되는 것이라든지, 인생에서 당신이 바라는 변화를 생각해 보자. 근육을 키우려면 어떻게 해야 할까? 미식축구 선

수 톰 브래디Tom Brady는 최근 성공에 관해 이렇게 말했다. "사실 특별한 사람이 될 필요는 없다. 대부분의 사람이 하지 않는 걸 하면 된다. 꾸준하고 결단력 있고 적극적인 노력을 하면 된다."

당신의 질투를 유발하는 모든 사람은 당신이 변명만 하는 동안 반복 연습을 통해 지루하고 힘든 일을 천천히 없애 나갔다는 단순한 사실을 보여 주기 위해 존재한다. 브래디의 말처럼 그들은 특별하지 않다. 그들은 단지 당신이 하지 않은 일, 즉 꾸준하고 결단력 있고 적극적인 노력을 했을 뿐이다. 그것이 내 성공의 비결임을 나는 확신한다.

다시 몰리 이야기로 돌아가자. 그녀는 몇 년 전부터 소셜미디어 활동을 꾸준히, 적극적으로 해야 한다는 사실을 알고 있었다. 그녀가 지금 그토록 고통스러운 이유는 다른 사람이 노력한 결과를 보고 있기 때문이다. 지금 원하는 일을 시작하지 않으면 당신에게도 이런 일이 일어날 것이다.

몰리가 보고 그토록 화가 났던 멋진 웹사이트는 하룻밤 사이에 만들어지지 않았다. 그 여자는 몇 달 동안 그 웹사이트를 만들기 위해 노력했다. 몰리를 화나게 했던 소셜미디어 전략은 마법처럼 갑자기 나타난 게 아니었다. 몰리가 변명하는 동안 그 여자는 몰리가 본 모든 게시물을 조사하고, 연구하고, 배우고, 만들고 있었다.

이런 사람들이 당신을 화나게 하는 이유는 당신도 자신이 할 수 있다는 사실을 알기 때문이다. 그리고 그 일을 진작에 시작하지 않아서 화가 난 것뿐이다. 영감만으로는 무언가를 할 동력을 얻을 수 없다.

그래서 분노가 중요하다. 비교가 가장 훌륭한 스승이 될 수 있는 이유도 여기에 있다. 그리고 장담하건대 이렇게 비교할 때 당신을 화나게 하는 사람은 분명 당신이 아는 사람일 것이다. 옆 사무실에서 일하는 애런일 수도 있다. 그는 어느 날 갑자기 직장을 그만두고 당신이 친구들과 노는 주말마다 남몰래 준비해 온 맞춤형 보트 사업을 시작했다.

그래서 그 사람이 직장을 그만두고 사무실 밖으로 걸어 나가는 걸 보니 질투가 난다. 아는 사람이 그렇게 하면 당신은 못 하겠다고 변명할 수 없기 때문이다. 직장에서 애런 옆에 1년 동안 함께 있었다면 그가 어떤 초능력도, 물려받은 재산도, 당신보다 유리한 그 무엇도 없다는 사실을 알 것이다. 그는 노력했을 뿐이고 이제 결실이 보인다. 그래서 당신이 그토록 질투가 난 것이고, 그래서 그 사람이어야 했던 것이다.

누군가의 멋진 웹사이트를 보거나, 동료가 새로운 삶을 찾아 사무실 밖으로 나가는 모습을 보거나, 친구의 아름다운 새집을 보고 화가 나는 것은 지극히 정상이다. 하지만 진심으로 성공하거나 건강해지거나 목표를 달성하고 싶다면 화를 낼 시간도, 질투에 에너지를 낭비할 여유도 없다. 당신에게는 해야 할 일이 있고 바로 그 에너지가 필요하다.

이런 순간은 정말 고통스럽다. 그리고 살면서 자주 발생할 것이다. 그러니 준비하자. 렛뎀 이론을 사용하면 비교가 당신에게 무언가 가르침을 주려고 할 때를 알아차릴 수 있다. 질투는 살짝 열려 있는 당신의 미래를 향한 문이다. 질투가 생길 때를 알아차리고, 문을 열고 나아가는 것은 당신이 할 일이다. 다른 사람이 앞장서 가는 걸 보면 이제껏 두려움과 변명으로 낭비한 시간 아래에 당신이 항상 원했던 삶이 있었음을 깨달을 것이다. 지금 당신이 인생을 주도적으로 이끌고 가지 못하도록 막는 유일한 것은 이 책 전체에서 논의한 변명과 두려움과 감정이다.

이 깨달음을 얻을 때 다른 사람의 생각, 감정, 행동을 통제하려는 노력에서 벗어나 자신의 시간과 에너지를 사용해 인생 최고의 시기를 만들 수 있다. 이 내용은 너무 중요하기 때문에 한 가지 사례를 더 들어 보겠다. 이 이야기의 요점은 질투가 당신에게 무엇을 가르쳐 주는지 항상 명확하지는 않다는 것이다.

40대 때 나는 경제적으로 어려움을 겪고 있었고 강연 경력도 없었다. 그런데 당시 큰 집을 리모델링한 친구가 있었다. 우리가 함께 점심을 먹거나 산책할 때마다 나는 친구로부터 리모델링에 관한 이야기를 들었고, 실제로 사진으로 보고 싶을 정도로 리모델링 이야기를 하는 것이 너무 즐거웠다. 하지만 만나고 나서 집으로 돌아갈 때마다 나는 낙담했고 슬펐다.

마침내 리모델링이 끝나고 크리스와 나는 친구 집에 초대받았다. 길고 구불구불한 진입로를 따라 들어갔을 때 너무 놀라 입이 떡 벌어졌던 걸 잊을 수가 없다. 그 집은 정말 아름다웠다. 친구가 집을 구경시키는 동안 나는 비교의 소용돌이 속으로 빨려 들어가는 것을 느꼈다. '도대체 어떻게 이렇게 돈이 많은 거지!' 이런 생각을 했던 것 같다.

친구가 행복해서 기뻤지만, 동시에 미치도록 질투가 났다. 친구는 충분히 이 행복을 누릴 자격이 있었고 친구 부부는 수년간 정말 열심히 일했다. 그래서 그들은 그 집을 짓고, 집에 관해 이야기하고, 즐기고 자랑스러워할 만한 모든 권리를 얻었다. 나는 이 사실을 알고 있었음에도 미친 듯이 질투했고 불안했다. 나는 친구를 위해 진심으로 기뻐하는 방법을 알지 못했다. 친구가 놀이방 문을 활짝 열었을 때는 화가 치밀어 폭발할 뻔했다.

"여기는 위층 놀이방인데 지금은 아이들이 놀 수 있게 당구대랑 휴식 공간으로 만들어 놨어. 그리고 아이들이 크면 나이에 맞게 친구들과 노는 공간으로 하려고."

친구는 그렇게 말하면서 윙크했고, 우리는 모두 웃었다.

"그리고 여기는 아이들과 친구들이 함께 잘 수 있는 이층 침대 방이 있어. 애들이 너무 좋아해서 이제 자기 방에서 안 자려고 한다니까."

나는 너무 놀라 입이 떡 벌어졌다. 우리 애들이 항상 그 친구 집에 가고 싶어 하고, 우리 집에는 그 집 아이들을 초대하지 않는 이유가 다 있었다. 퀸 사이즈 이층 침대라고? 차고 위에 놀이방? 세상에, 그 집은 아이들에겐 꿈의 집이었다. 그리고 아이들이 친구들과 마음껏 어울려 놀 수 있는 집은 늘 내가 꿈꾸던 것이기도 했다.

이쯤 되자 나는 아래층으로 내려가 와인 한 병을 훔쳐, 이 퀸 사이즈 침대 중 하나에 기어들어가고 싶은 심정이었다. 그 정도로 나 자신이 가여웠다. 질투심 때문에 친구를 진심으로 기뻐해 주는 마음까지도 망쳐 버린 끔찍한 사람이 된 기분이었다. 그녀는 훌륭한 친구였다. 모든 사람의 사랑을 받고 있고 내면과 외면 모두 아름다운 데다가 이제는 꿈에 그리던 집까지 갖게 되었다.

밤이 깊어지면서 나는 울렁거리는 속을 억누르려고 노력했다. 이 모든 일이 전혀 신경 쓰이지 않는 것처럼 행동하려고 애썼다. 하지만 크리스와 차를 타고 집으로 돌아오는 길에는 질투를 억누를 필요가 없었고, 급기야 모두 쏟아 내버렸다. 마치 여덟 살 아이처럼. 나는 남편에게 성질을 부리며 쏘아붙이듯 말했다.

"우리는 저런 집을 절대 가질 수 없을 거야. 당신은 왜 꼭 식당을 해야 했던 거야?"

크리스는 무슨 말을 해야 할지 몰랐고, 우리는 긴장된 침묵 속에서 집으로 운전해 갔다. 이 이야기를 자세히 말할 수 있는 이유는 부부 상담에서 이 순간을 여러 번 이야기했기 때문이다. 이 일이 집에 관한 이야기라고 생각하기 쉽다. 하지만 그렇지 않았다. 내가 발견해야 했던 진실은 훨씬 더 깊은 내용이었다. 내 삶을 친구의 삶과 비교하면서 느꼈던 분노는 내게 인생을 바꾸는 교훈을 주었다.

내가 화가 난 대상은 그 친구가 아니었다. 심지어 남편도 아니었다. 나는 야망을 포기했던 나 자신에게 화가 났다. 나는 남편이 성공해서 내가 인생에서 바라던 것을 가질 수 있도록 지원해 주길 기대했다. 하지만 내 인생은 나의 책임이다. 경제적으로 성공하고 싶다면 그 성공을 만들어 내는 것은 나의 몫이다. 퀸 사이즈 이층 침대와 리모델링한 주방이 있는 집을 원한다면 이를 위해 노력하는 것은 당신의 책임이다.

나는 그 책임을 10년간 피해 왔다. 이 경험을 통해 나는 거울을 보고 내가 원하는 것이 무엇인지 솔직해질 수 있었다. 질투는 사실 미래의 나에게서 온 메시지였다. 친구가 성공하는 것을 보면서 나도 성공할 수 있다는 더 큰 가능성을 볼 수 있었다.

그래서 나는 문을 박차고 들어가서 일을 시작했다. 나는 결코 특별한 사람이 아니다. 그저 이전에는 꺼리던 일을 했을 뿐이다. 나는 내가 원하는 것을 위해 꾸준히, 결단력 있게, 적극적으로 일하기 시작했다. 그리고 반복해서 연습했다. 퀸 사이즈 이층 침대와 리모델링한 주방을 갖기까지 15년 동안 열심히 일했다. 결국 나는 해냈고, 당신도 그렇게 할 수 있다.

렛뎀 이론은 질투가 당신에게 가르쳐 주려는 진실을 깨닫도록, 당신이 어디에서 실망했는지 깊이 파고들어 깨닫도록 도와줄 것이다. 당신이 하는 모든 일이 표면에만 머물며 다른 사람과 자신이 통제할 수 없는 일에 시간과 에너지를 낭비하는 것뿐이라면 인생의 더 깊은 의미와 가능성을 절대 발견할 수 없을 것이다.

당신은 아름답고 놀라운 인생을 살고 있다. 당신은 상상을 뛰어넘는 잠재력을 가지고 있다. 당신은 자신이 사는 곳, 마주한 상황, 스스로 한계라고 생각하는 삶의 측면에 제한받지 않는다. 당신이 진정으로 원하는 것에 관해 솔직해지고 이를 얻기 위해 책임을 다한다면 원하는 것을 얻을 수 있다. 특별할 필요는 없다. 매일 일어나서 한 걸음 한 걸음 내디디고, 어제보다 조금 더 잘하기 위해 노력하면 된다. 그러다 보면 어느 날, 변한 자기 모습뿐만 아니라 자신이 한때 부러워했던 삶을 살고 있음을 깨달을 것이다.

. . .

렛뎀 이론으로 습관적인 비교를 극복하는 방법에 대해 요약해 보자. 지금까지 당신은 다른 사람의 성공이 자신을 무력하게 만들도록 허용했다. 렛뎀 이론은 다른 사람이 성공하게 내버려두고 그들의 성공을 자신이 원하는 삶을 구축하기 위한 영감으로 사용하라고 가르친다.

1. 문제점: 삶이 얼마나 불공평해 보이는지에만 집중하고 자신을 다른 사람과 비교하면 통제할 수 없는 일에 소중한 시간과 에너지를 낭비하게 된다. 다른 사람의 성공은 당신을 무력하게 만들어 갇혀 있고 뒤처진 느낌을 준다. 이런 비교는 일을 미루고 완벽주의를 부채질해서 당신이 성공을 위한 행동을 하지 못하게 막는다.

2. 진실: 당신보다 운이 좋거나, 당신이 원하는 것을 가졌거나, 당신보다 더 앞서 있거나, 더 빨리 성공하는 사람은 항상 있을 것이다. 자신을 다른 사람과 비교하는 것은 자연스러운 본능이다. 하지만 비교가 당신의 생각을 사로잡으면 자신감과 동기를 허물어뜨린다. 당신은 다른 사람의 성공을 통제할 수 없지만 그 성공에 반응하는 방식은 통제할 수 있다.

3. 해결책: 렛뎀 이론을 사용해 자신을 괴롭히는 것을 멈추고 비교를 유리하게 활용하자. 다른 사람이 성공하도록 내버려두고 그 성공을 자신의 여정을 위한 연료로 활용하자. 다른 사람의 성공은 당신도 할 수 있다는 증거다. 영감을 행동으로 옮겨 당신이 마땅히 누려야 할 놀라운 인생을 만들어 내자.

'내버려두자'라고 말하면 당신은 다른 사람의 성공으로부터 배우고 그들이 길을 앞서 가도록 내버려두게 된다. '내가 하자'라고 말하면 당신은 손에 든 카드를 사용하고, 영감을 행동으로 옮기고, 다른 사람과 경쟁하는 것이 아니라 함께 게임을 하면서 이기는 데 집중하게 된다. 이제 당신이 가진 패를 활용해 인생이라는 게임에서 승리할 때다.

이제 책 전반부를 읽었다. 렛뎀 이론의 힘이 당신의 삶에서 작용하기 시작하는 게 느껴지는가? 다른 사람의 행동, 의견, 감정, 성공 등 통제할 수 없는 것에 에너지를 낭비하지 않고 자신에게 집중하면 비로소 자유를 얻을 수 있다. '내버려두고 내가 하자'라고 더 많이 말할수록 정신적 공간과 정서적 에너지, 자신이 가졌는지 몰랐던 시간을 확보할 수 있다. 이 자유를 통해 당신은 자기 자신과 인간관계에서 다른 모습을 보일 수 있다.

다음 제3부에서는 이 이론을 사용해 성인의 인간관계에서 보이는 미묘한 역학을 어떻게 다룰지 분석하려고 한다. 우정, 가족, 연인 관계, 직장 동료 관계 등 종류에 상관없이 명확한 경계를 설정하고 유대감을 강화하며 다른 사람을 '관리해야 한다'는 소모적 욕구를 해소하는 방법을 살펴볼 것이다.

지금 당신은 좌절감을 느끼거나, 외롭거나, 원하는 관계가 가능한지 확신이 서지 않을 수 있다. 하지만 진실은 인생에서 가장 좋은 관계는 여전히 당신 앞에서 기다리고 있다는 것이다. 상대방을 있는 그대로 받아들이고 관계를 억지로 바꾸려는 시도를 멈추는 방법을 배우면 가장 만족스러운 우정, 가장 아름다운 사랑 이야기, 가장 놀라운 가족과의 관계가 당신을 기다린다.

기대와 통제, 다른 사람을 바꾸려는 욕구를 버릴수록 당신의 인간관계는 풍성해질 것이다. 좋은 친구를 찾고, 타인 또는 나 자신과 화해하고, 가족 간 유대를 강화하고, 늘 꿈꿔 온 사랑을 이루기에 절대 늦지 않았다. 인생에서 가장 의미 있는 순간과 가장 깊은 교감이 가장 가까운 곳에 있다. 그러면 지금 바로, 렛뎀 이론을 당신과 당신 주변의 모든 영역에 적용해 보자.

- 어른의 우정 터득하기
- 변화를 위한 동기부여하기
- 힘들어하는 누군가를 돕기
- 마땅히 받아야 할 사랑 선택하기

제3부

원하는 관계를 만드는 렛뎀 이론

있는 그대로

받아들일수록

더 좋은 관계를 맺게 된다.

＿멜 로빈스

어른의 우정 터득하기

제11장

우정은
생겼다가도 없어진다

솔직히 말해 보자. 어른의 우정은 어렵다. 내가 아는 모든 성인은 친구 관계에서 어려움을 겪고 있다. 우정을 쌓는 것도, 잃는 것도, 심지어 우정을 유지하기 위해 시간을 내기도 어렵다. 인생의 어느 시점에 이르러 '그 많던 친구가 다 어디로 간 걸까?'라고 고민한다면, 당신만 그런 게 아니라고 말해 주고 싶다.

어쩌면 친구가 없다는 기분이 들거나 한때 친했던 친구들과는 다른 삶의 단계에 있다는 생각이 들 수도 있다. 어떤 일에 휘말리거나 누군가 먼저 다가오기를 기다리거나 지금 내가 어디에 서 있는지 불확실한 상태일 수도 있다. 또는 다른 사람의 인생이 당신만 놓치고 있는 큰 파

타인 것처럼 느껴질 수도 있다. 분명 더 좋은 우정을 원하지만 어디서 어떻게 찾아야 할지 모를 수도 있다.

나도 이 문제로 힘든 적이 있다. 여기서는 성인의 우정 문제에 관해 솔직하게 이야기해 보려고 한다. 아마 당신은 어렸을 때와 마찬가지 방식으로 접근해서, 그냥 자연스럽게 우정이 생겨 나길 기대했을 것이다. 그리고 현실은 당신이 기대한 대로 되지 않았을 것이다.

사실 성인이 되면 우정은 극적으로 변한다. 하지만 누구도 그 변화를 알아채지 못한다. 따라서 인생에서 우정이라는 영역을 위해 렛뎀 이론을 사용해야 한다. 우정은 가장 훌륭하고 의미 있는 인간 경험 중 하나다. 당신은 인생에서 놀라운 우정을 누릴 자격이 있다. 친구는 대단한 존재다. 그들은 당신의 삶을 더 재미있고 풍성하게 만들고, 당신이 스스로 선택한 가족이 될 수 있다.

우정 대분산의 시기

스무 살이 넘어가면서 성인의 우정을 이어 나가기가 어려운 이유는 우정이 단체 스포츠에서 개인 스포츠로 바뀌기 때문이다. 그런데 아무도 이 사실을 이해하지 못한다. 이 변화를 인식하지 못하면(사실 아무도 인식하지 못한다) 성인의 우정에 대한 접근 방식을 바꾸지 못하고 결국 외로움을 느끼게 된다. 또한 점점 바빠지고 산만해지는 세상에서 사랑하는 사람과 계속해서 연락을 주고받기도 쉽지 않게 된다.

당신은 성장하며 학교에 입학하고 졸업하고, 직장과 사는 도시를 옮기고, 사랑에 빠졌다가 헤어지는 과정에서 '내 사람'을 찾는 도전에 끊임없이 직면한다. 이때 렛뎀 이론은 성인의 우정을 더 깊이 이해하도록 돕고 기존의 우정을 더 돈독히 다지며, 인생에서 아직 만나지 못한 소중한 사람들을 만날 수 있게 해줄 것이다.

그렇다면 무엇이 달라지는 걸까? 아이일 때의 우정과 성인이 되어 엄청난 변화를 겪은 후의 우정이 어떻게 다른지 이야기해 보자. 어렸을 때는 당신과 친구들, 같은 반 학생들이 한 팀처럼 느껴졌을 것이다. 당신과 친구들은 정확히 같은 속도로, 같은 공간에서 시간을 보냈다. 유치원에서 고등학교까지 같은 일상을 겪고, 같은 버스를 타고, 같은 책을 읽고, 학교에서 같은 과목을 배웠다.

교실, 복도, 운동장, 동네에서도 항상 같은 또래를 만났다. 생일, 졸업, 방학, 클럽 활동, 스포츠에도 함께 참여했다. 그러다 보니 당신과 함께 인생을 살아가는 큰 무리의 사람들이 생겼고, 당신은 스스로 그중 일부라고 느꼈다. 그래서 우정을 단체 스포츠라고 느꼈던 것이다. 왜일까? 모두가 무리를 지어 함께 여행했기 때문이다. 그게 어렸을 때 하는 일이다.

인생의 첫 20년 동안 우정의 구조는 부모, 학교, 스포츠팀, 대학 기숙사, 남학생 클럽, 여학생 클럽 등 또래 친구들과 쉽게 어울리고 정확히 같은 시기에 매우 비슷한 경험을 할 수 있는 안팎의 활동을 통해 결정되었다. 따라서 친구를 사귀기 쉬울 뿐 아니라 함께 많은 시간을 보내고 많은 경험을 공유하기 때문에 깊은 우정을 쌓을 수 있는 모든 조건

이 갖춰져 있었다.

우정이 단체 스포츠와 비슷했던 이유는 같은 팀이나 친구 그룹, 클럽의 일원이 되면 계획이 있을 때마다 초대받을 것이라고 기대했기 때문이다. 그래서 이 시절 당신은 항상 친구들로부터 초대받을 것이고, 우정은 쉬울 것이며, 친구를 항상 볼 수 있고, 늘 재미있는 일이 있을 거라고 믿도록 훈련받았다.

그러다 쾅! 20대가 되면서 내가 '대분산'the Great Scattering이라고 이름 붙인 우정의 단계로 들어선다. 고등학교나 대학을 졸업하면서 모든 친구가 서로 다른 방향으로 흩어진다. 갑자기 모두가 다른 곳에서 살게 되고 얼마 지나지 않아 모든 친구의 일정이 달라진다. 서로 다른 직업을 갖고 다른 속도로 삶의 단계를 밟는다. 우정을 지탱하던 구조가 사라지는 것이다.

이때 우리는 삶의 모든 면에서 통제력을 잃고 엄청난 상실감을 느낀다. 다음에 무엇을 해야 할지, 언제 그것을 달성해야 할지 알려 주는 인생의 궤도, 본보기, 일정, 이정표가 더는 존재하지 않는다. 모두 당신에게 달렸다. 다시 말해 성인의 삶이 시작된다. 인생에서 처음으로 당신은 공식적으로 혼자다. 시간을 어떻게 보낼지, 어디에서 일할 것인지, 어느 도시에서 살아갈지, 누구와 어울릴지를 전적으로 당신이 선택하게 된다.

시간이 지나면서 다른 도시로 이사한 친한 친구들이 점점 더 멀게 느껴지기 시작한다. 누구도 한가한 시간이 없다. 모두의 일정을 조정해서 모이려는 노력도 불가능하게 느껴진다. 친구 그룹을 하나로 묶어 주는 단체 대화방도 시간이 지나면서 점점 고요해진다. 자연스럽게, 모두가 자기 삶을 사는 데 집중하고 바로 앞에 있는 사람에게 집중한다.

바로 이때 외로움이 엄습한다. 이때가 성인의 우정이 가장 힘들 때다. 친구를 항상 볼 수 있는 기회를 만들어 준 환경과 항상 볼 거라는 기대가 사라진다. 그러면 이런 생각도 든다. '친구들이 다 어디로 간 거지?' 통제력을 잃었다고 느낄 수도 있다. 그래서 더 우정에 매달리고, 더 불안함을 느끼고, 더 강하게 붙잡으려 한다.

현실에서 성인의 우정은 생겼다가 없어졌다가 한다. 우정을 기대하면 우정이 깨진다. 좀 더 유연하고 능동적인 접근 방식이 필요하다. 항상 '**내버려두고 내가 하자**'라고 말해야 한다.

그들이 떠나도록 **내버려두자**. 새로운 친구를 우선시하도록 **내버려두자**. 나와 보낼 시간이 없대도 **내버려두자**. 나에게 문자를 보내지 않아도 **내버려두자**. 나를 끼워 주지 않아도 **내버려두자**. 나 없이 브런치를 먹어도 **내버려두자**.

모두 우리에게 일어나는 일이지만 여전히 믿을 수 없을 정도로 혼란스럽고 갈피를 잡을 수가 없다. 지금도 그리고 앞으로도 계속 성인으로서 우정을 생각하고 접근하는 방식을 바꾸는 것은 당신에게 달려 있다. 대분산은 이미 벌어진 일이고, 이런 일은 나이가 들어도 계속해서 일어날 것이기 때문이다.

싱글이었던 친구들은 결혼하면 뿔뿔이 흩어진다. 친구가 아이를 낳기 시작하면 흩어진다. 도시에서 벗어나 교외로 이사하면 흩어진다. 아이들이 커서 독립하거나 이혼하면 흩어진다. 나이가 들거나, 집 평수를 줄이거나, 은퇴하거나, 상실을 겪으면 흩어진다.

당신의 인생과 친구 관계 속에서 사람들은 계속해서 흩어진다. 이는 정상적인 일이다. 그래서 렛뎀 이론이 필요하다. 이는 우정에 대해 좀 더 유연한 접근 방식을 갖추는 방법을 알려 주고, 인생에서 최고의 우정을 쌓기 위해 시간을 현명하게 사용하는 방법을 보여 줄 것이다.

우정을 떠받치는 세 가지 기둥

멋진 우정을 가능하게 하는 세 가지 요소가 있다. 바로 근접성, 타이밍, 에너지다. 이 세 가지 기둥은 모든 우정의 보이지 않는 토대다. 친구가 멀어지거나, 사이가 틀어지거나, 연락이 끊기면 우정의 세 가지 필수적인 기둥 중 하나 이상이 빠져 있기 때문이다. 성인의 우정은 대부분 개인적인 이유가 아니라 근접성, 타이밍, 에너지라는 세 가지 기둥 때문에 시들해진다.

이 세 가지 요소의 역할을 이해하면 성인의 우정에 렛뎀 이론을 적용하여 더 유연하고 이해심 깊고 능동적인 태도를 보일 수 있다.

1. 우정의 첫 번째 기둥, 근접성

근접성은 물리적으로 얼마나 자주 가까이 있는지를 의미한다. 근접성이 중요한 이유는 누군가와 물리적으로 가까이 있을 때 자연스럽게 함께 많은 시간을 보내기 때문이다. 서로 가까이 살지 않으면 자주 만나지 못한다. 서로 연락을 유지하려면 더 큰 노력이 필요하다. 물론 연락을 유지할 순 있지만 늘상 만나는 사람과 가까워지기가 더 쉽다. 이는 단지 상식이 아니라 사실이다.

연구 결과 이 근접성이라는 개념은 누가 친구가 되고 누가 친구가 되지 않는지에 영향을 미친다는 사실이 증명되었다. 근접성이 중요한 이유는 누군가를 직접 볼 기회가 많을수록 그들을 알게 되고, 함께 시간을 보내고, 함께 경험하고, 서로 잘 맞아서 깊은 우정을 쌓을 기회가 더 많아지기 때문이다.

캔자스 대학교에서 실시한 연구 결과에 따르면 누군가와 '가벼운' 친구가 되려면 74시간을 함께 보내야 한다. 그리고 '가까운' 친구가 되려면 200시간 이상을 함께 보내야 한다. 이 연구를 어렸을 때의 우정과 성인이 되었을 때 그 우정이 어떻게 변하는지의 맥락에서 살펴보자.

고등학교 시절에는 5~6주면 친구와 200시간을 같이 보낼 수 있었다. 대학에서는 친구와 함께 살기도 하기 때문에, 같이 식사하고 주말을 같이 보내는 등 더 많은 시간을 함께 보낼 수 있었다. 이런 근접성 때문에 친구와의 관계가 더 돈독해지고 신뢰를 쌓을 수 있는 경험과 추억을 무한히 공유하게 된다. 친구가 길 건너편에 살거나, 같은 기숙사에 살거나, 복도 건너편에 살거나, 옆 책상이나 옆 칸에 앉아 있다면 물리적으로 가까이 있기에 자연스럽게 함께 많은 시간을 보내게 된다.

이 점이 중요하다. 대단히 중요하다. 또한 어렸을 때 친구를 사귀기가 훨씬 쉬웠던 이유도 설명된다. 당신은 같은 또래의 사람과 항상 물리적으로 가까이 지냈기 때문이다. 또한 성인이 모두 흩어져서 갑자기 다른 시간표대로 살게 되었을 때 새로운 친구를 사귀기가 어려운 이유도 설명해 준다. 누군가와 200시간을 함께하려면 그만큼 시간이 많아야 하기 때문이다.

잘 생각해 보자. 어른이 되면 일하느라 어렸을 때처럼 친구와 어울릴 수 있는 자유 시간이 많지 않다. 미국 시간 연구American Time Study에 따르면 21~60세 사이 성인은 가족이나 친구와 보내는 시간을 합친 것보다 직장 동료와 보내는 시간이 더 많다고 한다. 즉 친구와 어울릴 수 있는 유일한 시간은 퇴근 후나 주말뿐이라는 뜻이다. 새로운 성인 친구와 200시간을 보내려면 커피 데이트, 산책, 바비큐를 몇 번이나 해야 할지 생각해 보자!

그런데 근접성이 그렇게 중요하다면 대부분 시간을 함께 보내는 직장 동료와는 왜 가장 친한 친구가 되지 않을까?

2. 우정의 두 번째 기둥, 타이밍

타이밍은 당신이 지금 서 있는 인생의 단계를 의미한다. 당신이 다른 사람과 같은 인생의 단계에 있지 않다면 공통점이 적기 때문에 공감하기가 훨씬 어렵다.

타이밍이 우정에 미치는 영향은 직장 동료와의 우정에서 가장 두드러진다. 위에서 제시한 것처럼 21~60세까지 직장 동료와 보내는 시간은 친구나 가족과 보내는 시간을 합친 것보다 많다. 하지만 여기에 함정이 있다. 직장 동료는 모두 서로 다른 인생의 단계에 있다. 즉 인생에서 40년 이상 가장 물리적으로 많은 시간을 보내는 직장 동료 대부분이 당신과는 다른 삶의 단계에 있다는 뜻이다.

예를 들어 함께 일하는 사람이 모두 자신보다 마흔 살 이상 많다면 공감대를 형성하기 어려울 것이다. 내 딸의 말에 따르면 회사에서 팀 미팅을 시작하기 전에 어색한 분위기를 깨기 위한 질문으로 "어디서 결혼했어요?" 또는 "은퇴 계획은 어떻게 되나요?"라는 질문이 늘 나온다고 한다. 그래서 월요일 아침마다 주말에 아이들과 무엇을 했는지 사람들이 서로 물어볼 때, 자신은 친구들과 술을 마시고 쓰레기통에 토했다는 말을 차마 할 수 없었다고 했다.

이것이 삶의 타이밍이 중요한 이유다. 내 딸이 동료들과 그토록 많은 시간을 보내고, 그들과 정말 친하고, 그들 중 많은 사람을 좋아했지만 서로 전혀 다른 삶의 타이밍에 살고 있었다. 그래서 그들은 주말에 함께 어울리지 않았고 퇴근 후에 저녁을 먹으러 가지도 않았다. 일을 제외하고는 공통점이 없었다.

타이밍이 우정에 미치는 영향을 보여 주는 또 다른 예시가 있다. 크리스와 나 둘 다 좋아하는 한 부부가 있다. 정말 멋진 사람들이라고 생각하며 그들과 어울리는 시간을 좋아한다. 하지만 우리는 그들보다 열다섯 살이나 어리고 그들에게는 손주가 있다. 삶의 단계가 너무 달라서 공유할 이야기는 매우 적다. 그럼에도 우리는 친구다. 나는 그들을 정말 사랑한다! 하지만 우리는 가까이 살지 않고 자주 만나지 않으며 타이밍이 다르기 때문에 더 이상 관계가 깊어질 수 없다. 삶의 단계가 너무 다르다.

이 세 가지 우정의 기둥을 이해하는 것이 좋은 이유는 이 모든 일이 개인의 문제가 아님을 깨닫게 해주기 때문이다. 우정은 생겨났다가 사라지기 마련이다. 가깝게 느껴지다가도 멀게 느껴질 수 있다. 이 모든 것이 개인의 문제가 아니다. 친밀함과 타이밍의 문제다.

렛뎀 이론은 내가 성인의 우정에 대한 집착을 줄이는 데 큰 도움이 되었다. 당신에게도 분명 큰 도움이 될 것이다. 시간이 흐를수록 당신의 인생에 들어오고 나가는 사람도 더 많아질 것이다. 그냥 **내버려두자**. 모두가 친구가 될 거라거나, 모든 행사에 초대받거나, 모든 일에 참여하거나, 모든 사람과 마음이 맞을 거라고 기대하지 않으면 우정이 훨씬 쉬워진다. 렛뎀 이론은 성인의 우정을 전혀 다른 관점으로 바라볼 수 있게 한다. 당신의 삶은 훨씬 충만하고 건강하고 행복해질 것이다.

3. 우정의 세 번째 기둥, 에너지

당신과 마음이 잘 맞는 사람이 있고 맞지 않는 사람이 있다. 당신이 그 이유를 설명할 수도 없고 그들도 설명할 수 없지만, 그냥 믿어야 한다. 에너지가 있든지 없든지 둘 중 하나다. 과학적으로 설명할 수 있는 이유는 없다. 그냥 믿어야 한다.

받아들이기 힘든 또 다른 어려운 진실이 있다. 에너지는 시간이 지나면 변한다. 때로는 더 나빠지고, 때로는 더 좋아진다. 그리고 이건 좋은 일이다. 당신과 당신 주위 사람들이 새로운 모습으로 성장하고 있다는 의미이기 때문이다.

예를 들어 대학 시절에 다섯 명의 친구와 함께 살면서 그들을 사랑했고 마음이 잘 맞아서 인생 최고의 경험을 했을 수 있다. 그러다 졸업하고 그중 한 명과 함께 살기 시작하면서 넉 달 만에 무언가 이상하다는 느낌이 든다. 이는 지극히 정상적인 일이다. 두 사람 모두 성장하고 변화하고 있다는 의미다. 우정이 끝났다는 의미가 아닌 것이다.

우리가 저지르는 실수는 다른 사람에 대한 수용, 친절, 존경에 초점을 맞추지 않고 무엇이 잘못되었는지에 집착하는 것이다. 인생의 한 단계에서 가장 친한 친구였다고 해서 다른 단계에서도 가장 친한 친구가 될 수 있는 건 아니다. 그리고 그래도 괜찮다. 이야기가 나온 김에 말하자면 나는 '베스트 프렌드'라는 말을 싫어한다. 성장하고 발전할 여지가 필요한 관계에 너무 많은 압박감과 기대를 가하기 때문이다. 사람들이 당신의 삶에 들어오고 나가도록 **내버려두자**. 타이밍을 믿자.

인생에서 잠시 함께할 운명인 사람들이 있다. 인생에서 특별한 이유로 함께할 운명인 사람들이 있다. 그리고 평생 함께할 운명인 사람들도 있다. 이는 정상적인 일이다. 누군가 멀어지거나 에너지가 떨어진다고 느낄 때 그들을 당신의 적으로 삼지 말자. 당신이 지치기 시작하면 우정이 강요되고 있거나 에너지가 변하고 있다는 신호다. 대화가 어색하게 느껴지고 무언가 맞지 않거나 대화가 강요되는 듯한 느낌이 든다면, 그 느낌을 믿자. 나는 무언가에 집착하고 강요하려고 하면 상황이 더 나빠진다는 사실을 힘들게 배웠다.

우리는 마음속으로 우리에게 맞지 않다는 것을 알면서도 유지하려는 경향이 있다. 강요를 멈추는 순간 관계가 사라질 것을 알고 있기 때문이다. 바로 그런 일이 내게도 있었다. 어느 날 갑자기 내가 가장 친한 친구 그룹에서 제외되어 있다는 사실을 알게 되었다. 나는 어떻게 해야 할지 몰랐고, 제대로 대처하지도 못했다.

제12장

나이 들수록 친구가 줄어드는 진짜 이유

사건의 전말은 이렇다. 내 인생에서 가장 재미있었던 시기 중 하나는 바로 세 아이의 엄마로 살아갈 때였다. 이웃에 친구가 많았고, 모두 함께 아이를 키우고, 함께 어울리며 정말 놀라운 공동체를 만들었다. 우리 모두 같은 공립 초등학교에 다니는 동갑내기 아이를 두고 있었다. 아이들, 학교, 그 외 아이들과 관련된 일정이 겹쳐서 항상 친구들을 마주쳤다. 우리는 끊임없이 계획하고 초대하고 어울렸다. 솔직히 친구들로 가득한 고등학교 때로 돌아간 기분이었다.

그중 두 부부와는 아주 친해져서 우리는 주말마다 아이들과 함께 여행을 갔다. 핼러윈을 즐기고, 토요일 아침에 동네 축구 코치를 하고, 일요일에 브런치를 먹고, 축구 파티를 열고, 저녁마다 바비큐를 하고, 수많은 일을 함께했다.

크리스와 나는 진심으로 행복했다. 아는 사람 하나 없는 교외로 이사했는데 함께 즐겁게 시간을 보내고 아이들도 서로 좋아하는 멋진 부부들을 만나다니, 정말 운이 좋다고 생각했다. 사실이라고 믿기 어려울 만큼 좋았다. 당시 친한 친구 중 한 명이 다른 주에 살고 있었는데, 우리 공동체와 친구들을 항상 부러워했다.

우리는 그 친구가 아이들을 데리고 우리 동네로 이사 오면 더 재미있겠다고 생각했다. 그래서 친구 부부를 설득하기 시작했다. "이 동네로 이사 와!"

결국 친구 가족이 이사를 왔다. 심지어 우리 가족과 늘 함께 어울리던 두 부부가 사는 집 맞은편에 집을 샀다. 처음에는 정말 좋았다. 한번 상상해 보라. 제일 친한 친구가 같은 동네 집 근처로 이사를 온 데다가 지금 제일 친하게 지내는 가족들과 이웃이 되다니! 차로 5분이면 왕래할 수 있었다. 정말 완벽했다!

그래서 자연스럽게 네 가족이 항상 함께 모이는 큰 동네 모임이 될 거라 예상했다. 처음에는 내가 바라던 그대로였다. 그들은 우리에게 전화를 걸어 약속하지 않아도 저녁 식사를 함께 하자고 했다. 하지만 시간이 지나면서 예상하지 못한 일이 발생했다. 점점 초대하는 횟수가 줄더니 나중엔 세 가족이 우리 가족 없이 어울리기 시작했다. 내가 알기론 분명, 항상 그랬다.

돌이켜보면 당연한 일이었다. 그들은 바로 길 건너에 살았다. 서로 집 앞에서 손을 흔들 수 있는 거리였다. 게다가 모두 같은 나이의 아이가 있어서 매일 함께 버스를 타고 카풀을 하고 스포츠 경기에 참석했다.

돌이켜 보면, 이제 이해도 된다. 개인적인 감정의 문제가 아니었다. 아이가 하교하는 버스를 기다리면서 옆에 선 사람에게 자연스럽게 "오늘 저녁에 뭐 해? 저녁 먹으러 올래?"라고 말을 건넬 수 있다. 그들이 가장 친한 친구가 되는 것도 당연하다! 그리고 그렇게 해도 된다.

하지만 나로서는 이 애틀랜타에서 온 친구 부부가 우리 몫이었던 자리를 미안한 기색도 없이 차지하는 모습을 지켜봐야 했다. 게다가 나는 그 상황에 제대로 대응하지 못했다.

한순간의 질투로 모든 것을 잃다

안타깝게도 나는 대부분의 사람이 위협을 받거나 배제되었다고 느낄 때 본능적으로 하는 행동을 했다. 성인의 우정을 이해하지 못했기 때문이다. 나는 질투와 분노에 휩싸여 '저건 우리 자리였는데'라고 생각했다. 그들이 우리 이웃을 빼앗았다.

친구들을 향해 에너지가 향하자 모든 것이 바뀌었다. 처음에는 상황을 예전으로 되돌리고 싶어서 그들과 함께 있을 때 재미있고 친절하고 편안한 사람이 되려고 했다. 하지만 그 상황에 관해 생각하거나 그들을 볼 때마다 악마가 내 몸과 마음, 영혼까지 지배하는 것 같았다.

내 감정을 통제할 수 없었다. 나는 에너지가 떨어져 있었고, 차갑고 모진 말로 분풀이를 하고 있었다. 모두가 그것을 느낄 수 있었다. 크리스도 느꼈고 다른 세 부부도 느꼈다. 심지어 다른 지인들까지도 알게 되었다. 원한 건 아니었지만 나는 완전히 나쁜 년이 되었다. 생각하지 않으려고 노력했지만, 어느 평일 저녁 내가 식탁에서 스파게티를 먹을 때 친구들은 다 같이 모여 뒷마당에서 바비큐를 하고 있다는 생각에 속이 뒤집히곤 했다.

당시 내 감정과 행동, 내가 얼마나 옹졸하고 불안해했는지를 생각하면 부끄럽다. 하지만 그때는 내 감정도, 그 감정을 처리하는 방식도 알지 못했다. 렛뎀 이론을 몰랐으니까. 나는 걸어 다니는 우정의 적신호가 되었다. 토요일 아침 축구 경기, 학교 모임, 칵테일파티, 식료품점에서 그 여섯 명 중 누구라도 마주치면 긴장이 됐다. 사실 나는 그들을 좋아했고 상황이 바뀌기를 원했지만, 내 감정을 어떻게 조절해야 할지 몰라 자제력을 잃곤 했다. 나는 목소리 톤을 바꾸고 팔짱을 꼈다. 그러고 싶지 않았지만 어떻게 바꿔야 할지 몰랐다.

누군가 나와 크리스를 의도적으로 배제하려고 한 건 아니었다고 생각한다. 지금 돌이켜보면 당시 상황을 있는 그대로 볼 수 있다. 내가 얼마나 화가 나고 질투심에 사로잡혔는지 알 수 있다. 나였어도 나를 바비큐 파티에 초대하지 않았을 것 같다. 부정적인 에너지를 즐거워야 할 파티에 들이고 싶지 않았을 것이다. 그때 어딘가에 초대된 적이 있다는 사실 자체가 기적이다.

불쌍한 남편은 친구들 사이에서 역학 관계가 바뀌었어도 신경 쓰지 않았다. 어떤 일도 개인적으로 받아들이지 않았다. 하지만 나는 도저히 감정을 바꿀 수 없었다. 심지어 지금 이 이야기를 하면서도 여전히 고통스럽고 개인적인 감정의 문제로 느껴진다. 그리고 성숙하지 못한 행동을 한 점은 완전히 내 책임이다. 나는 어린아이처럼 행동했다. 한순간 입을 삐죽이다가 곧바로 아무렇지 않은 척하고, 종종 크리스와 둘만 있을 때는 불만을 쏟아 내고 짜증을 냈다.

그때 렛뎀 이론을 알았다면 그들이 친구로 남도록 **내버려뒀을** 것이다. 그 상황에 초연하게 대처하고, 성숙한 어른답게 건강한 방법으로 내 감정을 이해하고 처리했을 것이다. 하지만 당시에는 감정을 어떻게 처리해야 할지, 내가 어떤 감정을 느끼고 있는지 알지 못했다. 모든 상황이 나를 향한 공격으로 느껴졌다. 그들은 내 이야기 속에서 끔찍한 악당이 되었다.

왜 그랬을까? 이유는 이렇다. 다른 사람을 탓하고 화를 내는 게 스스로 책임지기보다 쉽기 때문이다. 나는 성인의 친구 관계에서 있을 수 있는 가장 큰 실수를 저질렀다. 우정이 영원히 지속될 거라 기대했고, 늘 함께일 거라 기대했고, 우정을 지속하기가 쉬울 것이라 생각했다.

이 이야기는 근접성이 성인의 친구 관계를 형성하고 유지하는 데 큰 역할을 한다는 것을 보여 준다. 하지만 당신이 항상 근접성을 통제할 순 없다. 또한 에너지가 어떻게 우정을 깨뜨릴 수 있는지도 보여 준다. 에너지는 당신이 통제할 수 있다. 이 상황은 내가 30대 후반에서 40대 초반일 때 겪은 일이지만 인생의 어느 시점에든 일어날 수 있는 일이다. 친구 그룹에 속해 있다가 어느 순간 외부인이 된 듯할 때가 있다. 이는 정상적인 일이다.

사람들이 오고 가고, 서로 다른 방향으로 흩어지고, 각자의 삶이 바뀌고 목표를 향해 성장하면서 우정의 세 가지 기둥인 근접성, 타이밍, 에너지도 모두 변한다. 그래서 성인의 우정은 유연성이 필요하다. 사람들이 당신의 삶에 오고 가는 건 대개는 개인적인 감정의 문제가 아니다. 그러니 그냥 **내버려두자**.

내버려뒀더니 친구가 없다?

이 책을 위해 여러 방면을 조사하고 렛뎀 이론을 실천한 전 세계 수천 명의 경험을 분석한 결과, 살면서 겪는 가장 힘든 순간 중 하나는 친구라고 생각한 사람이 친구가 아니라는 사실을 깨닫는 일이다. 렛뎀 이론을 실천하기 위해 '내버려두자'라고 말하면 사람들은 자신의 본모습을 정확히 드러내고 그들의 삶에서 당신이 어떤 의미인지 보여 줄 것이다. 더 많은 친구에게 렛뎀 이론을 적용해 보면, 그동안 얼마나 많은 관계에서 당신이 일방적으로 노력을 기울여 왔는지 알게 될 것이다.

늘 전화를 거는 사람은 당신이고, 당신이 전화를 걸지 않으면 아무도 먼저 전화를 걸지 않는다. 항상 먼저 연락하고 계획을 세우는 사람은 당신이고, 당신이 계획을 세우지 않으면 갑자기 당신에게 연락하지 않고 당신을 초대하지 않는다. 노력하는 쪽이 당신이라는 사실을 알게 되면 고통스럽다. 그런 일이 생기면 우정의 세 가지 기둥인 근접성, 타이밍, 에너지를 떠올리길 바란다.

우정이 시들해지거나 누군가 자기 본모습을 드러내면 세 가지 기둥 중 한 가지가 무너진 것이다. 어쩌면 하나 이상 무너졌을지도 모른다. 스스로를 가엾게 생각해서 친구들을 고립시키거나 화를 내기 전에, 팩트를 한번 살펴보자. 당신이나 당신 친구가 새로운 방식으로 변하거나 성장했는가? 당신의 생활방식이나 일정이 달라졌는가? 예전만큼 친구들을 자주 마주치는가? 인생의 타이밍이 여전히 같다고 느끼는가, 아니면 다른 시기로 들어섰다고 느끼는가? 당신과 친구 사이에 에너지가 바뀌는 삶의 큰 변화가 있었는가?

이런 질문을 당신 자신에게 하는 것이 정말 중요하다. 우리는 대개 자신에게 잘못이 있다고 인정하지 않거나 상대방을 탓하며 우정이 끝났다고 생각하는 경향이 있기 때문이다. 친구 관계에서 멀어지기 전에 우선 상대방이 좋은 의도를 가지고 있다고 여기자.

때로는 계획을 절대 세우지 않거나, 극도로 내성적이거나, 인생에 무겁고 힘든 일이 많은 사람과 친구가 되는 경우가 있다. 그들과 연락이 안 되는 것은 그들이 당신을 무시해서가 아니라 자신의 상황에 지쳤기 때문이다. 그들이 멀어진 것은 개인적인 감정의 문제가 아니다. 당신이 여전히 먼저 연락한다는 사실이 어쩌면 그들에게는 생명줄일 수도 있다.

이 책을 위해 조사하면서 친구가 메시지에 답장하지 않아 특히 화가 난 사람들의 의견을 많이 봤다. 하지만 나는 누군가 당신이 원하는 만큼 자주 답신을 보내지 않는다고 해서, 이 이론을 친구 관계를 끊는 데 쓰지는 않기를 바란다.

우정에는 '눈에는 눈 이에는 이'가 적용되지 않는다. 점수를 계산하지 말자. 연락이 왔으면 하는 사람에게 내가 먼저 연락하자. 대신 답장을 기대하지 말자. 얼마나 빨리 또는 자주 응답하는지는 상대방이 당신에게 얼마나 관심을 두는지를 보여 주는 것이 아니라 그들이 얼마나 힘든 상태인지를 보여 주는 신호다. 모든 사람은 아주 많은 일을 겪고, 99퍼센트의 경우 당신은 그들이 어떤 일을 겪고 있는지 모른다. 따라서 친구와 연락할 때 답신을 받지 못했다고 넘겨짚지 말고, 좋은 의도가 있다고 가정하자.

연락이 끊겼다면, 행운을 빌어 주자

나는 개인적으로 지난 4년 동안 인생에서 가장 버겁고 힘든 시간을 보냈고, 그 시기가 우정에 큰 영향을 미쳤다. 보스턴 외곽에서 26년간 살던 우리 가족은 내 또래 아는 사람이 한 명도 없는 다른 주의 작은 시골 마을로 이사했다. 동시에 내가 운영하는 회사는 급성장기를 맞이했지만 나는 사업에서 이런 상황을 관리해 본 적이 없었다. 나의 최우선 과제는 가족과 함께 시간을 보내고 새로운 공동체에 정착하는 것이었다. 그래서 시간이 날 때마다 가족과 시간을 함께 보내고 이 작은 마을에서 새로운 친구를 만들려고 노력했다.

내가 연락을 무시했거나, 관계를 소홀히 했다고 생각하거나, 나를 나쁜 친구라고 생각하는 친구가 많았을 것이다. 그들의 관점에서는 맞는 말이다. 내가 신경 쓰지 않았다는 뜻이 아니다. 다만 지난 3년 동안 시간과 에너지를 다른 우선순위에 집중했고, 예전 친구들에게 적극적으로 연락하는 것을 우선순위로 생각하지 않았다. 그래도 괜찮다.

누군가 연락이 끊긴다고 해서 친구를 잃었다는 의미는 아니다. 누군가와 멀어졌다고 해서 그 사람이 적이 되었다고 생각하지 않길 바란다. 친구가 멀어져도 **내버려두자**. 그 사람이 눈앞에 없다고 해서 적대시해야 하는 건 아니다. 그냥 그들을 응원하고 행운을 빌어 주는 습관을 들이자. 내 친구 중 몇몇이 몇 년 동안 '사라진' 경우는 대개 노부모를 돌보거나, 자녀가 힘든 일을 겪거나, 건강하지 않은 관계로 힘들어하거나, 일이 너무 바쁜 경우였다. 나와는 전혀 상관없는 일이었다. 그리고 그들은 여전히 내 친구다.

이 말을 하는 이유는 당신이 자신과 친구들의 삶에서 일어나는 일에 근거해 유연하게 생각하지 않고, 사람들이 당신의 삶에서 들어오고 나가도록 허용하지 않고, 단지 렛뎀 이론만으로 멋진 우정을 망쳐 버리지 않기를 바라기 때문이다. 문자 한 번이나 전화 한 통만으로도 얼마든지 곧바로 우정을 회복할 수 있다.

정신없이 바쁜 4년을 지내고 나서 나는 이제 새집에 정착했고, 보스턴 스튜디오를 열어 운영하고 있으며, 부모님과 더 많은 시간을 보내게 되었고, 자녀들이 독립하면서 인생의 새로운 장이 시작되었다. 이제 가장 먼저 할 일은 우정을 다시 우선순위에 두는 것이다. 오랫동안 연락이 끊겼던 사람에게서 전화나 문자를 받는 것은 대단히 놀라운 일이다. 나도 인생에서 몇 년 동안 연락이 없었던 사람이 있다. 만약 그들과 커피 한잔을 함께하면 곧바로 깊고 사랑 넘치는 관계로 다시 돌아갈 것이다. 나는 나 자신을 위해 그런 관계를 만들어 갈 생각에 신이 난다. 이제 **내가 하자**.

사람 간의 관계는 사실 완전히 끊어지지 않는다. 단지 근접성과 타이밍 때문에 연락이 소홀해질 뿐이다. 너무 늦어서 옛 친구와 다시 연락하지 못하는 법은 없다. 전적으로 당신에게 달렸다. **내버려두기**는 당신이 유연하고, 공감하고, 다른 사람이 오고 가는 것을 허용하도록 도울 것이다. **내가 하기**는 앉아서 초대장을 기다리거나 나쁜 의도가 있을 거라고 지레짐작하지 말라고 알려 줄 것이다. 그리고 옛 친구에게 먼저 연락하고, 적극적으로 나서서 새로운 친구들을 만들도록 동기를 유발할 것이다.

렛뎀 이론은 비록 처음부터 다시 시작해야 하더라도 진짜 친구를 찾게 해줄 것이다. 이 이론을 사용하면 인생에서 가장 놀라운 우정을 만들 수 있다. 실제로 아직 가장 좋아하는 사람을 만나지 못했다는 사실을 곧 알게 될 것이다. 이렇게 많은 사람, 많은 관계와 경험이 당신이 다가와 주기를 기다리고 있는 인생을 살아간다니, 정말 신나는 일이 아닌가?

그럼 렛뎀 이론을 사용해서 그들을 찾아보자. 나는 쉰네 살에 새로운 지역으로 이사했을 때 이 방법을 사용했다. 이제 이 이야기를 전부 공유할 것이다. 특히 **내가 하기** 부분에 집중해서 살펴볼 것이다.

제13장

인생 최고의 우정을 만드는 법

우리가 새로운 마을로 이사했을 때 나는 너무 외로웠다. 그 지역에 대해 아는 것이 없었고 내 또래의 아는 사람도 없어서 우울했다. 살면서 언젠가 당신도 이와 똑같은 경험을 할 것이다. 인생의 모든 변화는 우정의 변화로 이어진다. 이별이나 이혼을 겪으면서 지인들이 한쪽 편을 들면 그런 변화를 경험할 것이다. 당신이나 사랑하는 사람이 큰 어려움을 겪을 때 주위 사람들이 당신을 어떻게 도와야 할지 모르거나 불편해서 거리를 둘 때도 우정의 변화를 경험할 것이다. 또 직업이나 교육을 위해 이사를 해야 할 때도 경험할 것이다.

꿈에 그리던 학교에 가거나 꿈에 그리던 도시로 이사하는 등 변화를 대단히 기대하는 상황이더라도, 막상 그곳에 도착하면 친구가 없을 것이다. 인생에서 처음으로 그런 경험을 하는 경우는 대학에 진학했을 때다. 대학에 입학하면 곧바로 많은 친한 친구를 만날 수 있을 거라고 기대하지만 실제로는 그렇지 않다. 모두가 긴장하고 처음 만나는 사람에게 달라붙어 관계를 만들려고 한다.

그러다 일주일 정도 지나면 모두가 어딘가 친구 그룹에 속한 것처럼 보인다. 그러나 졸업할 무렵이 되면(이는 고등학교 친구 그룹에서도 일어나는 일이다) 친구 그룹이 많이 바뀌어 있다. 진짜 친구를 찾는 데는 시간이 걸리기 때문이다.

딱 1년만 노력하기

소이어는 대학에 진학했을 때 항상 울면서 전화로 이렇게 말했다. "학교에 잘못 들어온 것 같아요. 친구가 없어요. 학교를 바꿔야 할 것 같아요." 나는 딸에게 전화를 끊고 구내식당에라도 가서 흥미로워 보이는 사람 옆에 앉으라고 끊임없이 말했다. "네가 먼저 노력해야 해. 그리고 가장 중요한 사실은 1년 정도 노력해 봐야 한다는 거야."

소이어는 그 조언을 싫어했다. 그리고 1년 내내 내게 전화를 걸었다. 딸은 외롭고 절박했다. 그런데 그녀가 초기에 사귄 두 친구도 똑같은 감정을 느꼈다(안녕 렉시, 미카엘라!). 기특하게도 그들 모두 1학년 내내 계속해서 노력했다.

소이어는 카페나 식당에서 사람들 틈에 끼어 앉고, 점심을 함께 먹자고 DM을 보내고, 수많은 동아리에 가입하고, 라크로스팀에 지원하고(탈락했다), 캠퍼스에서 열리는 행사에 꾸준히 참석했지만 아무런 효과가 없었다. 정말 1년 내내 노력해야 했다. 그러다 1학년이 몇 주 남지 않았을 때 그녀는 지금까지도 가장 친한 친구인 메리 마거릿을 만났다. 메리는 소이어를(그리고 소이어의 두 친구도) 일곱 명의 다른 친구에게 소개해 주었고 그들은 지금까지도 친구로 지내고 있다. 정말 1년을 꼬박 노력해야 했다.

그런데 정작 나는 어찌 된 일인지 딸에게 했던 조언을 잊어버렸다. 1년 동안 노력해야 한다는 사실을 기억해 내야 했는데 말이다. 나는 이사한 지 일주일 만에 괜히 이사했다며 후회했다. 1년 내내 풀이 죽어 있었고, 매일 울었다. 나와 공감할 수 있거나 마음이 통하는 사람을 절대 찾을 수 없을 거라고 확신했다. 하지만 그 1년 동안 나는 무엇을 하고 있었을까?

아무것도 하지 않았다. 집에 앉아서 혼자 외로워했다. 나는 노력하지 않았다. 소통할 기회를 찾지도 않았다. 슬픈 음악을 들으며 우울해했고, 남편에게 울면서 불평했다. 나는 우정이 하늘에서 내 무릎 위로 뚝 떨어지길 기대했다. 하지만 그런 일은 일어나지 않는다. 당신도 이런 경험을 해본 적이 있을 것이다. 이사했거나, 이직했거나, 이별했거나, 힘들어하는 가족을 돌보거나, 자녀가 독립해서 처음부터 다시 시작하는 느낌이 든 적이 있을 것이다. 그 순간 당신은 아주 외로웠을 것이다. 정상적인 일이다.

멀리 좋은 친구가 있다고 해도 주위에 친구가 없으면 외로움을 느낀다. 나는 외로움이 너무 심했던 나머지 하루는 두 딸과 함께 산책하다가 친구도 없고, 이 동네도 싫다며 다 큰 딸들 앞에서 울음을 터뜨렸다. 그러다 6개월 전에 만난 적이 있는 여성의 집 옆을 지날 때 딸들에게 그 집에 사는 여자를 만난 적이 있는데 괜찮은 여자 같아 보였다고 말했다. 그러자 딸들이 곧장 그 여성의 집 진입로로 가서 문을 두드리고 인사하라고 시켰다.

나는 별로 내키지 않았다. 진입로로 들어가기가 너무 무서웠다. 심지어 패배자가 된 것 같았다. 정말 이렇게까지 해야 하는 걸까? 그렇게까지 해야 한다. 생각해 보면 소이어가 대학 신입생 때 내가 했던 조언과 똑같은 일이었다. 문을 두드리기가 부끄러웠다. 개 짖는 소리와 발소리가 들려오자 심장이 두근거렸다. 그러고 문이 열렸다! 문 뒤에는 내가 만났던 여자가 아니라 그녀의 남편이 서 있었다.

"혹시 미아 있나요?" 나는 이렇게 묻고 불쑥 말을 꺼냈다. "얼마 전에 부인을 만났어요. 제가 이 동네에 새로 이사 와서 너무 외로워서요. 잠깐 들러서 인사라도 하려고…." 이때 딸들이 끼어들었다. "저희 엄마한테 친구가 필요해요. 부인이 멋지다고 생각하셨나 봐요. 그래서 저희가 인사하러 가자고 했어요."

그 남자는 너무 감사하게도 우리를 초대해서 집 구경을 시켜 주었다. 우리는 그 집 개들을 만났고 미아는 우리의 방문을 기뻐했다. 우리는 전화번호를 교환했고 일주일 후에 바로 그 산책길을 함께 걸었다. 그때가 내 삶의 이런 면모를 바꾸고 성인의 우정이 우연히 일어나는 게 아니라는 사실을 배운 시작점이었다. 성인의 우정은 당신이 만드는 것이다.

이제 기쁜 마음으로 말할 수 있다. 미아의 집 문을 고통스럽게 두드렸던 일부터, 카페에서 만난 누군가에게 먼저 인사하고, 동네 꽃 농장의 밭에 차를 세우고 주인에게 꽃이 멋지다고 말하고, 운동 수업에서 옆 사람에게 인사를 건네는 등 수많은 어색한 순간을 통해 나는 천천히 그러나 확실하게 나만의 새로운 작은 공동체를 만들 수 있었다.

1년 동안 나는 이 작은 공동체 안에서 익숙한 얼굴들을 만들어 나갔고 친구를 찾았다. 이것이 바로 **내가 하기**에 집중해야 하는 이유다.

'먼저 다가가기' 습관

내가 먼저 자기소개를 하자. **내가** 먼저 "새로 이사 왔어요. 여기에 얼마나 사셨어요?"라고 말을 건네자. **내가** 먼저 "산책하고 싶으시면 언제든 말씀하세요. 이게 제 전화번호예요."라고 제안하자. 천천히 그러나 확실하게, 한 번에 어색한 대화 하나씩. 나는 이 작은 시골 마을에서 친구를 만났을 뿐만 아니라 인생에서 가장 좋아하는 사람들도 찾았다. 내가 50대에 멋진 친구들을 사귈 수 있다면 당신도 어디에 살든, 나이가 몇이든 멋진 친구를 만들 수 있다.

누구나 인생에서 우정을 원하고 필요로 하기 때문에 친구를 만들기에 늦은 때란 없다. 이미 친구들이 있어도 언제든 진심으로 마음이 맞는 친구를 만날 여지가 있다. 당신이 해야 할 일은 먼저 다가가는 것이다. 주변 사람에게 먼저 인사를 건네자. 그러면 모든 것이 달라진다.

나는 오랫동안 그렇게 하지 않았다. 집에 앉아 울고 있을 때도, 심지어 밖에 나가서도 고립돼 있었다. 커피숍에 들어가서 매번 같은 사람을 만나도 이름을 아는 사람이 하나도 없었다. 애초에 물어보지 않았기 때문에 아는 사람이 없었다. 나는 혼자서만 시간을 보냈고 누구와도 대화하지 않았다.

내가 먼저 다가가기 시작한 건 1년 내내 들르던 커피숍에서 직원이 내 이름을 불렀을 때였다. 나는 처음으로 누군가에게 말을 건넸다.

"저는 멜이에요. 성함이 어떻게 되세요?"

"케빈이요."

그가 내게 커피를 건네주었을 때 나는 "고마워요, 케빈."이라고 인사했다. 그리고 커피를 들고 자리에 앉아 바로 휴대폰을 열고 새로운 연락처에 커피숍 파일을 만들었다. 메모 칸에는 '수염이 있고 키가 큰 바리스타 케빈'이라고 적었다. 차를 탈 때까지 기다리면 이름을 잊어버릴까 봐 그 자리에서 바로 입력했다.

다음에는 커피숍에서 매일 아침에 봤지만 한 번도 말을 건넨 적 없는 젊은 커플에게 몸을 돌렸다. "안녕하세요, 자주 뵌 것 같아요. 얼마 전에 이 동네로 이사 왔어요. 인사라도 하고 싶어서요. 저는 멜이에요. 성함이 어떻게 되세요?"

그레고리와 조던. 정말 친절한 사람들이었다. 나는 곧바로 커피숍 연락처에 그들의 이름을 입력하고 케빈의 이름 아래 메모 칸에 짧은 설명을 달았다. '귀여운 부부. 로스앤젤레스에서 이사 옴. 아기가 귀여움.' 그리고 그들에게 그 동네에 얼마나 오래 살았는지 물었다. 알고 보니 그들도 1년 전에 이사 온 사람들이었다.

다음으로 나는 그들에게 무슨 일을 하는지 물었다. 정말 신기한 이야기를 듣고 싶은가? 그레고리는 팟캐스트 사업을 하고 있었고 조던은 심리학자였다. 이런 우연이 있을까? 나와 공통점이 그렇게 많은 두 사람이 지난 1년 동안 3미터도 안 떨어진 거리에 앉아 있었다니. 커피숍에서 내가 한 일은 단순한 잡담이 아니라 훨씬 의미 있는 일이었다. 나는 스스로 공동체를 만들고 있었다.

다른 사람에게 베푼 따뜻함은 항상 당신에게 되돌아온다. 주변에서 보는 익숙한 사람들의 이름을 아는 것만으로도 당신이 사는 곳에 더 많은 소속감을 느낄 수 있다. 또한 더 많은 사람을 만날수록 진정으로 마음이 맞는 사람을 더 빨리 찾을 수 있을 것이다.

여기에는 또 하나의 장점이 있다. 먼저 다가가면 당신의 육체적, 심리적 행복에 큰 영향을 미치는 유대감을 만들게 된다. 하지만 보통 이 점을 간과한다. 연구자들은 커피숍에서 옆에 앉거나 건물 엘리베이터 앞에서 옆에 서 있는 사람들을 낯선 사람이 아니라 '약한 유대'가 있는 사람이라고 부른다. 이 사람들은 당신의 삶에서 대단히 강력하고 중요한 부분을 차지한다. 그들은 일상생활에서 당신이 힘을 얻을 수 있는 기반이 될 수 있다. 그들의 이름을 알아 두자. 인사를 건네자. 그들의 반려견을 쓰다듬자. 다음 날 커피숍에 들어가기 전에 기억을 되살릴 수 있도록 그들에 관한 설명을 연락처에 적어 두자.

한 번에 한 가지씩 대화하면서 나는 이름을 아는 주변 사람으로 구성된 네트워크를 통해 나만의 사회적 발판을 만들기 시작했다. "안녕, 케빈." "안녕, 그레고리." "안녕, 조던." 이렇게 나는 조금씩 외로움을 덜어 갔다.

지금 가장 친한 친구인 데이비드도 그렇게 만났다. 우리는 불과 1마일(약 1.6킬로미터) 정도 떨어진 곳에 살고 있었지만, 둘 다 집에서 혼자 우울해하느라 만난 적이 없었다. 우리는 처음에 커피숍에서 인사를 나누는 데서 시작했고 지금은 세상에서 둘도 없는 친구가 되었다. 그와 그의 남편은 내게 가족과도 같다.

내가 할 수 있으면 당신도 할 수 있다. 렛뎀 이론은 당신이 이 사실을 받아들이는 데 도움이 될 것이다. 혹시 당신이 다가가 말을 건넸을 때 어색해하는 사람도 있을까? 그렇다. 그래도 **내버려두자**. 대부분의 사람이 따뜻하게 잘 받아들여 줄까? 그렇다. 그대로 **내버려두자**. 우정을 쌓는 것은 사실 **내가 하기** 부분에 달려 있다. 다음은 내가 '먼저 다가가기'를 실천할 때 썼던 몇 가지 간단한 방법이다.

1. 가는 곳마다 사람들을 칭찬하라

상대방의 네일 색깔이 마음에 들면 그 사람에게 말해 주자. 상대방의 옷이 마음에 들면 그 사람에게 말해 주자. 상대방의 양말이 마음에 들면 마음에 든다고 말하자! 사람들은 칭찬을 들으면 관심받고 인정받는다고 느껴서 좋아한다. 그리고 어색하지 않게 누군가와 이야기를 시작할 수 있는 확실한 방법이기도 하다.

2. 호기심을 가져라

사람들이 무엇을 읽는지 물어보자. 무엇을 주문했는지 물어보자. 사람들은 자신에 관해 이야기하는 것을 좋아한다. 상대방이 고맙다고 말하고 나서 대화가 멈춰도 먼저 말을 건넸기 때문에 점수를 딴 것이다.

3. 지나치는 사람에게 미소를 지으며 인사를 건네라

따뜻하고 친근한 사람이 되는 것은 기술이다. 이 기술을 연습하면 나중에는 삶의 방식이 된다. 따뜻하고 친절한 마음으로 살아가면 인생의 가능성이 열린다.

4. 기대하지 말고 다가가라

낯선 사람을 따뜻하게 대하는 이유는 다른 사람과 관계를 형성하면 삶이 개선되기 때문이다. 다른 사람을 따뜻하게 대하면 항상 자신에게 돌아온다. 누군가 당신을 저녁 식사에 초대하거나 즉시 마음이 통할 거라고 기대하지 않고 이렇게 행동할수록, 당신과 어울리는 사람이 더 빨리 다가온다. 에너지의 관점에서 생각해 보면 이렇다. 인생에서 반드시 만날 사람들은 자연스럽게 당신의 에너지와 연결될 것이기 때문에 당신이 에너지를 발산할수록 그들이 더 빨리 다가온다.

외로움은 현실이다. 하지만 외로움에 갇혀 있을 필요는 없다. 먼저 다가가는 것이 힘들지만 집에 머물며 외로움을 느끼면 더 힘들다. 나는 계속 외로움을 느끼기보다 어색한 순간을 견디는 편이 낫다. 당신도 그럴 것이다.

마지막으로 1년만 노력해 보자. 공동체의 일부임을 느끼게 해주는 따뜻한 유대관계를 형성하는 건 성인의 우정에서 매우 중요한 요소다. 나는 주변 모든 사람과 유대관계를 형성하기 시작하는 것만으로도 지금까지 잠재적인 우정을 단절시킨 사람이 바로 나라는 사실을 깨닫고 충격을 받았다.

공동체를 찾아 교류하라

주변에 있는 공동체와 교류하지 않은 것은 바로 나 자신이었다. 스스로 고립되고 분리되어 나를 기다리는 공동체와 단절된 상태였다. 당신의 소울메이트나 좋아하는 친구는 오늘 커피숍에 당신에게서 두 테이블 떨어져 있는 곳에 앉은 사람일 수 있다. 그들이 당신을 찾을 거라고 기대하지 말자. 먼저 다가가면 당신이 그들을 찾을 수 있다. 그리고 정말 마음에 맞는 사람과 만나는 능력을 빠르게 발휘하고 싶다면 우리 부부가 했던 방법을 시도해 보자.

1. 관심 있는 행사나 그룹 수업을 찾아보라

크로스핏, 요가, 달리기, 산책, 요리, 그림 그리기, 즉흥 연기, 가구 손질 등 무엇이든 괜찮다. 이렇게 하면 특정 주제에 관해 비슷한 관심사를 가진 사람들과 가까워질 수 있다. 그러면 공통점을 가진 사람들을 찾을 가능성이 커진다.

2. 누군가와 마음이 통하면 밖에서도 만남을 이어 가라

먼저 다가가서 커피를 마시거나 산책하자고 물어보자. 이런 시도를 많이 할수록 처음 만난 사람에게 무언가를 제안하기도 편해지고 더 빨리 친구를 찾을 수 있다.

3. 흥미로운 행사를 찾아보고 함께할 지인들을 물색하라

콘서트거나 강연, 자원봉사 등 여러 행사가 있을 수 있다. 내가 선택한 한 방법은 미용실에서 만난 한 여성과 산책 모임을 만든 것이다. 하루는 그녀가 친구를 데리고 왔다. 천천히 그러나 확실하게, 나는 내가 아는 다른 사람들을 초대하기 시작했다. 매주 수요일 우리는 아침 6시 30분에 만나 동네에 있는 정해진 산책길을 걷는다.

3년이 지난 지금도 여전히 모임이 이어지고 있다. 단체 채팅방에는 너무 많은 사람이 참여해서 더 이상 추가 인원을 받을 수 없을 정도다. 그리고 새로운 사람들이 계속해서 등장하고 있다. 이 모임은 1년이라는 시간이 필요한 이유를 보여 주는 또 다른 예시다.

하지만 산책은 그저 하나의 예시일 뿐이다. 그동안 나는 여러 사람을 초대해서 모임을 하고, 함께 재즈 음악을 듣고, 화환 만들기 수업을 듣고, 드랙퀸 빙고 행사에 참여하고, 지역 농부를 도와 달리아 구근을 파내는 자원봉사를 했다.

남편 크리스도 이 방법을 사용했다. 그는 헬스장에 등록하고, 골프 리그에 가입하고, 패들테니스 수업을 들었다. 지역 스키장 관련 일도 하고, 호스피스 봉사도 했다. 이 모든 활동을 통해 남편은 비슷한 관심사를 지닌 사람들을 만났다. 그러다 마을이나 근방에서 열리는 재미있는 일을 찾으면 새로운 친구를 초대해서 함께 했다.

또 크리스는 남자 스키 경기 팀에 합류했는데 화요일 아침 동이 틀 때 '스키를 타고 산을 오르고 내리는' 모임을 시작했다. 지금은 소문이 퍼져서 화요일마다 주변 마을에서 15~20명 정도 되는 모든 연령대의 사람들이 모여 함께 산을 오르고 있다.

이 일들이 보여주는 의미는 무엇일까? 당신도 천천히 그러나 확실하게 더 많은 친구를 사귈 수 있으며 모든 사람이 다른 사람과 교류하고 새로운 친구를 만나는 기회를 찾고 있다는 뜻이다. 다른 사람이 하이킹 그룹, 산책 모임, 독서 모임을 시작하길 바라며 앉아 있지 말고 당신이 먼저 시작하자.

렛뎀 이론을 사용하면 더 많은 우정을 쌓을 수 있을 뿐만 아니라 스스로 더 좋은 친구가 될 수 있다. 이 점이 매우 중요하다. 좋은 관계는 좋은 삶을 만든다. 좋은 친구는 당신을 더 행복하고 건강하게 하고 당신의 삶에 의미를 부여한다. 그리고 우정은 당신이 인생을 살아가면서 소중하게 여기는 것 중 하나다.

렛뎀 이론은 당신이 마땅히 누려야 할 우정을 쌓는 데 도움이 될 것이다. 그러기 위해서는 유연성이 필요하다. 친구는 인생에서 오고 가는 것이라는 사실을 기억하자. 초대를 기대하지 말자. 상황이 변하기 시작할 때 너무 매달리지 말자. 당신이 어떤 모습을 보이는지에 대한 책임을 지자. **내버려두기**는 당신이 유연해지고, 상황을 개인적으로 받아들이지 않고, 적절한 사람들이 들어오고 부적절한 사람들은 떠나게 하는 데 도움을 줄 것이다.

또한 새로운 친구를 만드는 매우 어색한 시기를 헤쳐가는 데 도움이 된다. 커피숍에서 인사를 건넸는데 상대가 별로 친절하지 않아도 **내버려두자**. 그들의 일정이 너무 바빠서 함께 산책할 시간이 없다고 해도 **내버려두자**. 그들이 일주일 동안 일이 너무 바빠서 주말 약속을 취소해도 **내버려두자**. 그들이 사랑에 빠지거나 아이를 낳아서 더는 당신을 우선순위로 두지 않아도 **내버려두자**. 그들이 이사해서 인생의 새로운 장을 시작한다면 **내버려두자**. 그들이 당신의 전화에 더 이상 회신하지 않아도 **내버려두자**. 그들이 다른 우정이나 일을 우선시한다면 그냥 **내버려두자**. 타이밍, 근접성, 에너지가 맞지 않아도 그냥 **내버려두자**.

많은 사람이 당신의 인생에 들어왔다 나갔다 할 것이다. 당신이 유연할수록 그들은 더 많이 왔다 갔다 할 것이다. 그들을 **내버려두는** 것은 정말 아름다운 일이다. 당신은 **내가 하기**에 집중하자. 이것이 당신이 통제할 수 있는 부분이기 때문이다. **내가** 이해하자. **내가** 노력하자. **내가** 관심을 두고 기대 없이 살펴보자. 누군가 떠오른다면 **내가** 전화하거나 문자를 보내자. 아직 만나지 못한 소중한 친구가 기다리고 있다는 믿음을 가지고 **내가** 행동하자. **내가** 먼저 다가가자.

・・・

성인의 우정을 만드는 방법을 요약해 보자. 당신은 성인이 되어서도 어렸을 때와 같은 방식으로 우정에 접근했다. 그냥 자연스럽게 우정이 생기기를 기대했다. 하지만 렛뎀 이론은 우정이 저절로 생기기를 기대하는 대신 책임을 지고 친구를 만들 수 있도록 용기를 준다.

1. 문제점: 대분산이 일어났지만 당신은 깨닫지 못했다. 그 후 우정에 잘못된 방식으로 접근했다. 당신은 늘 친구들에게 둘러싸여 있을 거라 예상했고 항상 친구들과 함께할 거라고 기대했다. 그리고 답신을 받기를 기대했다. 그 기대는 새로운 우정 또는 기존의 우정에 접근할 때 단절감, 고립감, 불확실성을 느끼게 했다.

2. 진실: 성인의 우정에는 세 가지 기둥이 있다. 바로 근접성, 타이밍, 에너지다. 이 세 가지 기둥을 이해하고 우정에 대해 유연한 사고방식과 능동적 접근 방식을 취하는 것은 당신의 책임이다. 인간관계에서 당신은 많은 힘을 지녔으며 당신이 좋아하는 사람들은 당신이 먼저 다가오기를 기다리고 있다.

3. 해결책: 렛뎀 이론을 사용해 아무런 기대 없이 관계를 만들어 가자. 당신이 먼저 다가가자. 주변 사람에게 인사를 건네고, 오늘 어디에 살고 있든지 공동체 의식을 구축하자. 수업에 등록하고 북클럽을 만들자. 문자를 보내자. 한 번에 하나씩 어색한 대화를 나누다 보면 친구를 찾을 것이다. 이 접근 방식은 당신이 주변에 의미 있고, 도움을 주고, 당신의 정체성과 결을 같이하는 우정으로 가득한 놀라운 공동체를 만들 수 있도록 힘을 실어 준다.

'내버려두자'라고 말하면 더 이상 도움이 되지 않는 우정에 집착할 필요가 사라지고 정말 중요한 관계에 집중할 수 있는 여지가 생긴다. '내가 하자'라고 말하면 자신의 사회생활을 책임지고, 먼저 연락하고, 일을 주도하고, 자신의 가치관을 반영하고 행복을 가져다주는 그런 우정을 쌓을 수 있다. 이제 기다리는 대신 만들기 시작할 때다. 인생 최고의 우정을 쌓고 당신에게 행복을 주고 도움을 주는 공동체를 만들자. 앞으로 더 많은 웃음과 추억을 만들고 놀라운 모험을 경험할 것이다. 이 모든 것이 당신이 먼저 다가가기를 기다리고 있다. 당신은 먼저 다가가기만 하면 된다.

변화를 위한 동기부여하기

제14장

인간은
마음이 끌려야 바뀐다

몇 년간 사람들에게 이 질문을 가장 많이 받았다.

"다른 사람이 변화하도록 하려면 어떻게 동기를 부여해야 하나요?"

답부터 말하면, 당신이 할 수 없는 일이다. 사람들은 변화하고 싶다고 느낄 때만 변한다. 상대방이 변화하기를 당신이 얼마나 바라는지는 중요하지 않다. 그 이유가 얼마나 타당한지, 당신의 의견이 옳은지도 중요하지 않다. 변화하지 않으면 얼마나 심각한 결과를 초래하는지도 중요하지 않다. 사람은 변화하고 싶은 생각이 들지 않으면 변하지 않는다. 더 심각한 점은 누군가에게 변화를 강요하면 그 사람은 당신에게 원망과 거리감, 긴장감만 느낀다는 점이다.

당신이 소중하게 생각하고 변화하길 바라는 사람을 떠올려 보자. 엄마, 조카, 룸메이트, 형제, 남편, 전 애인, 자녀, 시누이, 가장 친한 친구, 파트너, 누구든 상관없다. 당신은 그들이 더 좋은 직업을 구하거나, 살을 빼거나, 좀 더 의욕적으로 살거나, 일찍 일어나거나, 계획적인 소비를 하거나, 스스로 뒷정리를 하거나, 나쁜 사람을 사귀지 않거나, 더 적극적으로 행동하거나, 술을 덜 마시거나, 개를 돌보는 일을 돕거나, 부정적인 태도를 바꾸거나, 정치에 대한 견해를 바꾸거나, 더 감사한 마음을 갖거나, 담배를 끊거나, 아이들과 더 많은 시간을 보내거나, 설거지 거리를 싱크대에 두지 않기를 바란다.

그들을 걱정하는 것일 수도 있고, 그들이 왜 문제를 인식하지 못하는지, 왜 의욕을 갖지 못하는지 이해하지 못하는 것일 수도 있다. 어쩌면 이런 생각을 한 적이 있을 것이다. '왜 내가 부탁한 일을 하지 못하는 걸까?' 나도 그 기분을 정확히 안다.

진실은 이렇다. 누군가를 밀어붙이면 상대방은 밀려 나가게 돼 있다. 인간 본성의 기본 법칙에 반하는 일을 한 것이다. 사람은 자기 결정에 대한 통제권을 지니고 있다고 느껴야 한다. 아무리 변화하기를 원한다 해도 상대방을 압박하면 반발심만 불러일으킨다. 아무리 좋은 의도로 접근한다고 해도 최악의 결과를 낳을 뿐이다. 인간 본성에 맞서 싸워 봐야 당신은 번번이 질 것이다.

지금 배울 내용은 너무 강력해서 이 책의 어느 장보다도 내가 사랑하는 사람들과 가장 많이 공유한 내용을 담고 있다. 솔직히 말해서 우리 모두 인생에서 변화시키고 싶은 사람이 있기 때문이다. 하지만 사람들은 변화하고 싶다고 느낄 때만 변한다. 여기서 '느낀다'라는 단어는 생각보다 더 많은 의미를 담고 있다. 누군가 변화하고 싶지 않다고 느낀다 해도 그들이 게으르거나 마음속 깊이 변화를 원치 않는다는 의미가 아니다. 그보다는 변화할 수 없거나, 효과가 없을 것 같다거나, 변화가 너무 힘들어서 실패할 것이라는 생각에 낙담한다는 의미다.

이는 단지 나의 개인적인 의견이 아니다. 세계적으로 가장 존경받는 전문가들이 인용하는, 그것도 무려 50년에 걸쳐 이뤄진 임상 연구 결과다. 우리는 이 장에서 사람들이 변화하지 않는 이유를 깊이 파헤쳐 보고 변화와 동기에 대한 신경과학을 살펴볼 것이다. 렛뎀 이론과 훌륭한 전문가들의 도움으로, 이제는 다른 사람의 행동을 바꾸고 싶은 상황에 대해 완전히 새로운 방식으로 접근해 보자.

사실, 당신은 다른 사람을 바꿀 수 없다. 하지만 그들에게 영향을 미치지 못하는 건 아니다. 이제 내가 실제로 겪은 일, 즉 렛뎀 이론을 사용해 다른 사람이 변화하도록 영향을 주었던 경험을 단계별로 설명할 것이다. 이걸 읽으며 당신의 인간관계와 그간 당신을 실망시켰던 사람들을 떠올려 보길 바란다.

누군가가 변화하기를 진심으로 바란다면

"당신 자신을 더 잘 돌보면 좋겠어."

내가 좋아하는 친구 중 한 명이 건강이 좋지 않은 남성과 결혼했다

(그리고 그를 깊이 사랑한다). 당신도 당신이 사랑하는 누군가가 이럴 수 있다. 그 친구는 여러 해 동안 남편이 건강을 관리하게 하려고 모든 노력을 다했다. 부탁하고, 애원하고, 눈치를 주기도 하고, 심지어 남편 앞에서 눈물을 흘리기도 했다. 그녀는 남편의 건강을 정말로 아주 많이 걱정했다.

가끔은 화를 내기도 했고 은근히 비꼬는 말도 해봤다. 남편을 헬스장에 등록시키고 새 운동화도 사 주었다. 건강한 저녁 식사를 준비하고 집에서 운동할 수 있도록 실내 자전거까지 구비했다. 하지만 아무것도 효과가 없었다. 결국 그녀는 화가 났다. 메뉴에서 채소를 빼 달라는 주문, 운동 거부, 저녁 식사 후 디저트, 매일 밤 TV를 보는 시간 등 남편이 하는 모든 행동에 화가 났다.

이제 남편의 입장을 살펴보자. 그도 노력했다. 그는 식단을 시작했고 간헐적으로 헬스장에 갔고 실내 자전거 수업도 들었다. 하지만 그 어떤 것도 꾸준히 하지 않았다. 아내는 남편이 변하지 않는다는 사실에 화가 났고, 남편은 아내의 끊임없는 잔소리에 짜증이 났다. 익숙한 이야기 아닌가? 내게는 아주 익숙하다.

당신도 사랑하는 사람이 잘되기를 바란다. 그들을 사랑하니까 변화하기를 바란다. 그래서 이런 상황에서 스트레스를 받는다. 사랑하는 사람이 더 건강하고, 더 좋은 직업을 갖고, 더 열심히 공부하기를 원한다. 이혼했다면 다시 이성을 만나거나, 집 안에만 틀어박혀 있다면 집 밖으로 나가서 친구들과 더 많은 시간을 보내길 바란다.

사랑하는 사람이 더 좋은 사람이 되고, 더 행복하고 건강하기를 바라는 것은 정상적인 일이다. 누군가 좋은 삶을 살기 바라는 것은 좋은 일이다. 사랑하는 사람에게서 더 큰 가능성을 보는 것은 아름다운 일이다. 누군가 삶을 개선하고 잠재력을 발휘하고 목표를 달성할 수 있는 능력이 있다고 믿는 것은 중요하다.

다른 사람을 위해 이런 바람을 갖는 것은 문제가 아니다. 문제는 당신이 이 주제에 접근하는 방식 그리고 그 방식이 당신과 당신이 아끼는 사람 사이의 관계에 미치는 영향이다. 어쩌면 이 글을 읽으면서 누군가 당신에게 변화를 강요하고 있음을 깨달았을 수도 있다. 그들은 당신의 직업이나 습관, 데이트 상대에 관해 의견을 말할 필요가 없다. 그들의 행동은 그들이 당신을 있는 그대로 받아들이지 않는다는 것을 매우 분명하게 보여 주기 때문이다.

그들은 당신이 다른 방식으로 살아가기를 원한다. 짜증 나는 일이다. 나도 안다. 그래서 당신은 본능적으로 반발하게 된다. 렛뎀 이론을 통해 나는 강요와 압박에 대한 인간의 본능적인 반응(그리고 본능적으로 저항하는 반응)과 사람이 변화하기 어려운 이유에 관해 많이 생각하게 되었다.

변화는 결코 쉬운 일이 아니다

당신은 다른 사람이 변화하기를 바랄 때, 변화가 쉬울 거라고, 그냥 하면 되는 게 아니냐고 생각하지는 않는가? 나도 그랬었다. 분명한 사실을 지적하기만 하면 된다고 말이다. 운동하면 얼마나 기분이 좋아지는지 얘기해 주거나, 더 좋은 직업이 있다는 것, 월급이 많아지면 현재 경제 문제를 해결할 수 있다는 사실을 알려 주기만 하면 된다고, 또는 주말 내내 소파에 앉아 비디오 게임만 하면 멋진 사람을 만날 수 없다는 사실을 말해 주면 된다고 말이다. 내가 하고 싶은 말은, 분명 그들은 스스로 이런 선택지를 고민해 본 적이 없었다는 것이다. 그렇지 않은가?

이제 뒤집어서 생각해 보자. 누군가 당신에게 뻔한 이야기를 한 적이 얼마나 많이 있었는가? 마치 당신이 운동하면 체중 감량에 도움이 된다거나, 방에서 울어도 떠나간 애인을 되찾을 수 없다거나, 간호학교에 가려면 간호학교에 지원부터 해야 한다는 사실을 당신이 모르고 있다는 듯이 말이다.

누군가 당신에게 이렇게 행동하면 공격적으로 느껴진다. 그리고 당신은 질책받는 느낌이 든다. 거만하게 손가락만 튕기면 갑자기 변할 수 있다거나 더 높은 연봉의 직업을 바로 찾을 수 있을 것처럼 행동하는 것도 짜증 난다. 어떻게 감히 당신에게 무엇이 최선인지 안다고 할 수 있느냔 말이다! 사실 변화는 모든 사람에게 어려운 일이다. 그리고 당신에게서 압박감을 느끼고 싶어 하는 사람은 아무도 없다. 모두가 이미 스스로 압박감을 느끼고 있기 때문이다.

내 친구 부부를 예로 들어 보자. 친구의 남편은 확실히 살을 빼고 싶어 한다! 그리고 몸매도 가꾸고 싶어 한다. 평균 체중보다 50파운드(약 22킬로그램)를 더 짊어지고 사는 것은 쉬운 일이 아니다. 그는 자신이 친구들 중에서 덩치가 가장 크다는 사실을 싫어한다. 그의 심장에도 좋지 않다. 그도 바보가 아니기에 이 사실을 알고 있다. 그리고 얼마나 힘들고 큰 노력이 필요한 일인지도 알고 있다.

아침 일찍 일어나고, 술을 줄이고, 체육관에서 창피함을 느끼고, 새로운 식단을 시작하는 것은 고통스러운 일이다. 원래 그렇다. 담배를 피우는 사람이 담배를 끊는 것도, 과소비하는 사람이 예산에 따라 소비하는 것도 힘들다. 독신이 되는 것도 힘든 일이어서 사람들은 필요 이상으로 오랫동안 누군가와 관계를 유지한다. 해고당하면 더 좋은 직장을 구하기도 힘들기에 사람들은 힘들어도 참고 다닌다. 변화는 결코 쉬운 일이 아니다. 재미있고 쉬운 일이라면 당신이 사랑하는 사람도 이미 변화하고 있을 것이다.

그렇기에 당신이 할 수 있는 가장 애정 어린 행동은 더는 그들에게 압박감을 주지 말고 **내버려두는** 것이다. 지금 당신은 완전히 비현실적인 기대를 하고 있다. 당신의 접근 방식은 역효과를 낼 뿐이다. 그들을 **내버려두는** 것 외에는 당신에게 선택권이 없다. 성인을 성인답게 **내버려두자**.

렛뎀 이론을 사용하면 당신은 한 걸음 물러서서 더 많은 연민을 가지고 겸손하게, 훨씬 더 효과적인 방법으로 인간관계에 접근할 수 있다. 그전에 먼저 동기부여와 변화의 과학을 이해해 보자.

진실 1: 다 큰 성인은 마음이 움직여야 변화한다

사람들에게 동기를 부여하려고 하지 말자. 효과가 없다. 연구 결과에 따르면 변화를 위한 동기는 자기 내면에서 시작되어야 한다.

오늘날 사람들은 동기라는 말을 좋아한다. 아마 당신도 그럴지 모르겠다. 내 친구는 배우자가 자신을 더 잘 돌보기로 동기가 생기지 않는 것 같다고 불평했다. 어쩌면 당신도 변화시키고 싶은 사람이 동기가 생기지 않아서 조금 실망했을 수도 있다. 하지만 동기부여는 그렇게 간단하지 않다.

동기부여의 정의부터 시작해 보자. 동기부여는 '무언가를 하고 싶은 마음이 드는 것'을 의미한다. 그리고 당신이 지금 알게 되었듯이, 성인은 하고 싶은 마음이 들 때만 행동한다. 동기부여의 문제는 필요할 때 그 동기가 없다는 것이다. 자동으로 동기부여가 된다면 모든 사람이 식스팩 복근을 갖고, 은행에 100만 달러가 있고, 세계 최고의 부업을 하고 있을 것이다. 그리고 당신이 원하는 것을 다른 사람이 하고 싶도록 만들 수 있다면 그건 동기부여가 아니라 세뇌일 것이다.

생각해 보면 나도 실패했다. 나는 내가 바뀐 것과 같은 방식으로 다른 사람들이 변화하도록 동기를 부여하기 위해 수년간 일해 왔다. 다시 말해 그들에게 내 방식을 '강요'한 것이다. 나는 친한 친구에게 다시 데이트하라고 강요했고, 남동생에게 개인 트레이너를 소개하면서 운동을 강요했으며, 엄마에게 상담받으러 가라고 강요했다. 결과적으로 엄청난 실패였다. 그 이유는 누군가에게 무언가를 강요하면 반발만 부르기 때문이다.

진실 2: 인간은 본능적으로 기분 좋은 쪽으로 움직인다

압박이 효과가 없는 또 다른 이유는 무엇일까? 인간은 본능적으로 당장 기분이 좋은 쪽으로 움직인다. 그리고 당장 기분이 좋지 않은 쪽에서 멀어진다. 이는 그냥 그렇게 보이는 것이 아닌 과학적 사실이다. 이 책을 위해 조사하면서 나는 하버드 출신 정신과 의사인 알로크 카노지아Alok Kanojia와 이야기를 나눴다. 그는 헬시 게이머Healhty Gamer 라는 웹사이트에서 수백만 명의 팔로워를 두고 있으며 일명 '닥터 K'로 알려져 있다.

동기부여와 행동변화 분야의 권위자인 그는 사람들이 인간의 본성을 이해하지 못하기 때문에 타인에게 압박감을 주면 역효과가 나는 것이라고 말했다. 그의 말에 따르면 인간은 언제나 지금 당장 즐거운 것을 선택하고 고통스러운 것을 피하는 경향이 있다. 당장은 변화를 위해 필요한 노력이 고통스럽고 힘들게 느껴진다. 그래서 장기적으로 자신에게 좋다는 것을 알아도 사람들은 변화하고 싶어 하지 않는다.

친구의 남편은 건강을 회복하려면 헬스장에 계속 가야 한다는(그리고 생활 방식을 모든 면에서 바꿔야 한다는 것도) 사실을 안다. 하지만 지금 그가 앉아 있는 소파는 어떤가? 당장은 편안하다. 그가 먹고 있는 감자 칩은? 당장은 맛있다. 보고 있는 경기는? 당장은 재미있다.

또한 그는 러닝머신을 뛰고 벤치 프레스를 하면 좋은 결과가 나리란 걸 알고 있지만 지금 당장 그 만족감을 느끼지는 못한다. 사실 소파에서 몸을 일으켜 러닝머신 위에 섰을 때 그가 느낄 감정은 고통이다. 러닝머신과 벤치 프레스는 힘들 것이다. 운동하고 나면 몸이 쑤실 것이다. 큰 노력이 필요하다.

그런데 만약 운동을 계속하지 못하면 어떻게 될까? 그럴 만한 가치가 있는 것일까? 살이 빠지지 않으면? 다치거나 해서 운동을 할 수 없으면? 그냥 감자 칩 한 봉을 먹고 내일 다시 시도하는 편이 더 좋고 쉬운 생각이 아닐까? 물론 그렇다. 이렇게 변화하고 싶은 동기가 사라진다! 그가 운동하지 않는 것은 운동하고 싶은 기분이 들지 않아서다.

닥터 K는 우리가 다른 사람들에게 변화를 강요하는 것에 대해 내게 이렇게 말했다. "우리는 평생 물살을 거슬러 오르고 있는 겁니다. 동기 부여 회로를 이해하는 대신 맞서 싸워 이기려고 하지요."

누군가에게 압박을 가하면 인간의 뇌 시스템에 맞서 싸우는 것이다. 사람은 지금 당장 쉽고 즐거운 방향으로 움직이게 되어 있다. 닥터 K는 변화하려면 당장 느낄 고통과 취해야 할 행동으로부터 자신을 분리할 수 있어야 한다고 말한다. 즉 소파에 앉아 있을 때 '운동하기 싫지만 그래도 해야 해'라고 자기 자신에게 말해야 한다는 의미다.

그 남편은 운동해야만 한다. 운동하면 생길 고통으로부터 자신을 분리해야 한다. 자기감정을 무시하고 자신을 밀어붙여야 한다. 다른 사람이 대신 해줄 수 없다. 그러니 그들이 소파에 앉아 있도록 **내버려두자**. 그런데 그게 다가 아니다. 상대를 압박하면 역효과가 나는 심리적 이유는 더 많이 있다.

진실 3: 지구상의 모든 사람이 자신은 예외라고 생각한다

이 책을 위해 조사하면서 행동신경과학자이자 유니버시티 칼리지 런던의 뇌감정연구소 Affective Brain Lab 연구소장이자 MIT 교수인 탈리 샤롯 Tali Sharot 과도 대화를 나눴다. 그녀는 신경과학, 행동경제학, 심리학을 통합해 감정과 행동이 인간의 신념과 결정에 어떤 영향을 미치는지 연구한다. 그녀가 발표한 획기적인 연구 결과에 따르면 사람들은 경고 문구, 위협, 알려진 위험이 자신에게는 적용되지 않는다고 믿는다.

내 친구의 남편도 자신이 과체중이고 계속 앉아 있지만 심장마비에 걸리지 않는 유일한 사람이라고 생각한다. 그래서 그는 지금과 똑같은 상태를 유지해도 아무 일도 일어나지 않을 것이라고 확신한다.

이것이 당신의 친구가 자신은 매일 여러 번 담배를 피워도 폐에 아무런 영향이 없는 유일한 사람이라고 믿는 이유다. 당신이 늦게 출근하고 일찍 퇴근하며 설렁설렁 일하는 걸 아무도 눈치채지 못하리라 생각하는 이유도 마찬가지다. 그래서 당신이 "이 상황이 바뀌지 않으면 헤어질 거야."라고 말해도 당신의 배우자가 믿지 않는 것이다.

모든 사람이 자신에게는 나쁜 일이 일어나지 않을 것이라고 생각한다. 그래서 당신의 눈물, 애원, 최후통첩도 역효과만 낳을 뿐이다. 우리의 뇌는 말 그대로 최악의 시나리오를 무시한다. 그래서 경멸을 담아 크게 한숨을 쉬어도 아무 효과가 없다. 사람들은 자신만은 세상에서 유일한 예외일 것이라고 생각한다(그런데 당신이 인생에서 변화를 거부할 때도 그렇게 생각하기는 마찬가지다). 은근히 비꼬거나 끊임없이 얘기를 꺼내거나 다른 사람에게 변화를 강요하기 위한 수단으로 위협을 사용하면 늘 역효과를 낳는다.

그리고 이 점을 기억하자. 샤롯은 뇌 스캔을 통해 누군가 당신에게 부정적인 말을 하거나("술 안 끊으면 떠날 거야.") 듣고 싶지 않은 말을 하면("네가 만나는 그 남자 나르시시스트야.") 뇌가 바로 그 말을 무시한다는 것을 밝혀 냈다. 뇌 스캔에서 부정적인 정보를 듣는 부분이 꺼지는 것을 확인한 것이다. 이건 무슨 뜻일까?

모든 위협, 최악의 시나리오, 은근히 비꼬는 말, 눈알 굴리기, 위협 전술은 우리의 뇌에 전혀 영향을 주지 않는다는 의미다. 당신은 소중한 시간과 에너지를 낭비하고 있을 뿐이다. 그러니 당신이 그렇게 좌절하고 스트레스를 받는 것도 당연한 일이다! 따라서 다른 접근 방식이 필요하다. 렛뎀 이론은 당신의 시간과 에너지를 훨씬 더 효과적이고 배려 있게 사용하도록 도와줄 것이다. 제대로만 한다면 사랑하는 사람이 스스로 변화하고 싶어질 수도 있다.

내 친구 부부의 이야기로 돌아가 보자. 예를 들어 당신이 그 상황에 있다고 상상해 보자. 종일 일하고 집에 들어갔는데 배우자가 소파에 누워 농구 경기를 보면서 감자 칩을 먹고 있다고 말이다. 남편은 소파에 앉아서 괜찮은 시간을 보내고 있다. 아니, 사실 거기 앉아 있어서 너무 행복하다. 남편은 활짝 웃으며 "안녕, 여보!"라고 인사한다.

하지만 당신은 남편을 보고 스트레스가 몰려오고 편도체가 깨어난다. 곧장 짜증이 나고 분노가 안에서 끓어오르기 시작한다. "응, 안녕." 하고 대답하면서 내쉬는 한숨을 막을 수 없다. 조금 전에 배운 인간 두뇌에 관한 내용이나 동기부여의 과학이나 지금까지 이야기한 어떤 내용도 생각나지 않는다. 그저 게으르게 앉아 있으니 일어나서 무언가 하는 게 얼마나 쉬운 일인지만 생각할 뿐이다.

당신은 수용이 아닌 판단의 자세로 생각하기 때문에 남편이 헬스장에 가려면 필요한 모든 작은 움직임과 그가 받을 고통에 관해서는 생각하지 않는다. 그가 침실에 가서 운동복으로 갈아입고, 물병을 채우고,

열쇠를 찾고, 운전하고 헬스장까지 가서, 헬스장 안으로 걸어 들어가 기구를 찾고, 실제로 운동해야 한다는 것은 생각하지 않는다. 현실, 과학, 변화가 모든 사람에게 얼마나 힘든지에 관한 진실은 건너뛰고 당신이 원하는 것을 원하는 때에 그들이 곧바로 하지 않는다는 사실에 화를 낸다.

이 상황에서 실제로 필요한 것은 경멸이 아니라 연민이다. 그리고 당신이 혐오와 나쁜 기분을 한숨으로 표현한다 해도 그들은 소파에서 일어나지 않을 것이다. 오히려 그런 경멸의 한숨은 배우자가 쿠션 사이에서 리모컨을 잃어버릴 때까지 소파에 계속 누워 있게 할 것이다. 한숨 뒤에 아무리 사랑스러운 의도를 담았다고 해도, 배우자는 당신이 그를 고치려 한다고 느끼고 고통스러워할 것이다. 결국 그는 당신에게서 멀어진다. 남편은 방어적인 태도를 보이고 변화에 대한 마음의 문을 닫을 것이다.

압박은 저항을 부를 뿐

압박은 변화를 만들지 못한다. 되려 저항하게 한다. 다른 사람의 행동을 통제하려고 하면 상대방은 본능적으로 통제하려는 시도에 저항한다. 압박은 변화를 불러오지 않으며 오히려 통제권을 두고 싸움을 벌이게 한다.

샤롯은 인간에게는 통제하려는 본능적 욕구가 있다고 재차 강조했다. 이는 생존 본능이다. 스스로 인생을 통제하고 있다는 느낌은 안전함을 느끼게 해준다. 그리고 통제하고 있다는 느낌은 자기 주변의 모든 사람도 안전하다고 느끼게 해준다. 즉 당신의 배우자, 룸메이트, 엄마, 직장 상사, 친구 모두에게도 당신처럼 자신과 주변을 통제하려는 생존 본능이 있다는 의미다.

당신이 사랑하는 사람들은 자기 삶을 통제하고 있다고 느낄 때만 안전하다고 느낀다. 그러므로 그들에게 강요하거나 압력을 가하거나 무엇을 하라고 말할 때 당신은 그들이 자기 삶, 결정, 행동을 통제하려는 본능적 욕구를 위협하는 것이다. 또한 다른 사람의 '자율권', 즉 자기 자신과 인생, 생각, 행동을 통제할 수 있다는 느낌을 방해하는 것이다.

달리고 싶지 않은 사람에게 "나가서 달리기 좋은 날이에요."라고 넌지시 알려 주는 것도 상대방에게는 위협일 뿐이다. 아무리 도움을 주려고 한 제안이어도 상대가 원하는 것을 원하는 때에 할 수 있는 권리를 빼앗으려는 것처럼 느껴진다.

따라서 성인은 성인으로 인정해야 한다. 그냥 **내버려두자**. 다른 사람을 있는 모습 그대로 받아들이는 것은 건강하고 애정 어린 관계의 기본이다. 있는 모습 그대로 받아들여진다고 느끼면, 사람들은 당신과 함께 있으면서 안전하다고 느낀다.

당신이 누군가에게 압박을 가하거나 변화시키거나 강요하거나 다르게 행동하기를 기대하면 그 반대 현상이 일어난다. 이런 압박감은 당신이 깨닫든 깨닫지 못하든 당신과 당신이 사랑하는 사람 사이에 통제권을 놓고 싸우게 한다. 앞서도 말했지만 닥터 K는 인간의 뇌가 본능적으로 즐거움 쪽으로 움직이고 고통에서 멀어진다고 했다. 압박감을 느끼면 고통스러워서 당신에게서 멀어지는 것이다. 그러면 당신은 더 강하게 밀어붙이고, 그럴수록 상대는 더 저항한다.

이렇게 되면 당신과 상대방 사이에 감정적 대치 상태가 발생한다. 하지만 당신에게는 이 상황을 끝낼 힘이 있다. 상대방이 소파에 앉아 있게 **내버려두자**. 그렇게 해야만 한다.

내 친구와 그녀의 남편 중 누가 남편의 행동에 대한 통제권을 가지고 있는가? 남편이다. 남편이 아내를 무시하는 한 그의 인생과 결정, 행동에 대한 통제권은 그에게 있다. 남편이 아내의 말대로 행동하는 순간 그는 자율권을 잃고 아내가 '승리'한다. 이 지점에서 논쟁은 더 이상 운동이 아니라 누가 힘을 가지고 있는가의 문제가 된다.

내 친구가 포기하지 못하는 이유도 여기에 있다. 그녀는 그의 건강을 너무나 걱정한 나머지 자기가 포기하면 자신의 삶에서 중요한 부분을 통제할 수 없을 거라고 느낀다. 그래서 그녀는 자기 삶을 통제하고 있다고 느끼기 위해 계속해서 남편을 통제하려고 한다. 하지만 남편은 위협을 느끼고 생존을 위해 저항한다. 남편이 더 고집을 부릴수록 아내는 더 강하게 밀어붙인다.

이 역학 관계가 어떻게 계속 고조되는 대치 상태를 만드는지 보이는가? 이 현상을 보고하는 것은 닥터 K뿐만이 아니다. 심리학자 스튜어트 애블론은 다른 사람에게 무언가를 강요하면 왜 더 많은 저항을 불러오는지를 보여 주는 증거로 50년간 진행된 신경과학 연구를 인용했다.

어쩌면 당신과 자녀 사이, 당신과 부모 사이, 당신과 배우자 사이에

이와 같은 감정적 대치 상태가 있을 수 있다. 어쩌면 다른 누군가가 당신에게 압박을 가해서 이런 상태를 느끼고 있을지도 모른다. 진실은 이렇다. 친구나 가족, 사랑하는 사람에게서 압박을 느끼고 싶은 사람은 없다. 당신이 원하는 것은 무조건적인 사랑, 수용, 친절, 연민이다. 당신은 통제당하고 싶지 않다. 자신이 누구인지, 인생의 어느 단계에 있는지 깊이 받아들여지기를 원한다. 그래야 인간관계에서 자연스럽게 자기 모습을 드러내고 안전함을 느낄 수 있다.

당신은 가장 친한 친구가 당신의 남자 친구를 좋아하지 않는다고 말하거나, 당신의 배우자가 헬스장 회원권, 실내 자전거, 유기농 식품 등으로 당신을 버겁게 하기를 절대 원하지 않는다. 여기서 또 다른 진실로 이어진다. 대부분 경우 상대방도 마음속으로는 변화를 원할 것이다. 닥터 K는 사람들이 자기 행동이 장기적으로 자신에게 좋지 않다는 것을 알 때 느끼는 내적 긴장감에 관해 여러 번 이야기했다. 그것이 바로 내 친구의 남편이 느끼는 감정이다. 그래서 그는 멈추고 시작하기를 반복하며 계속 몸부림치고 있다.

변화는 누구에게나 힘들다. 누군가 당신을 압박할 때는 더욱 힘들다. 그 압박을 견뎌야 할 뿐만 아니라 결국 그 일을 하게 되었을 때 상대방이 옳았다는 것을 인정해야 하기 때문이다. 닥터 K는 변화는 당신의 생각이 아닌 그들의 생각이어야 한다고 강조했다. 친구의 남편은 스스로 힘든 일을 하도록 몰아붙일 이유가 필요하다. 그렇지 않으면 변화는 일어나지 않을 것이고 부부 사이의 원망은 커질 것이다.

우리는 각자의 타이밍이 있다

사람들은 스스로 변화할 준비가 되었을 때만 변한다. 사람들이 당신의 일정에 맞춰 변화하지 않는다고 가혹하게 대하지 말자. 다른 사람이 분명히 원하지 않는 일을 하도록 동기부여하려고 하지 말자. 시간 낭비다. 당신에게 스트레스를 주고 관계를 망치고 효과도 없다. 가장 큰 문제는 두 사람 사이를 틀어지게 한다는 것이다.

사람을 사랑하는 것은 상대방의 현재 모습을 받아들이는 것이다. 성인을 성인으로 인정하는 방법을 배워야 한다. 이것이 렛뎀 이론이 효과적인 이유다.

사람들을 **내버려둘** 때 그들을 있는 그대로 받아들이게 된다. 사람들이 자신의 시간표를 따르게 **내버려두자**. 일에서 실패해도 **내버려두자**. 담배를 피워도 **내버려두자**. 포기하게 **내버려두자**. 불행한 관계를 유지하도록 **내버려두자**. 지키지 못할 약속을 해도 **내버려두자**. 지저분해도 **내버려두자**. 저녁 파티에 트레이닝복을 입고 오게 **내버려두자**. 주말 내내 비디오 게임을 하게 **내버려두자**. 그들이 행동하지 않아서 생기는 결과를 느끼게 **내버려두자**. 소파에 앉아 체육관에 가지 않아도 **내버려두자**. 자신의 인생을 살도록 **내버려두자**. 이 외에도 당신이 무슨 말을 하는지 알고 싶은가? 나는 당신이 직접 알아낼 수 있다고 믿는다.

간단한 일이지만 내가 쉽다고 말하지는 않았다. 이 글을 읽으면서 어쩌면 '오, 그래서 내가 할 수 있는 일은 없다고?'라고 생각할지도 모르겠다. 하지만 당신이 언제나 할 수 있는 일이 있다. 당신이 언제나 통제할 수 있는 것이 있다. 바로 당신 자신이다. 당신이 통제할 수 있는 유일한 행동은 당신의 행동이다. 바로 여기서 당신의 힘이 나온다.

당신이 해야 할 첫 번째 행동 변화는 압박감을 주지 않고 수용하는 것이다. 사람들을 있는 그대로 **내버려두자**. 당신이 그들을 있는 그대로 내버려두면 통제권을 둘러싼 답답하고 비효율적인 싸움이 끝나고 긍정적인 변화를 위한 전쟁에서 승리할 수 있다. 이것은 과학이다.

그러나 분명 궁금증이 생길 것이다. 압박해도 아무런 효과가 없다면 무엇이 효과가 있을까? 나는 다른 사람의 행동을 바꿀 수 없다고 말했지만 영향을 미칠 수 없다고 말하지는 않았다. 여기서 **내가 하기**를 적용하면 당신이 영향력을 발휘하는 데 도움이 된다.

신경과학자와 심리학자들이 수십 년간 진행한 연구에 따르면 누군가가 변화하도록 동기부여할 수는 없지만 그들이 변화하도록 영감을 줄 수는 있다. 심지어 그 변화가 모두 자기 생각에서 비롯되었다고 믿게 할 수 있다. 다음 장에서는 누군가를 압박하지 않기로 선택해서 그들의 내적 변화 욕구를 활용하는 방법을 소개할 것이다. **내버려두자**. 그리고 적절한 때에 적절한 말과 행동을 통해 영향력을 발휘하자.

제15장

당신에게는 영향력이 있다

다른 사람이 변화하도록 압박하지 않고 **내버려두면** 마법 같은 일이 일어난다. 즉 당신의 긍정적인 영향력을 드러낼 시간과 에너지가 생긴다. 사람은 주위 사람에게 크게 영향과 영감을 받는 사회적 존재다. 이는 수십 년 동안 이어진 인간 행동에 관한 연구를 통해 반복해서 증명되었다. 온라인에서 누군가 단백질 파우더, 새로운 스타일의 청바지, '골프 실력 향상에 도움이 되는' 골프채를 든 프로 선수에 대한 긍정적인 평가를 쏟아 내면 갑자기 사고 싶어지는 이유가 여기에 있다.

무언가가 다른 사람에게 긍정적인 효과를 주는 것을 보면 보통 당신도 관심을 두게 된다. 다른 사람이 아주 재미있게 지내거나, 당신이 원하는 것을 이루거나, 어떤 일이 쉽고 즐거워 보이면 당신도 본능적으로 따라가게 된다. 그래서 친구가 어떤 책에 관해 열심히 이야기하면 당신도 자연스럽게 그 책을 읽고 싶어진다. 누군가 기차 안에서 사각사각 소리를 내며 빨간 사과를 먹기 시작하면, 주위 사람들도 사과를 먹고 싶어진다는 연구 결과가 있다. 동료가 점심시간에 밖에 나가 산책하기 시작하면, 당신도 점심시간에 갑자기 산책하고 싶은 마음이 든다.

수십 년에 걸쳐 진행된 인간 행동에 관한 연구에 따르면 우리는 사회적 존재이고 주변 사람의 영향과 영감을 받는다. 탈리 샤롯은 이 현상을 '사회적 전염'social contagion이라고 부르는데, 이는 사람들의 행동이 전염성이 있다는 말을 멋지게 표현한 것이다.

사회적 전염을 주위 사람에게 사용하는 방법은 매우 간단하다. 당신이 보고 싶은 행동 변화가 있다면 스스로 본보기가 되어 당신이 요구해온 내용을 실천하자. 당신이 원하는 행동이나 변화를 향해 나아가도록 누군가에게 영향을 미칠 기회가 조금이라도 있다면 그게 얼마나 쉬운 일인지 그들에게 보여 줘야 한다.

방금 먹은 크루아상을 극찬하면서 다른 사람에게 건강한 음식을 먹으라고 요구할 수는 없다. 하지만 자신이 항상 건강한 음식을 먹고 있으며 그 음식이 얼마나 맛있는지 이야기하면 다른 사람에게 영향을 미칠 수 있다. 자기 손에 휴대폰을 들고 있으면서 다른 사람에게 휴대폰을 보지 말라고 요구할 순 없다. 하지만 시간을 정해 휴대폰을 다른 방에 두고 보지 않는 등 기기 사용에 대한 경계를 더 잘 설정하면 다른 사람에게 영향을 미칠 수 있다.

당신이 보고 싶은 행동을 먼저 보여 주자. 개인적으로 이 연구의 좋은 점은 다른 사람을 변화시키고, 그 변화가 그들의 생각이라고 믿게 하는 교묘한 방식이다.

매일 산책하는 직장 동료의 예를 생각해 보자. 다른 사람이 몇 주 동안 매일 산책하는 모습을 보면 당신도 무의식적으로 영향을 받기 시작한다. 그 사람이 점심시간마다 나가서, 산책 후 돌아오는 모습을 매일 본다고 하자. 올 때마다 그는 기분 좋고 에너지 넘치는 모습으로 웃고 있다. 그다음 점심시간에도 그가 문밖으로 나서는데 당신은 책상에 앉아 샌드위치를 입에 욱여넣으면서 일을 계속하고 있고, 30분 후 그는 활기차고 행복한 모습으로 돌아온다.

그러는 사이 그의 행동은 당신에게 영향을 미친다. 산책을 하고 오면 즐거운 기분이 되는 그의 모습이 기억에 남는다. 그리고 어느 날 갑자기 밖을 내다보니 날씨가 좋아 보여서 평소처럼 점심시간에 일만 하는 대신 산책하고 싶은 생각이 든다.

내가 영향력에 대해 좋아하는 점은 이렇다. 당신은 산책하러 나가면서 '이건 내 아이디어'라고 생각할 것이다. 하지만 실제로는 아니다. 동료의 영향력이 당신의 뇌에 마법을 건 결과다. 그렇다고 그가 마법을 걸기 위해 노력한 것도 아니다! 그저 산책하러 나가서 즐겼을 뿐이다. 말이 되지 않는가? 그것이 바로 영향력이다. 이 연구를 활용해 주위 모든 사람이 변화하도록 영감을 줄 수 있다.

그러니 사람들을 있는 그대로 **내버려두자**. 다른 사람에게 변화를 강요하지 말자. 그들의 행실이나 행동을 통제할 수 없다는 사실을 인정하

자. 성인은 하고 싶은 일만 한다. 당신의 역할은 그들이 누구고 어떤 상황에 있는지를 받아들이는 것이다.

있는 그대로 **내버려두자**. 그리고 **내가 하자**.

누군가에게 좋은 영향을 미치고 싶다면

기억하자. 힘은 당신의 영향력에 있다. 당신은 당신이 통제할 수 있는 것, 즉 당신의 행동에 집중해야 한다는 의미다. 변화한 모습을 보여 주면서 재미있고 쉬워 보이게 하자.

탈리 샤롯의 연구에 따르면 당신의 영향력은 매우 효과적이지만, 긍정적인 영향이 다른 사람의 뇌에 적용되기까지는 시간이 걸리기 때문에 큰 인내심이 필요하다. 따라서 자기 행동과 행동에 대한 태도에만 집중해야 하므로 '내버려두자'라는 말을 많이 해야 한다. 그런데 다른 사람이 변할 거라는 기대를 하지 않고 행동하는 것이 중요하다. 다른 사람이 변할 거라고 기대하면서 행동하면 그들이 변하지 않을 때 당신은 그들을 원망할 것이다.

자신에게 집중하고, 자신에게 효과가 있는 행동과 긍정적인 태도를 실천하고, 당신의 영향력이라는 마법이 그들에게 효과가 있을 거라는 희망을 품자. 적어도 6개월 이상 기다릴 준비를 하자. 여기까지 읽고 당신이 지금 무슨 생각을 하고 있을지 짐작이 간다.

'6개월이라고?'

그렇다. 6개월이다. 헬스장에 가고, 운동이 쉬워 보이게 하고, 주위 사람들이 당신에게 영향을 받아 갑자기 스스로 운동하고 싶어지는 놀라운 결과를 보기까지는 분명 6개월 이상 걸릴 것이다. 그렇게 오래 기다리고 싶지 않거나, 소중한 사람과 이미 대치 상태에 놓여 있다면 영향력을 발휘하는 좀 더 심도 있는 도구를 사용해야 한다.

관계의 대치 상태를 해결하는 ABC 루프

ABC 루프는 전문가들이 말한 가장 효과적인 방법을 결합해 만든 도구다. 이 도구는 당신이 주변 모든 사람에게 적용할 수 있도록 따라 하기 쉬운 공식으로 만들어졌다. ABC 루프에는 세 단계가 있다.

A. 사과한(Apologize) 다음 개방형 질문을 한다(Ask).

B. 물러서서(Back off) 그들의 행동(Behavior)을 관찰한다.

C. 계속 변화(Change)를 보여 주고 발전을 축하한다(Celebrate).

이제 이 세 단계를 하나씩 살펴보면서 정확히 무엇을 해야 하는지 설명하고, 이 도구가 왜 효과가 있는지 과학과 렛뎀 이론으로 설명할 것이다.

1. 기본 규칙: ABC 루프 사용하기

ABC 루프는 검증된 과학적 기술을 바탕으로 하는 대화로 시작한다.

이 대화는 과거에 상대방과 나눴던 여느 대화와는 매우 다르다. 당신은 임상 환경에서 의료 전문가들이 사용하는 연구 기반의 방법을 사용할 것이다. 이 대화가 확실히 성공하려면 먼저 대화하는 상황 자체를 진지하게 받아들이고 미리 준비 작업을 해야 한다.

만약 오래 지속된 문제라면 아마도 당신과 상대방 모두 이 문제에 대한 억눌린 좌절감과 감정이 많이 쌓여 있을 것이다. 그런 상황 자체가 문제의 일부이자, 두 사람의 관계가 대치 상태에 빠진 이유다. 준비 과정과 올바른 대화 설정은 당신의 감정을 진정시키고 더 효과적으로 대화하도록 도와줄 것이다.

대화는 술을 마시거나 빨리 끝내야 한다는 시간 압박 없이 대면으로 이뤄져야 한다. 아무 데서나, 혹은 시간이 20분밖에 없을 때 전화로 이야기해서는 효과가 없다. 대화는 당신이 소중하게 생각하는 사람과 함께 신경 쓰이는 문제에 관해 깊은 수준에서 나누는 교감이다.

대화는 연민과 호기심을 보여 주고 실천할 기회다. 당신이 얼마나 좌절하고 걱정하는지를 토로하거나 불평하는 기회가 아니다. 중요한 것은 무엇이 '옳은지'가 아니다. 긴장을 완화하고 긍정적인 변화가 일어날 수 있는 여지를 만드는 태도로 대화하는 것이 중요하다. 가장 좋은 방법은 상대방의 말을 방해하지 않고 진심으로 경청하는 자세를 갖추는 것이다.

이 공식을 따르면 걱정할 필요가 없다. 왜냐하면 당신은 사랑(그리고 과학)을 바탕으로 대화하기 때문이다. 당신은 할 수 있다.

2. 준비 작업: '5 Whys' 기법 사용하기

대화하기 전에 무엇이 당신을 짜증 나게 하는지, 왜 그들을 바꾸고 싶은지 아주 명확하게 알아야 한다. 이 과정이 중요한 이유는 다른 사람에게 솔직해지기 전에 먼저 자신에게 솔직해야 하기 때문이다.

스스로 진실과 마주하는 방법은 이와 같다. 빈 종이를 사용하거나, 일기장을 펴거나, 노트 앱을 실행하자. 여기서 핵심은 '5 Whys' 기법이라는 검증된 기술을 사용해 감정을 넘어 진실을 파악하는 것이다. 이는 토요타 그룹의 창업자 도요다 사키치豊田佐吉가 엔지니어들이 특정 문제의 근본 원인을 찾아내는 데 도움을 주기 위해 고안한 기법으로, 지금은 전 세계 경영 대학원과 공학 프로그램에서 가르치고 있다.

5 Whys 기법은 인생, 사업, 결혼 등에서 해결할 수 없는 문제를 직면했을 때마다 문제를 해결하고 통찰력을 얻기 위해 내가 꾸준히 사용해 온 공식이다. 이 기법에서는 그 문제가 당신을 괴롭히는 이유에 대해 훨씬 더 깊은 답을 얻을 때까지 총 다섯 번 '왜?'라고 질문한다. 5 Whys 기법을 사용하는 방법은 다음과 같다.

1. 자신에게 물어보자: '왜 이 사람의 행동(또는 이 상황)이 나를 이토록 괴롭히는가?' 이유를 생각해 보고 답을 적거나 말해 보자.
2. 그리고 다시 물어본다: '왜 나를 괴롭게 하는가?'
3. 그리고 다시 묻자: '왜 나를 괴롭게 하는가?'
4. 그리고 또다시 묻자: '왜 나를 괴롭게 하는가?'
5. 마지막으로 다시 묻자: '왜 나를 괴롭게 하는가?'

남편의 건강 문제로 속상해하는 내 친구가 이 기법을 적용한 예시를 살펴보자.

1. 왜 이 행동 또는 상황이 당신을 괴롭히는가?: 남편이 자기 건강에 관심이 없어 보여서 괴롭다.
2. 왜 당신을 괴롭히는가?: 남편이 아이들에게 건강하지 않은 습관을 보여 주고 있다.
3. 왜 당신을 괴롭히는가?: 맥주 한잔, TV를 15분 더 보는 것, 아이스크림 때문에 더 중요한 걸 무시하는 것 같다. 그래서 남편의 매력이 떨어진다.
4. 왜 당신을 괴롭히는가?: 남편이 내 평생의 사랑인데 이기적으로 행동한다고 생각한다. 그냥 소파에서 일어나서 운동만 하면 되는데 그렇게 안 해서 심장마비를 일으킬까 봐 걱정된다.
5. 왜 당신을 괴롭히는가?: 남편을 일찍 잃을까 봐 두렵다.

이제 어떻게 적용하는지 알겠는가? 5 Whys 기법을 사용하면 이 문제가 단순히 그녀가 남편에게 화를 내는 것보다 훨씬 더 심각한 문제라는 사실을 분명히 알 수 있다. 그녀가 그토록 스트레스를 받은 이유가 바로 거기에 있다. 그런데 여기서 알아야 할 또 하나의 문제가 있다. 당신의 대답은 사람들에게 공개하기 어려운, 대단히 사적인 내용을 담고 있을 것이라는 사실이다.

자신의 못난 모습을 발견하더라도 근본 원인을 파악할 수 있도록 자신을 허용하자. 수천 명과 함께 이 기법을 실행해 본 결과, 스스로 찾아내기 대단히 힘든 한 가지 주제가 계속 등장했다. 바로 상대방에 관한 판단과 그들의 행동으로 자신이 좋지 않게 인식될(또는 인식된다고 생각할) 거라는 우려였다. 예를 들어 다섯 번의 질문에 대답하다 보면 아들이 술을 마시는 것에 화가 난 진짜 이유는 알코올 의존증이 있는 아들이 창피하기 때문이라는 결론을 얻을 수 있다. 또는 성공하지 못한 사람과 결혼한 것이 부끄러워서라는 결론을 얻을 수도 있다.

5 Whys 기법으로 알게 된 사실은 사적인 내용이므로 다른 사람과 공유할 필요는 없다. 다른 사람에게 압박을 가한 것에 대해 사과하는 데 도움이 된다고 생각하면 공유해도 되지만, 이 기법은 당신이 화가 나는 근본 원인을 찾기 위한 것이다. 그 원인은 당신이 통제력을 잃었다고 느끼게 만드는 상대방의 행동과 항상 관련이 있다.

스스로 솔직해지자. 결국 자신의 문제이며, 통제하고 싶은 자신의 욕구에 관한 문제였음을 알게 되면 압박을 멈추고 상대방을 **내버려두기**가 더 쉬워진다. 그리고 ABC 루프를 사용해 대화를 시작할 때 감정에 흔들리지 않게 된다.

ABC 루프는 이렇게 시작한다.

A 단계: '사과'한 다음 개방형 '질문'을 한다

이 첫 번째 단계는 변화를 끌어내기 위해 닥터 K가 가르쳐 준 동기부여 인터뷰라는 증거 기반 기법을 사용한다. 닥터 K는 이 기법이 다른 사람의 동기 변화에 영향을 줄 수 있는 얼마 안 되는 방법의 하나로, 자

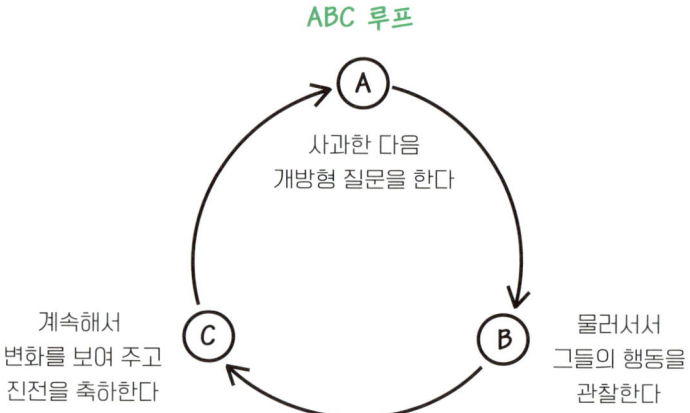

신의 환자들에게 사용한다고 했다.

내가 이 기법에서 가장 좋아하는 부분은 개방형 질문에 초점을 맞춘다는 점이다. 이 기법에는 상대방이 느끼는 감정에 관해 이야기하게 하면, 그 사람이 원하는 것과 현재 자기 행동 사이의 단절에 관해 생각하게 된다는 아이디어가 깔려 있다. 이는 압박과 반대되는 개념이다. 상대방이 무엇을 해야 하는지 알고 있다고 생각하는 게 아니라, 상대방이 자기 행동에 관해 어떻게 생각하는지 궁금해하는 호기심에서 비롯된 질문을 하는 것이다.

이 대화를 시작하는 가장 좋은 방법은 먼저 사과하는 것이다. 예를 들면 이렇게 말할 수 있다. "당신을 판단하고 압박해서 미안해. 그리고 당신이 당신의 이러이러한 점에 관해 어떻게 생각하는지 물어본 적이 없다는 것을 알게 됐어." '당신의 이러이러한 점'에는 건강, 성적, 구직, 미혼 상태, 생활 환경, 결혼, 음주, 재정 상태 등 다양한 단어가 들어갈 수 있다.

사과로 시작하면 공감하고 지지하는 대화의 분위기가 만들어진다. 진심으로 몸을 숙여 경청하고, 상대방이 그 문제에 관해 어떻게 느끼는지 알아보려고 노력하자. 그리고 상대방이 무슨 말을 하든 방금 한 대답을 반영한 개방형 질문을 계속하자. 운동하지 않는 남편을 둔 내 친구의 경우는 이렇게 질문할 수 있다. "지금 건강이 어떤 것 같아?"

닥터 K는 개방형 질문을 하면 상대방은 자기가 처한 상황에 대해 진심으로 느끼는 감정과 그 상황에 대해 아무것도 하지 않았다는 사실 사이의 괴리를 인식하고 갈등하게 된다고 말한다. "인생에서 하는 모든 행동은 개인에 따라 다르죠. 동기부여 인터뷰는 사람들이 이 원리를 이해하도록 돕습니다. 우리가 원하는 것은 사람들이 자기 상황에 관해 생각하도록 부추기는 거예요."

그다음에는 첫 번째 질문에 상대방이 무슨 대답을 하든 그 질문에 대한 당신의 감정을 공유하지 않는다. 그저 그 대답을 반복한다. "그러니까 건강이 괜찮다고 생각한다는 말이군요?"

"괜찮아요."라고 단답형 대답을 하더라도 괜찮다. 다른 개방형 질문으로 바꾸면 된다. "괜찮다고 생각하는 이유가 뭔가요?"

그리고 계속해서 호기심을 가지고 수용의 자세로 경청하고, 상대방의 대답에 반복하는 개방형 질문으로만 대응하자. "오랫동안 이렇게 지냈기 때문에 건강이 괜찮다고 생각하는 거군요."

다음은 닥터 K가 거의 모든 주제에 대해 추천하는 몇 가지 후속 질문이다.

- "그것에 관해 어떻게 생각해요?"
- "그러니까 익숙해졌다는 말이군요."
- "당신은 편안하다는 거네요. 그런데 제게는 조금 포기한 것처럼 들려요. 변화하려면 너무 큰 노력이 필요하다고 느끼나요?"
- "어떤 점이 힘들다고 느끼나요?"
- "내가 더 많은 것을 기대하면서 항상 잔소리해서 엄청 짜증 났겠네요."
- "얼마나 오랫동안 그렇게 생각했는지 말해 줄 수 있어요?"
- "그러니까 내가 아무것도 할 필요가 없다는 말인가요?"

다시 한번 말하지만 당신은 질문을 할 뿐이다. 당신의 의견은 이 대화와 관련이 없고 옳지도 않다. 의견을 제시하는 순간 상대방은 압박감을 느끼고 이 비법의 효과는 사라질 것이다.

스튜어트 애블론이 임상 실습에서 사용하는 질문 중에 내가 정말 좋아하는 질문이 있다. "당신은 이 문제에 대해 무엇을 하고 싶은지 생각해 봤나요?" 이 질문이 좋은 이유는 당신이 상대방에게 무언가를 강요하는 것이 아님을 보여 주기 때문이다. 오히려 정반대다. 당신은 해결책을 찾기 위해 그들과 함께 노력해야 한다. 이런 개방형 질문을 통해 압박감을 없앤 것이다. 정말 대단하지 않은가? 개방형 질문은 당신이 사랑하는 사람이 스스로 상황을 통제하고 있다고 느끼게 해서 힘이 있다고 생각하게 한다.

이 기법은 사람들이 실제로 원하는 것과 현재 행동 사이에 큰 괴리가 있음을 스스로 인정하게 하는 데 매우 효과적이다. 이는 연구와 임상 환경에서 입증된 사실이다. 또한 이 기법을 사용하면 사람들은 상황에 접근하는 방식에 대해 자신이 주도권을 가졌다고 느낀다.

당신의 목표는 사람들이 현재 행동과 실제로 원하는 것 사이에서 갈등하게 하는 것이다. 애블론이 내게 공유한 또 한 가지 진실을 알려 주자면 이렇다. '사람들은 잘할 수 있을 때 잘한다. 잘하고 싶을 때가 아니라 잘할 수 있을 때다.' 이런 개방형 질문을 하다 보면 당신이 사랑하는 그 사람은 잘하고 싶은 마음은 있지만 지금 당장은 할 수 없다고 생각하고 있다는 걸 알 수 있다.

이는 동기부여의 문제가 아니다. 그들은 자신이 변화할 수 있다는 믿음이 부족하다. 그들은 자신이 할 수 있다고 생각하지 않는다. 내가 이 기법을 좋아하는 이유는 당신을 판단의 위치에서 연민의 위치로 움직이게 해주고 진정한 공감과 변화가 일어날 수 있는 여지를 만들어 주기 때문이다.

이 점을 강조하고 싶다. 상대방이 단답형으로 대답하거나 주제를 계속 바꾸려고 한다고 해서 낙심하지 말자. 이 기법의 목적은 상대방이 진실을 말하게 하는 게 아니라 내적으로 불편함을 느끼게 하는 것이다. 그들은 그런 불편함을 내비치고 싶어 하지 않을 수도 있다. 하지만 그런 갈등은 궁극적으로 변화의 동기가 되기 때문에 매우 중요하다. 자신이 원하는 것과 현재 행동 사이의 괴리를 깨달으면 결국 스스로 변화하는 원동력이 된다.

따라서 이 과정에 당신이 끼어들면 안 된다. 당신은 그저 상대방이 괴리를 경험하게 하는 수단이므로 사랑과 연민, 호기심을 담아 질문해야 한다. 당신은 이 주제에 관해 그들이 어떻게 느끼는지만 알면 된다. 이 대화는 그들이 변화하려는 동기를 일깨우는 중요한 요소다. 그러니 그들이 말하게 **내버려두자**. 그리고 **나는** 경청하자.

B 단계: '물러서서' 그들의 '행동'을 관찰한다

상대방에게 '사과'하고 개방형 '질문'을 했으니 이제는 '물러서서' 압박을 멈춰야 한다. 상대방이 곧바로 행동에 나설 거라고 기대하지 말자. 그들이 받아들일 시간이 필요하다. 따라서 먼저 변화를 보여 주고 쉽고 재미있게 보이도록 하면서, 이 문제가 왜 중요한지 상대방이 스스로 알아낼 수 있도록 자유를 줘야 한다.

산책하는 동료의 예시를 생각해 보자. 스스로 산책하고 싶은 마음이 들려면 다른 사람이 산책하는 모습을 몇 달 동안 지켜봐야 할지도 모른다. 잘 생각해 보면 점심시간에 일하며 앉아 있는데 동료가 산책하는 모습을 볼 때마다 몸에서 긴장감이 느껴질 것이다. 그리고 결국 그 긴장감이 동기가 되어 문밖으로 나서게 된다.

따라서 시간을 주어야 한다. 긴장감이 동기로 바뀌려면 시간이 걸린다. 그냥 **내버려두자**. 개방형 질문을 한 후에는 행동을 관찰하기만 하고 바꾸려고 하지 말자. 만약 행동이 바뀌는 모습이 보인다면 정말 멋진 일이다. 설령 바뀌는 모습이 없어도 그냥 **내버려두자**.

특히 사랑하는 사람을 변화시키려면 시간이 걸린다. 그러니 물러서자. 그들이 당신과의 대화에서 충분한 공간과 시간, 거리를 느껴야 "거

봐, 내가 말했잖아." 같은 반응을 듣지 않을 거라고 확신하게 된다. 공간이 있어야 스스로 아이디어를 떠올릴 수 있고, 시간이 있어야 긴장감이 동기로 바뀔 수 있다.

C 단계: 계속 '변화'를 보여 주고 진전을 '축하'한다

계속해서 변화의 본보기를 보여 주면서 개방형 질문을 하고, 그런 다음에는 물러서서 모든 진전을 축하해야 한다. 그들이 아주 작은 진전만 이뤄 내도 축하하자. 탈리 샤롯의 연구에 따르면 즉각적이고 긍정적인 칭찬은 행동 변화에 영향을 주는 핵심 요소다.

예를 들어 어느 날 배우자가 지하로 내려가 실내 자전거에 올라탄다면 놀라운 일이 생긴 것이다. 남편이 위층으로 올라오면 안아 주자. 그리고 자랑스럽다고 말해 주자. 샤롯은 당신이 할 수 있는 가장 효과적인 일은 배우자가 운동이나 당신이 원하는 일을 했을 때, 그들이 얼마나 매력적으로 보이는지 말해 주거나 뺨에 입을 맞추는 것이라고 설명한다. 좀 느끼하게 들릴지 모르겠지만 실제로 효과가 있다.

다만 우리는 '좋은 기분'을 바랄 뿐이다

연구에 따르면 우리는 어려운 일을 한 후에 즉시 긍정적인 보상을 받으면 내재적 동기 또는 다시 하고 싶은 욕구가 커진다. 노력을 인정받으면 앞으로도 계속 노력할 수 있는 원동력이 된다. 힘든 일은 정말 즐거운 일, 즉 우리가 받는 보상과 결합된다. 닥터 K가 인간의 뇌에 관해 가르쳐 준 내용을 기억하자. 우리는 본능적으로 즐겁고, 쉽고, 재미있다고 느끼는 방향으로 움직인다.

내 친구가 운동을 마친 남편을 칭찬하고 안아 주고 좋아할수록 남편은 운동을 칭찬과 욕망, 아내가 자신을 멋지게 생각한다는 사실과 더 빠르게 연결 지을 것이다. 그녀의 긍정적인 관심은 남편을 움직이게 하는 즐거움이 된다. 사실 지금까지는 늘 부족했던 것이다.

이는 상식이 아니라 신경과학이다. 인간은 본능적으로 즉각적인 긍정적 이득, 즉 좋은 것이나 축하 등을 지향한다. 그리고 변화는 강요와 위협, 압박, 두려움으로 여긴다. 하지만 수용과 연민, 진실하고 효과적인 방법으로 지지를 받으면 변화로 나아가는 데 성공할 수 있다.

말이 되는 이야기 같지 않은가? 성인은 하고 싶은 마음이 들 때만 행동한다. 당신의 힘은 긍정적 영향력에 있다. 그러니 그냥 **내버려두자**. 그리고 **내가** 과학을 활용해 변화를 끌어내자. **내버려두기**는 당신이 감정의 소용돌이와 깨진 역학 관계에서 벗어나 굳건한 연결을 다지는 데 도움이 되고, **내가 하기**는 당신이 사랑하는 사람에게서 긍정적인 행동 변화를 이끌어내 줄 것이다.

그들은 즉시 변할 수도 있고 일주일 안에 변할 수도 있다. 변화하는 데 몇 개월, 몇 년이 걸릴 수도 있다. 끝까지 변하지 않을 수도 있다. 그래도 괜찮다. 이 책의 후반부에서는 ABC 루프를 시도하고 6개월 동안 물러서 있었는데도 긍정적 변화가 없는 경우 어떤 일이 벌어지는지 논의할 것이다. 이런 일이 발생하면 관계를 깰 만한 원인이 되는지 결정해야 한다. 누군가에 대해 끊임없이 불평하면서 관계를 지속하는 것은 불공평하다. 당신은 항상 상황을 더 좋게 만들거나, 있는 그대로 받아들이는 방법을 배우는 힘을 가지고 있다.

어떤 관계든 가장 중요한 변화는 당신이 통제할 수 있는 변화, 즉 자신의 변화다. 당신은 스스로 행동 방식을 바꿀 수 있다. 사랑하는 사람을 더는 압박하지 않고 그들에게 사랑을 더 표현하자. 그렇게 하면 당신이 영향력을 갖게 된다. 이 과정에서 당신이 제대로 한다면 갈등이 줄어들 뿐만 아니라 그 과정에서 관계가 훨씬 더 좋아질 것이다.

그런데 단순히 몸매를 더 예쁘게 만들거나, 직장에서 조금 더 열정적으로 일하거나, 집에서 좀 더 적극적으로 도움을 주는 것 같은 사소한 문제가 아니라 좀 더 위험한 문제라면 어떨까? 예를 들어 사랑하는 사람이 부정적인 생각에 정신을 못 차린다면 어떻게 해야 할까? 그냥 계속 술을 마시도록 **내버려둬야** 할까? 우울증에 빠져 침대에 계속 누워 있게 **내버려둬야** 할까? 그냥 무너져 내리도록 **내버려둬야** 할까?

이 책을 위해 조사하는 동안 이런 질문을 계속해서 접했다. 다음 장에서는 렛뎀 이론과 최근 전문가 연구를 활용해 힘든 시간을 보내고 있는 사람을 지원하는 완전히 새로운 접근 방식을 배울 것이다.

· · ·

먼저 다른 사람이 변화하도록 동기부여하는 방법을 요약해 보자. 당신은 주변 사람들이 변하길 바라지만 그들은 당신의 압박과 강요에 더 강하게 저항할 뿐이다. 이때 렛뎀 이론은 다른 사람을 받아들이고 자신의 성장에 집중하며 압박 대신 긍정적 영향력으로 변화를 끌어낼 수 있다.

1. 문제점: 압박으로는 변화를 만들어 내지 못한다. 저항만 불러올 뿐이다. 당신은 좋은 의도로 행동한 것이지만 그럴 때마다 상대방은 멀어진다. 압박은 관계에 부담을 줄 뿐만 아니라 상대방의 뇌와 몸 안에 있는 본능과 맞서 싸우는 것이다. 당신은 상대방이 그렇게 행동하지 않아서 긴장감과 좌절이 생겨난다고 생각하지만, 틀렸다. 긴장감과 단절은 당신의 압박으로 생겨난다.

2. 진실: 성인은 변화하고 싶은 마음이 들 때만 변화한다. 인간에게는 삶의 모든 측면을 통제하려는 생존 본능이 강하게 자리 잡고 있다. 누군가 자신이 강요받고 있다고 느끼면 그럴 때마다 저항할 것이고, 당신은 통제권을 두고 싸워야 하는 상황에 부딪힌다. 인간이 원하는 것은 수용과 사랑이다. 사람들은 자기 생각과 행동, 결정을 통제할 수 있어야 한다. 당신의 힘은 당신의 영향력에 있다.

3. 해결책: 렛뎀 이론을 사용하면 영향력의 법칙으로 다른 사람의 내재적 동기를 끌어내 스스로 변화하게 할 수 있다. ABC 루프를 사용해 개방형 질문을 하고, 먼저 변화를 보여 주고, 발전을 축하함으로써 다른 사람이 변화하도록 영향력을 발휘하자. 여기서 핵심은 상대방이 그 변화를 당신의 생각이 아니라 자기 생각이라고 믿을 수 있는 공간을 만드는 것이다.

'내버려두자'라고 말하면 당신은 상대방을 있는 모습 그대로 받아들이고 긴장과 압박을 완화할 수 있다. '내가 하자'라고 말하면 신경과학을 자신에게 유리하게 활용해서 상대방이 변화하도록 동거를 부여하는 데 영향력을 발휘할 수 있다. 성인은 성인답게 내버려두고 당신의 영향력으로 그들의 변화를 끌어내자.

힘들어하는
누군가를 돕기

제16장

구하려 할수록
더 깊이 가라앉는다

당신이 무슨 생각을 하는지 안다. 성인을 성인답게 두라고? 하지만 내가 변화시키려는 사람이 심각한 문제에 처했다면 어떻게 해야 할까? 그냥 괴로워하도록 **내버려둬야** 할까? 술 마시고 운전하도록 **내버려둬야** 할까?

당연히 아니다. 누군가가 위험하거나 자기 파괴적인 행동을 할 때 그냥 **내버려두면** 안 된다. 나서서 돕고, 책임지고, 도움이 되는 일은 무엇이든 하자. 도움을 요청하거나, 경찰을 부르거나, 재활센터에 데리고 가거나, 안전한 상태가 될 때까지 위기를 함께 견뎌야 한다. 당신의 대응이 그 사람의 생명을 구할 수도 있기 때문이다.

문제는 힘든 일을 겪고 있는 사람들 대부분이 그 사실을 숨긴다는 것이다. 그들은 당신 앞에서 마약을 하지 않고 당신에게 거짓말을 한다. 직장에서는 씩씩한 척하지만 사실은 남몰래 우울증으로 힘들어한다. 그래서 힘들어하는 사람들을 대할 때 가장 큰 문제는 일이 대단히 심각해질 때까지 어느 정도 힘들어하는지 알 수 없다는 점이다. 장담하건대 당신의 주변에 있는 사람 중 적어도 한 명은 엄청나게 힘든 시간을 보내고 있을 것이다. 물론 당신은 알지 못한다.

힘들어하는 사람들은 보통 그 사실을 부인한다. 수치심을 느끼기 때문이다. 그들은 자신이 짐이 되며 모두에게 실망감을 준다고 생각한다. 그래서 도움을 요청하지 않거나, 무슨 일이 있는지 털어놓지 않는다.

사랑하는 사람이 정신 건강 문제, 극도의 슬픔, 중독으로 힘들어하는 모습을 지켜보는 건 당신이 인생에서 마주하는 대단히 힘든 경험 중 하나일 것이다. 더 가혹한 사실은 모든 사람이 더 좋아지거나, 술을 끊거나, 노력하거나, 도움을 요청하거나, 문제를 직면할 준비가 되어 있지는 않다는 것이다. 게다가 모든 사람이 그렇게 할 수 있는 것도 아니다.

나는 임상심리학자인 니콜 르페라 Nicole LePera의 연구에서 이 사실을 배웠다. 르페라는 온라인에서 수백만 명의 팔로워들에게 '전체론적 심리학자' The Holistic Psychologist로 알려져 있다. 그녀의 연구는 치유가 매우 개인적인 여정임을 알려 준다.

아무리 상대방을 사랑하고 믿어 주고 그들의 고통을 없애 주기 위해 무엇이든 할 수 있을 것 같아도, 당사자만큼 그들의 금주나 치유나 건강을 바라는 사람은 없다. 이 섹션에서는 당신이 도움을 주는 과정에서 어떻게 상대방이 자신의 어려움을 극복할 힘을 찾지 못하도록 알게 모르게 방해하고 있는지를 살펴볼 것이다.

누군가를 더 많이 구하려 할수록 그들은 계속 더 깊이 빠져들 것이다. 누군가가 자기 행동의 자연스러운 결과를 받아들이도록 하는 것은 치유에 필요한 과정이다. 사실 어른은 노력할 준비가 되었을 때만 좋아질 수 있다. 하지만 그들이 준비하는 속도보다 당신의 준비 속도가 훨씬 빠를 것이다. 가혹하게 들리겠지만 사실이다.

우리는 지금까지 인간관계, 우정, 인간 본성에 대해 배운 모든 내용을 바탕으로 가장 어려운 상황에서도 이 진리를 적용하는 방법을 보여줄 것이다. 또한 상대방이 더 나아지기 위해 노력할 수 있다는 믿음을 바탕으로, 그들이 어려움을 극복할 수 있도록 도움을 주는 새로운 접근 방식을 배울 것이다.

시작하기 전에 한 가지 주의 사항이 있다. 힘들어하는 성인을 돕는 것과 힘들어하는 아이를 돕는 것은 다르다. 아이를 대할 때는 그들의 정서적, 경제적, 신체적 지원을 책임져야 한다. 하지만 성인을 대할 때는 그렇지 않다.

구원에 관한 가혹한 진실

앞서 말했다시피 변화하라고 압박하면 상대방의 저항을 부른다. 당신의 압박과 비판은 힘들어하는 사람의 상황을 악화시킬 뿐이다. 심각한 문제일수록 상대방이 느끼는 수치심과 무력감은 더 크다. 사람은 준비가 되어 있을 때만 치유된다. 치유되지 않는다면 준비가 되지 않았기 때문이다. 사랑하는 사람이 내적으로 힘들어한다면 반드시 이 사실을 기억해야 한다. 그들은 당신이나 아이들, 가족을 위해서 치유되지 않는다. 그들은 자신을 위해 치유되고 싶어야 한다.

이해가 안 될 수도 있다. 만약 당신이 같은 처지라면 다르게 행동할 수도 있다. 하지만 그런 건 중요하지 않다. 당신의 모든 의견은 판단일 뿐이다. 상대방에 대한 당신의 의견과 그들이 해야 할 일에 대한 당신의 생각은 압박으로 해석되기에 결국 문제가 될 뿐이다. 판단의 방향이 상대방을 향하면 도움이 되지 않기 때문에 상담사나 친구 등 당신의 판단을 배출할 수 있는 출구가 필요하다. 힘든 시기를 겪는 사람에게 필요한 것은 수용이다. 그들이 힘든 시기를 겪도록 **내버려두자**.

사람은 스스로 치유할 준비가 되어 있을 때만 치유된다. 치유는 매우 개인적인 문제고 어려운 싸움이다. 그래서 본인이 싸울 준비가 되었을 때만 싸울 수 있다. 당신이 다른 사람을 싸우게 만들 수는 없다. 그들이 술을 끊게 만들 수도 없고 경제적으로 책임지게 할 수도 없으며 치유하게 할 수도 없다.

그렇다. 그들에게 필요한 것은 당신의 사랑과 지지다. 그런데 이때 어려운 점이 있다. 그들을 '구조'할 필요는 없다. 다시 한번 강조하지만 당신이 누군가를 구하려 할수록, 그들은 계속해서 더 빠져들 것이다. 당신이 누군가의 행동을 더 많이 비판할수록, 그들은 당신에게 더 많은 거짓말을 할 것이다. 누군가를 구하는 행동은 그 사람을 지지하는 게 아니며, 상대방의 자기 파괴적 행동을 묵인하는 것은 그 사람을 사랑하는 방법이 아니라는 사실을 반드시 알아야 한다. 지지와 묵인은 종이 한 장 차이다.

묵인은 상대방을 돕고 싶다는 생각에 문제 행동을 정당화하거나 지원하는 것이다. 예를 들어 책임감 없이 돈을 쓰고 일자리를 구하지 않는 성인 자녀에게 돈을 주는 것은 묵인에 해당한다. 묵인은 어젯밤에 술을 마셨다는 이유로 사람들을 감싸 주는 것, 화를 내는 배우자를 위해 변명하는 것, 갈등을 피하고자 문제를 무시하는 것 등의 형태로 나타날 수 있다.

누군가를 진심으로 사랑하면 그 사람이 힘겹게 배우도록 **내버려둬야** 한다. 자신의 힘을 되찾는다는 것은 다른 사람의 문제를 모두 해결해 주려 하지 않거나 그들의 행동에 대해 변명하지 않는 것을 의미한다. 돈과 말, 행동으로 상대방을 묵인해 주면 그들의 독립성을 키울 수도 없고 치유도 방해하는 것이다. 그들의 고통과 빚, 실패는 지속될 것이고 결국 당신도 똑같이 고통스러워질 것이다. 당신의 도움이 상황을 쉽게 만들어 줄 것이라고 생각하겠지만 실제로는 그들의 회복과 자기 개선을 더 어렵게 만든다.

다른 성인이 자기 행동에 따른 자연스러운 결과를 직면하고 느끼도록 허용하는 것이 치유의 가장 중요한 단계다. 이 책을 위해 대화를 나눈 모든 전문가가 이 사실을 반복해서 강조했다. 그래서 나도 당신에게 (그리고 나 자신에게) 이 사실을 계속해서 상기시키려고 한다.

렛뎀 이론은 다른 사람을 돕는 것이 그들의 문제를 대신 해결해 주는 것이 아니라 그들에게 스스로 문제를 해결할 수 있는 공간, 지원, 도구를 제공하는 것이라고 가르친다. 치유를 당신이 사랑하는 사람이 반드시 선택해야 하는 게임으로 생각하자. 당신의 지지는 상대방에게 공을 던지는 것과 같다. 상대방에게 계속해서 공을 던져 줄 수 있지만 중요한 건 그 사람이 공을 잡아서 운동장을 달리는 것이다. 묵인은 상대방이 공을 잡지 않을 때마다 당신이 그 공을 대신 잡고 운동장을 달리는 것이다.

그들이 공을 떨어뜨려도 **내버려두자.** **내가** 공 던지기를 멈추자. **내가** 공을 집어서 운동장을 달려 내려가고 싶은 충동을 억누르자. 무슨 일이 벌어지고 있는지 **내가** 거짓말하지 말자. 그들이 변할 준비가 되어 있지 않다는 사실을 **내가** 받아들이자.

나도 알고 있다. 사랑하는 사람이 힘들어하는 모습을 지켜보는 게 세상에서 가장 힘든 일이라는 걸. 나는 무정한 사람이 아니다. 절망과 중독이라는 질병으로 너무 많은 사람을 잃은 경험이 있다. 그들이 공을 잡았더라면 좋았을 텐데. 하지만 내가 아무리 바라도 그들을 다시 돌아오게 할 수 없고, 그들이 지금보다 더 나은 상황이 되도록 스스로 노력하게 만들 수는 없다.

당신이 할 수 있는 일은 지금 처한 상황을 인식하는 것뿐이다. 상대방이 공을 잡으려고 하지 않는다면 공 던지기를 멈춰야 한다. 그들이 공을 잡을 준비가 된 순간, 당신은 이미 공을 던지려고 기다리고 있을 거라는 사실을 우리 모두 마음속 깊이 알고 있다.

성인의 치유는 당사자가 시작해야 한다

누군가의 금주나 치유, 경제적 자유, 야망, 행복을 당사자보다 더 바랄 수는 없다. 방금도 말했지만 사랑하는 사람이 나아질 준비를 하기 훨씬 전에 당신은 이미 준비가 되어 있을 것이다. 따라서 당신은 상황에 대한 자기 반응을 통제하고 있어야 한다. 지금 당신은 이성적 판단이나 건전한 의사결정을 할 수 있는 사람을 상대하는 것이 아니다.

아이를 상대할 때는 늘 이 점을 염두에 둬야 한다. 아이들의 뇌는 아직 완전히 형성되지 않았다. 따라서 아이가 스스로 치유하도록 묵인해서는 안 된다. 전문가들에 따르면 발달상 관점에서 보면 인간의 뇌는 25세가 되어서야 완전히 성숙한다. 법적으로는 18세가 되면 성인이지만 신경과학적 관점에서 보면 18~25세 사이의 성인은 여전히 많은 지도가 필요하다. 따라서 당신은 성숙하고 책임 있는 사람으로서 이들에게 무슨 일이 일어나고 있는지 안내해야 한다.

25세 이상의 성인은 다르다. 성인은 자신의 치유에 책임이 있다. 그리고 치유할 능력이 있다. 하지만 신경학적 관점에서 보면 힘들어하고 있는 사람은 나이와 관계없이 순수하게 생존 모드에 있을 것이다. 특히 우울증이나 중독으로 고통받고 있거나 비극적인 상황에 직면한 사람은 만성적인 싸움과 도피, 정지 상태에 있다.

그래서 상황이 고통스럽고 곤란해진다. 당신은 그들을 생존 모드에서 벗어나게 할 수 없다. 안아 주거나 울 때 함께 있거나 진정될 때까지 이야기를 들어 주면서 그 순간에는 그 사람을 달래 줄 수는 있지만, 만성적인 스트레스 상태에서 벗어나게 할 수는 없다. 그들이 스스로 그 상태에서 벗어나기 위해 노력해야 한다.

스트레스 관리, 다른 사람의 변화에 대한 영향력, 뇌의 구조에 관해 우리가 배운 모든 내용이 여기에 적용된다. 닥터 K는 인간은 본능적으로 그 순간에 더 쉽고 즐거운 방향으로 향하고 고통스럽고 힘든 것은 피한다고 설명했다. 우울할 때는 침대에 누워 있는 것이 더 편하게 느껴진다. 슬플 때는 이 고통을 절대 극복할 수 없을 것이라고 생각하기 쉽다. 힘들 때는 고통을 가라앉히려 술을 찾는다. 그래서 당신이 사랑하는 사람들은 수년간 같은 문제로 고통받고 있다. 그들도 나아지고 싶지만 아마도 자신이 할 수 있을지 의심하고 있을 것이다.

나 역시 심각한 산후우울증이나 극도의 불안감에 시달렸던 시절에는 절대 그 상황에서 벗어나지 못할 것이라는 두려움에 시달렸다. 그래서 처음에는 나아지는 과정이 되레 더 나빠지는 것처럼 느껴진다. 그러다 보니 그 과정을 점점 더 피하게 되고 이해되지 않는 방식으로 행동하게 된다.

언젠가 중독 전문가로부터 사람들은 술에 취한 상태가 피하고 있는 문제를 직면하는 것보다 더 고통스럽게 느껴질 때까지는 술을 끊지 않는다는 걸 들은 적이 있다. 그 말을 듣고 나는 많은 것을 깨달았다. 당신이 판단의 위치에서 이해와 연민의 위치로 옮겨 갈 때도 이 말이 도움이 될 수 있다. 상대방에겐 변화하려는 의지를 자극할 수 있는 고통이 필요하다.

모든 문제가 마찬가지다. 굶는 것이 피하고 있는 문제를 직면하는 것보다 더 고통스럽게 느껴질 때까지는 그 누구도 식이 장애를 고칠 수 없다. 성 중독을 숨기는 것이 진실을 직면하는 것보다 더 고통스럽게 느껴질 때까지는 그 누구도 성 중독을 치료할 수 없다. 이 책을 위해 조사하는 동안 나와 대화를 나눈 모든 전문가가 말했듯이, 힘든 경험은 살아가는 데 반드시 필요하며 더 나아지기로 선택한 사람에게 가장 중요한 요소다.

여기서 '선택'이라는 단어에 주목하자. 힘들어하는 사람은 문제로부터 도망치고 고통을 무감각하게 만든다. 치유는 선택이다. 이 사실이 우리에게 문제가 된다. 다른 사람이 힘들어하는 것을 내버려두는 것과 동시에 그 사람의 고통을 없애고 싶은 절박한 욕구 사이에서 항상 갈등을 느끼기 때문이다.

나도 이런 실수를 저질렀다. '만약 내가 그들의 삶을 더 편하게 만들 수 있다면 변화도 더 쉽게 만들 수 있지 않을까?'라고 생각했다. 그 생각은 틀렸다. 누군가의 고통을 없애려는 노력과 그 사람이 스스로 노력하도록 지원하는 것 사이에는 큰 차이가 있다. 여기서 어려운 점은 모든 상황이 달라서 어떤 지원이 당신에게 적합한지 알아내야 한다는 것이다.

이런 고통스러운 경험은 닥터 K가 언급했던 동기부여 과정의 일부이기도 하다. 다시 말해 문제를 피하는 편이 더 쉽다면 사람들은 절대 문제를 받아들이지 않을 것이다.

그들이 인생에서 배우도록 내버려두어라

로버트 월딩거Robert Waldinger는 정신과 의사이자 정신분석가이며 하버드 의과대학의 정신과 임상 교수다. 그는 성인 생활에 관한 광범위하고 오랜 연구 프로젝트 중 하나인 하버드 성인발달연구소Harvard Study of Adult Development를 이끌고 있다. 월딩거는 우리가 대화하는 가운데 이 문제에 대해 구체적으로 언급했다.

>사람들이 인생에서 배울 수 있게 하자. 자기 선택의 결과로부터 그들을 보호하려 들지 말자. 누군가 "취업하고 싶지 않아요."라고 말하면 "좋아요, 그럼 어떻게 집세를 낼 건가요?"라고 묻자. 인생의 어려운 문제로부터 그들을 보호하지 않고도 그들이 문제에 대처할 수 있도록 도움을 줄 방법은 많다. 사랑하는 사람의 중독 문제를 다룰 때 이런 일이 자주 발생한다. 우리는 사랑하는 사람이 약물 중독으로 실직하거나 파트너를 잃는 고통을 겪도록 그냥 두어야 한다. 나서서 그 고통을 해결하려고 하지 말자. 사람들이 자기 선택의 결과를 직면하게 하면 그로부터 교훈을 얻게 된다.

어쩌면 그들은 감옥에서 하룻밤을 보내야 할지도 모른다. 직장이나 가족을 잃어야 할지도 모른다. 대학을 그만둬야 할지도 모르고 가족이 필요해서 함께 살아야 할지도 모른다. 어쩌면 중독이 너무 심해서 노숙자가 될 수도 있다.

중독이나 심각한 정신 질환과 같은 극단적인 상황에만 해당하는 것은 아니다. 향수병, 불안, 자기 의심으로 힘들어하는 사람에게도 같은 원칙이 적용된다. 하버드 의과대학의 임상심리학자 루아나 마르케스Luana Marques는 문제를 마주했을 때 사람들이 흔히 보이는 습관 또는 대응 기제가 회피라고 말했다. 당신이 사랑하는 사람은 힘들다고 느끼는 상황, 대화, 행동 변화를 피하려고 할 것이다. 쉬운 것을 추구하고 어려운 것을 피하는 건 인간의 본성이다. 이 사실을 받아들여야 한다. 그래야 이성적이고 과학에 근거한 방식으로 이 문제에 접근할 수 있다.

때로 도와주려는 마음이 치유를 방해한다

내 딸아이가 힘들어했던 경험을 이야기하자면, 당시 나는 그 상황을 제대로 처리하지 못했다. 딸의 불안감을 줄여 주려는 과정에서 오히려 모든 상황을 악화시켰다. 이 책은 성인의 인간관계에 관한 책이지만 인간 본성의 법칙은 성인 자녀를 양육하는 데도 적용된다. 부모라면 자식의 육체적, 정신적, 감정적 요구에 책임을 져야 한다.

딸이 중학생 때 아주 심각한 불안증세를 한바탕 겪었다. 불안 증세는 종일 지속되다가 한밤중에는 최고조에 달해서 아이가 혼자 있고 싶지 않다며 잠에서 깨곤 했다. 아이는 매일 우리 부부의 침실로 왔고 나는 첫 며칠 밤을 우리 침대에서 함께 재우는 실수를 저질렀다. 딸에게 우리 방에서 자도 된다고 말할 때마다, 나는 아이가 불안감을 피할 수 있게 도와주고 있고 상황을 더 쉽게 만들어 주고 있다고 생각했다. 하지만 실제로는 딸이 느끼는 불안감 밑에 있는 진실과 대면하는 것을 더 어렵게 만들고 있었다.

매일 밤 딸은 자정이 되기 직전에 일어나서 아래층으로 내려왔고, 나는 잠에서 깨어 딸을 안심시키려 했지만 딸은 혼자 위층으로 올라가기를 거부했다. 결국 딸은 나를 지치게 했다. 침대에서 함께 자고 난 며칠 후 나는 우리 부부 방에 딸을 위한 작은 침대를 만들었다. 6개월 동안 딸은 자정 전에 우리 방에 와서 잤다.

"회피는 문제를 마주할 때 흔히 나타나는 대응 기제"라고 했던 마르케스의 설명이 바로 이 상황을 의미하는 것이었다. 우리 딸은 자기 방에서 자는 것이 무서워서 피하고 있었다. 그런데 내가 딸을 우리 방에서 자도록 묵인하면서 딸의 불안감은 점점 커졌다. 매일 "우리 방에서 자도 돼."라고 말할 때마다 나는 사실 딸에게 '나는 네가 이 상황을 직면할 만큼 강하지 않다고 생각해'라고 말하고 있었던 것이다.

이 사건이 별일이 아닌 것처럼 보일 수 있지만 사실은 큰 문제였다. 그 후 몇 년 동안 딸의 불안감은 훨씬 심해졌다. 아이가 불안감을 직면하지 않고 피하는 방법을 배우도록 내가 도왔기 때문이다. 나는 불안감을 해결하는 방법이 도망치는 것이라고 가르쳤다. 그래서 그녀의 불안감은 심해졌고 도망치고 싶은 충동은 더욱 강해졌다. 학교에 가는 것, 혼자 차에 앉아 있는 것, 기타 연습에 가는 것 등 모든 것이 그녀를 불안하게 했다. 아주 사소하고 정상에 가까운 긴장되는 순간에도 그녀는 불안 발작을 일으키며 엄마를 필요로 했다.

딸이 슬픔을 가누지 못하고 베이비시터도 딸을 어떻게 달래야 할지 몰라서 남편과 함께 휴가에서 돌아온 적도 있었다. 하지만 나도 딸을 달랠 수 없었다. 나는 나 자신을 탓했다. 내가 부모니까. 나는 이 어려운 상황을 정면으로 맞서지 않고 피하도록 허용했다. 나는 딸을 구해 주려 했지만 사실 딸에게는 불안하거나 불편할 때 괜찮아지는 방법을 배울 힘과 능력이 있었다.

그러다 마침내 크리스가 지쳐서 딸이 상담받게 되고 나서야 우리는 누군가 강해질 수 있는 유일한 방법은 자신이 너무 약해서 직면할 수 없다고 생각하는 것들을 마주하는 것임을 알게 됐다. 그리고 렛뎀 이론이 바로 이 점에서 당신을 도울 것이다.

사실 한밤중에 일어나 불안감을 느끼는 것은 정상이다. 하지만 그렇다고 6개월 동안 부모와 아이가 그 고생을 할 필요는 없다. 그리고 이후 10년간 불안이 내 딸의 삶에서 가장 중요한 문제가 될 필요도 없었다. 하지만 지금 당신이 배우고 있는 이 방법을 그 당시 나는 몰랐다.

당신은 스스로 생각하는 것보다 훨씬 더 많은 능력을 갖췄고 당신이 사랑하는 사람도 마찬가지다. 당신은 아이가 한밤중에 일어나서 당신의 침실로 내려오는 걸 통제할 순 없다. 하지만 그 상황에 대응하는 당신의 생각, 행동, 말은 통제할 수 있다. 사랑하는 사람이 힘들어할 때 당신이 그 사람의 어깨에 팔을 두르고 지지하면서 그들이 피하고 있는 문제를 직면하도록 격려하는 모습을 상상해 보자. 애블론은 이것을 '그들과 함께' With Them 접근법이라고 부른다.

당신은 그들의 불안한 반응을 통제할 수 없다. 당신의 힘은 당신의 반응에 있다. **내가 하기**를 사용해 그들을 돕는 방법은 다음과 같다.

- 그들의 감정을 **내가** 확인해 준다: "오, 아가. 네가 그렇게 무섭다니 마음이 아프네."
- **내** 감정을 그들의 감정과 분리한다: "네가 그렇게 슬퍼하니 나도 힘드네."
- 사랑하는 사람이 힘들어하면 **내가** 위로한다: 포옹은 언제나 놀라운 효과가 있다.
- **내가** 그들을 지원한다: 그들이 어려운 일을 해낼 능력이 있다는 확신을 주고 지원한다.

그러고 나서, 그들이 어려운 일을 해낼 때 옆에 있어 주자. 내 경우 매일 밤 일어나 딸을 자기 방까지 데려다주고 침대에 눕혀 줘야 했다. 솔직히 말해서 처음 며칠 동안은 딸이 울고 애원할 때마다 괴물처럼 느껴졌다. 심리치료사를 해고하고 그냥 다 포기하고 내 침대에서 다시 재우고 싶었다. '언젠가는 자기 침대에서 자고 싶어 하지 않을까?'

하지만 그렇게 하지 않았다. 딸의 울음이 잦아들기까지는 닷새 정도 걸렸다. 딸이 울면서 애원하는 모습을 지켜보기란 쉬운 일이 아니었다. 그녀를 침대에 눕히고 다시 잠드는 소리를 들을 때까지 문밖에 서서 기다리기도 쉽지 않았다. 어떤 날 밤에는 딸이 다시 깨어나서 아래층으로 내려오기도 했다. 한 번이 아니라 여러 번 그랬다. 나는 아이를 위로하고 안아 주고 함께 계단을 올라가서 아이가 피하고 있는 문제를 직면할 수 있도록 도와주었다.

사람들이 어려움을 겪는 것을 그들의 힘을 발견하도록 돕는 기회로 여기자. 자기가 너무 약해서 문제를 직면할 수 없다고 생각하면 그 사람은 자기가 할 수 있는 수많은 일을 절대 경험하지 못할 것이다.

만약 당신이 항상 누군가를 나서서 구해 주면 그들은 힘들어질 때마다 당신이 해결해 줄 거라고 기대하기 시작한다. 하지만 그들이 당신과 함께 매 순간, 매일, 인생의 힘들고 무서운 일을 마주하는 모습을 보게 된다면 그들 자신이 생각하는 것보다 훨씬 더 많은 일을 할 수 있다는 사실을 가르쳐 주는 것이다.

사람들을 문제로부터 구해 주려 하지 말고 그들이 문제를 마주할 능력이 있다고 믿는 것처럼 행동하자. 행동은 가장 크고 진실한 형태의 의사소통이다. 누군가 두려워하는 것을 마주할 수 있도록 지지하는 방식으로 행동하는 건 '나는 당신을 믿어요. 당신은 할 수 있어요. 당신이 문제를 직면할 때 내가 함께 있을 거예요'라고 말하는 것이다.

힘들어하는 사람을 곁에서 지지하는 일은 매우 어렵다. 진이 빠지는 일이고 시간과 인내가 필요하다. 좌절감이 들기도 한다. 그래서 많은 사람이 결국 '대신 해결해주기'나 '눈감아주기'를 택한다. 그들이 바닥에서 자거나, 전학하거나, 직장을 그만두거나, 문제가 사라지기를 바라며 회피하는 편이 훨씬 쉽기 때문이다. 또는 그들을 방조하는 가장 흔한 방법으로 돈을 주기도 한다.

이제 질문은 이렇게 바뀐다. 어떻게 하면 누군가를 효과적으로 지지할 수 있을까?

제17장

올바른 방식으로 도움을 주는 법

 다른 사람을 구하지 않고 효과적으로 균형 있게 지원하는 방법에 관해서는 너무 많은 질문이 나와서, 나는 내가 조언을 구한 전문가들이 구체적으로 제안한 방법을 공유하려고 한다.

 힘든 시간을 보내는 성인을 도울 때 당신이 선택할 수 있는 최선의 선택지는 돈을 어디에 쓰고 어디에 쓰지 않을지를 결정하는 것이다. 누군가가 힘든 시기를 극복하도록 경제적 지원을 하고 싶다면 지원 조건을 명확하게 해야 한다. 아무 조건 없이 돈을 주면 결국 큰 원망을 사게 된다. 돈은 선물이 아니다. 그리고 무조건적인 사랑이 무조건적인 경제적 지원을 의미하지는 않는다. 오히려 무조건적인 사랑은 경제적 지원을 중단하는 것을 의미하기도 한다. 이는 특히 어려움을 겪고 있는 성인 자녀를 둔 부모에게 매우 힘든 일이며 보통 최후의 수단으로 사용된다.

회복의 과정에 '바닥'이라는 용어가 있다. 우리는 힘든 시간을 보내는 사람에 대해 말할 때 흔히 '바닥을 쳤다'고 말한다. 하지만 힘들어하는 사람을 사랑하는 당신도 바닥을 쳤다는 이야기는 많이 하지 않는다. 그렇게 말하는 순간은 당신이 모든 것을 시도한 후다. 어떤 노력도 효과가 없어서 당신은 매우 괴로워한다. 그러다 한 가지 생각이 떠오른다. '아직 시도하지 않은 게 하나 있다. 그들에게 경제적 지원을 끊지 않았다.'

로버트 월딩거의 말을 기억하는가? "자기 선택의 결과로부터 그들을 보호하지 말자." 어느 시점이 되면 당신은 상대방의 집세, 공과금, 학비를 내주거나 아무 조건 없이 살 곳을 제공함으로써 그들의 자기 파괴적 행동을 묵인하고 있음을 깨닫는다. 그리고 스스로 노력하거나 전문가의 도움을 받지 않으려는 상대방에게 더는 경제적 보조를 하지 말아야겠다고 결심한다.

당신은 사람들에게 사랑과 수용, 연민을 빚지고 있지만 돈을 빚지고 있지는 않다. 누군가 치료를 거부하고, 일자리를 찾지 않고, 수업에 참석하지 않고, 계속해서 거짓말을 하거나 회피하는 행동을 하는 데 경제적 도움을 준다면 당신은 문제의 일부가 되는 것이다. 조건 없이 주는 돈은 묵인이다.

하지만 구체적 조건을 붙여 돈을 주는 것은 지원의 한 형태다. 예를 들면 이런 조건을 붙일 수 있다. "술을 끊으면 여기에서 살 수 있어."

"심리치료사에게 가는 걸 매달 내게 확인해 주기로 약속하면 치료비를 내줄 수 있어." "학점 3.0을 받으면 학비를 내줄게." "섭식장애 치료를 위해 입원하면 집세, 전화요금, 자동차 할부금을 내줄게."

가장 어려운 부분은 그들이 조건에 동의하지 않을 때 일어나는 일이다. 그들이 입원 시설에 들어가기를 거부하거나 취업하지 않으려 한다면 모든 경제적 지원을 중단해야 한다. 그렇게 되면 그들은 집세를 내지 못해 집에서 쫓겨나게 된다.

여기서 경제적 지원은 모든 경제적 지원을 의미한다. 그들의 전화요금과 집세를 내주지 않고 당신의 스트리밍 계정 로그인 정보를 알려 주지 말아야 한다. 식료품을 사 주거나 택시비를 내주지 말아야 한다. 어쩌면 당신은 그들의 아파트 임대 보증을 해주었을지도 모른다. 그렇다면 당신의 신용에 타격을 입는 것도 감수해야 한다.

경제적 지원을 끊으면 그들은 당신을 미워할 것이다. 아마도 처음에는 혼란스러워할 것이다. 하지만 그들이 당신이 제시한 지원 조건을 지키지 않으려고 하면 당신은 성인답게 행동해야 한다. 나는 어려움을 겪고 있는 성인 자녀에게 경제적 지원을 하는 부모의 숫자를 듣고 충격을 받았다. 그들이 어려움을 겪도록 **내버려두자**. 그들이 당신의 지원 조건을 어겨도 **내버려두자**. 그다음 경제적 지원을 끊자.

이 방법은 잔인하게 느껴지기 때문에 기꺼이 받아들이는 사람이 거의 없다. 그래서 흔히 돈을 써서 해결하려고 한다. 하지만 경제적 지원을 중단하는 것이야말로, 다른 모든 방법이 실패했을 때 사용할 수 있는 유일한 방법이다. 당신에게는 힘이 있다. 그리고 어쩌면 이 방법이 사랑하는 사람에게 필요한 깨우침의 순간을 줄 수 있다.

만약 이 글을 읽고 있는 당신의 부모님이 상담 비용, 집세, 학비, 전화 요금, 아니면 삶의 모든 측면에 돈을 내주고 있다면 한 가지 알려 줄 사실이 있다. 부모님은 당신이 살아가는 방식에 대해 의사 표시를 할 수 있다. 누군가 당신의 삶을 위해 돈을 대주는데 그 돈의 사용 방법에 관한 의견을 제시한다고 불평할 수는 없다. 부모님이 당신의 상담 비용을 대주는데 부모님이 심리치료사와 이야기하지 못하도록 거부하는 것은 일종의 가스라이팅이다.

당신이 하는 일에 대해 부모님이 의견을 제시하는 게 싫다면 돈을 받지 말아야 한다. 누군가와 경제적으로 묶여 있는 한 아무리 '내버려 두자'라고 말해도 상대방은 당신의 의사와 상관없이 돈으로 당신의 인생에 간섭할 권리를 사는 것이다. 독립을 원한다면 그 생각을 증명하고 실제로 경제적으로 독립된 삶을 시작하자.

솔직히 말해서 부모님의 의견이 그렇게 싫은 이유는 당신은 부모님의 돈이 필요하고 당신도 그 사실을 알고 있기 때문이다. 부모님에게 화난 게 아니라 경제적으로 독립하지 못한 자기 자신에게 화난 것이다.

다 큰 성인은 '구제'의 대상이 아니다

조건 없이 사람들을 구제하는 일을 멈추는 것이 왜 중요한지 개인적인 경험을 예로 들어 설명할까 한다. 앞서 언급했듯이 40대 때 크리스와 나는 엄청난 빚을 지고 있었다. 집을 담보 잡혔고 80만 달러(한화로 약 11억 4,000만 원)의 빚을 지고 있었다. 크리스의 식당 사업은 심각하게 어려움을 겪고 있었으며 직원들에게 급여를 지급하지 못했다. 크리스는 몇 달 동안 월급을 가져오지 못했고 나도 직장을 잃은 상태여서 식료품을 사거나 주유할 돈조차 감당하기 힘들었다.

정말 무서운 시기였다. 크리스와 그의 사업 파트너는 사업을 유지하기 위해 필사적으로 자금을 모으려고 노력했다. 한번은 크리스가 형에게 사업 자금을 빌려 달라고 부탁했다. 그러자 형은 거절하면서 이렇게 말했다. "내가 돈을 빌려주지 않아서 네 사업이 실패하고 파산하게 된다면 미안하겠지만 그렇다고 너를 구해 주지는 않을 거야. 너 스스로 해결책을 찾아야 해."

형이 너무 가혹했다고 생각하는가? 아니다. 크리스의 사업 문제에 대한 책임은 형이 아닌 크리스에게 있었다. 실패한 사업을 지탱하거나 크리스를 재정 문제에서 구해 주는 것 또한 형의 책임이 아니었다. 크리스의 입장에서는 그런 말을 들어서 매우 고통스러웠지만 그 말이 사실이었다. 몇 주 후 크리스는 바닥을 쳤다.

남편은 6개월 동안 돈을 벌지 못했고 돈도 거의 다 떨어졌다. 크리스와 그의 사업 파트너는 사업을 성공시키기 위해 몇 년간 쉬지 않고 일해 왔다. 사업을 그만두어야 한다는 사실을 깨닫는 데 도움을 준 건 형과의 대화였다. 이 사업으로는 두 사업가가 생계를 유지할 수 없었다. 게다가 크리스는 심각한 알코올 문제가 있었다. 그는 술로 스트레스를 해결했고 자기 파괴적 행동에 빠져 있었다. 그는 우울하고 불안했으며 더는 이런 식으로 살 수 없다는 걸 알았다. 그게 남편의 바닥이었다.

만약 형이 남편에게 돈을 빌려줬다면 이 끔찍한 상황은 더 오래 지속되었을 것이다. 형이 부탁을 거절하자 남편은 스스로 자신을 구할 수밖에 달리 방법이 없었다. 그렇게 바닥을 치면 인생을 더 좋은 방향으로 바꿀 수 있게 된다. 바닥을 찍으면 내면에서 견고한 무언가가, 즉 변화하겠다는 다짐이 생겨난다.

크리스의 형이 돈 부탁을 거절했다는 사실에 주목해 보자. 그렇다고 해서 형이 동생을 지지하지 않는 것은 아니다. 그는 크리스의 말을 경청했고 그의 감정을 인정했으며 동생을 깊이 연민했다. 그리고 결국은 돈 부탁을 거절함으로써 '나는 네가 이 문제를 해결할 수 있을 거라고 믿어'라고 표현했다. 그런데 어떻게 됐는지 아는가? 크리스가 해결책을 찾아냈다. 식당을 유지하는 건 정답이 아니었다. 상황을 회피하는 것도 답이 아니었다. "더는 안 되겠어. 그만해야겠어."라고 말하는 게 정답이었다.

인생을 바꾸기 위한 첫 번째 단계는 인생이 잘 풀리지 않는다는 사실에 책임지는 것이다. 그래서 사랑하는 사람이 도망치지 않고 현실을 직시하도록 도와야 한다. 그들을 사랑하고 그들의 능력을 믿고 안전한 거리에서 그들을 지원하는 것이 당신이 할 일이다. 마치 크리스의 형이 했던 것처럼. 문제의 해결책이 무수히 많듯이 사랑하는 사람을 지원하는 방법도 무수히 많다.

치유를 위한 최고의 환경을 만드는 법

내가 좋아하는 지원 방법 중 하나는 상대방이 더 나아질 수 있도록 환경을 조성하는 것이다. 이게 무슨 뜻일까? 물리적 환경이 정신적, 영적, 신체적 건강에 미치는 영향에 관한 많은 연구가 있다. 살아가는 공간, 주변의 잡동사니, 냉장고 안 음식, 함께 시간을 보내는 사람들, 달력에 있는 계획 등 주변의 모든 것이 우리에게 영향을 미친다. 스스로 물어보자. '변화를 만들고 더 쉽게 나아지는 환경을 어떻게 만들 수 있을까?' 수백만 가지 방법이 있을 수 있지만 내 삶의 예시를 우선 들려주려고 한다.

첫딸을 낳았을 때 나는 굉장히 힘든 분만 과정을 겪었고 피를 많이 흘렸다. 마침내 퇴원해서 집으로 돌아왔을 때 나는 육체적으로 망가졌을 뿐만 아니라 정신적으로도 심각한 산후우울증에 시달렸다. 우울증이 너무 심각해서 아이가 태어나고 4개월 동안은 아기와 둘만 있을 수 없었다. 복용하던 약 때문에 모유 수유를 할 수도 없었다. 나는 너무 지쳐서 피폐해진 채 종일 잠을 자거나 소파에 좀비처럼 앉아 있었다.

가장 기억에 남는 건 아무도 내게 어떻게 도울 수 있는지 묻지 않았다는 것이다. 그들은 그저 내가 스스로 치유할 수 있는 환경을 만들어 주었다. 사촌이 와서 집을 청소해 주었고 부모님은 멀리서 차를 타고 와서 몇 주 동안 나와 함께 지냈다. 당시 임신 중이었던 친구 조앤은 크리스가 안심하고 일하러 갈 수 있도록 나와 함께 앉아 말동무가 되어 주었다. 내가 졸고 있을 때면 빨래를 하거나 간단한 점심을 준비해 줬다.

시부모님도 오셔서 일주일 정도 머무르며 매일 무언가를 하자고 했다. 내게 묻지도 않고 "좋아, 우리 보스턴 꽃 박람회 보러 가자."라고 하시더니 나와 아기를 차에 태우셨다. 나는 여전히 좀비 같고 깊은 우울증에 빠져 있었지만 그들은 내가 집 밖으로 나가 다시 삶을 살아갈 수 있는 환경을 만들어 주었다.

아무도 내게 '어떻게 도와줄까?'라고 묻지 않았다. 아무도 내게 '내가 빨래해 줄까?'라고 묻지 않았다. 아무도 내게 '오늘 저녁에 먹을 것 좀 가져다줄까?'라고 묻지 않았다. 그냥 행동으로 옮겼다. 그것이 힘든 시간을 겪고 있는 사람을 도울 때 주목해야 할 점이다.

내버려두기는 그들을 혼자 있게 두라는 뜻이 아니다. 힘든 일을 겪을 때는 자신이 무엇을 원하는지, 무엇을 필요로 하는지 알 수 없다. 어떤 날은 오늘이 무슨 요일인지 모를 때도 있다. 깊은 슬픔에 빠져 있거나 이별을 겪거나 병원에서 막 퇴원한 친구에게 어떻게 도와줄지 물으면 대체로 "괜찮아" 혹은 "아무것도 필요하지 않아."라고 대답한다.

사람은 힘들 때 다른 사람에게 부담을 주고 싶어 하지 않는다. 이미 자신이 부담이라고 느끼기 때문이다. 나도 그렇게 느꼈다. 그러니 **내가 다른 사람이 더 나아지는 환경을 만들어 보자.**

당신이 할 수 있는 일의 몇 가지 예시는 다음과 같다. 그들의 집 앞에 찾아가서 저녁 식사를 놓고 오거나, 아파트 청소를 도와주거나, 건강에 좋은 음식으로 냉장고를 채워 주거나, 침실에 들어가 커튼을 걷고 창문을 열어 환기하거나, 밀린 빨래를 해주거나, 좋은 노래로 구성된 플레이리스트를 만들어 주거나, 희망을 주는 팟캐스트 에피소드를 보내 주거나, 세심한 배려와 위로가 담긴 물건들로 채운 생필품 꾸러미를 만들어 보내 주거나, 디지털 액자에 사진을 담아서 행복한 추억과 주변 사람들을 항상 떠올릴 수 있도록 하는 것 등이다.

특히 신생아를 둔 엄마들에게 내가 도움을 주는 방법 중 하나는 심리치료사 데이비스K.C. Davis가 제안한 방법이다. 신생아를 돌보는 동안 설거지할 필요가 없도록 종이 접시와 컵을 가져다주는 것이다. 이 주제를 이야기한 김에 친구에게 전화를 걸거나 문자를 보내자. '이번 주 토요일에 집으로 갈게. 아이들이나 개를 공원에 데리고 나가서 놀 테니까 너는 좀 쉬어.'

애인과 이별한 룸메이트를 데리고 매니큐어를 받거나 박물관의 새로운 전시회에 가자. 일주일에 한 번 친구에게 문자를 보내 '네 생각을 하고 있어. 혼자 해결하려고 하지 마. 바로 답장할 필요는 없지만 내가 항상 곁에 있다는 걸 기억해'라고 말하자. 치료 프로그램을 막 마치고 나온 친구와 매주 수요일 아침 요가 수업에 오라고 초대하거나 직접 집으로 데리러 가자.

상담을 제안하거나, 건강한 음식을 요리하거나, 대화를 나누거나, 개방형 질문을 해서 긍정적 변화를 위한 환경을 만들 수 있다. 이 예시들이 돈으로 상황을 해결하거나 그냥 묵인하거나 문제로부터 꺼내 주는 것과 매우 다르다는 걸 알겠는가? 이 행동들은 그들이 삶으로 한 걸음 더 쉽게 들어가게 도와준다.

다른 사람이 어떤 일을 겪고 있는지는 당신이 알 수 없다. 하지만 스스로 어떤 유형의 친구, 사랑하는 사람, 가족이 될 것인지는 선택할 수 있다. 이 책에서는 당신이 스스로 자랑스럽게 여길 수 있는 방식으로 행동해야 한다고 여러 번 이야기했다.

누군가를 도울 때 고맙다는 인사나 보답을 기대하지 말고 돕자. 병원에 있는 친구에게 연락하는 것 자체가 당신에게 기쁨을 준다면 연락하자. 무슨 일이 일어나고 있는지 알려 주는 긴 문자를 기대하고 연락하지 말자. 고맙다는 말을 듣고 싶어서가 아니라 누군가에게 도움을 주는 자체가 좋다면, 출산한 지 얼마 안 된 이웃집 여자에게 저녁 식사를 가져다주자.

누군가 힘든 일을 겪을 때는 그 일이 너무 버거워서 당신에게 계속 소식을 전하거나 감사 인사를 전할 힘이 없는 경우가 많다는 사실을 기억하자. 하지만 감사 인사를 받든, 받지 못하든 당신의 친절한 태도가 큰 차이를 만들어 낸다는 사실을 믿자. 당신의 역할은 그들의 곁에서 빛을 높이 비추는 것이다. 희망의 횃불이 되어 주자. 그들에게 더 나아질 수 있는 능력이 있다는 사실을 믿자.

사람들은 피하고 있는 고통을 직면할 자신이 없어서 치유를 회피한다. 그러므로 그들이 당신에게서 믿음을 빌려 가도록 **내버려두자**. 누군가 인정받고 사랑받고 지지받고 있다고 느끼면 그들은 다시 삶으로 돌아갈 수 있는 능력이 자신에게 있다고 믿게 된다.

• • •

이 장에서는 다른 사람이 어려움을 겪고 있을 때 돕는 방법에 대해 다루었다. 렛뎀 이론은 누군가를 돕는 것이 그들의 문제를 나서서 해결해 주거나 돈으로 지원하는 것이 아니라, 그들이 스스로 문제를 해결할 수 있는 공간과 도구를 제공하는 것이라고 가르친다.

1. 문제점: 사람들을 그들의 문제에서 구해 내면 도리어 그 문제에 빠져들게 된다. 당신이 돈과 말 또는 행동으로 다른 사람을 돕는다면 그들의 독립성을 키우는 것이 아니라 치유를 방해하는 것이다. 그리고 그들의 고통, 빚, 실패는 계속되고 결과적으로 당신의 고통도 계속된다.

2. 진실: 사람들은 스스로 노력할 준비가 되었을 때만 치유된다. 당신이 바라는 시점이 그들의 타이밍보다 앞설 수도 있다. 하지만 아무리 좋은 의도여도 끊임없이 개입해 그들의 문제를 해결하려고 하면 그들이 스스로 자신의 문제에 책임지지 못하게 방해하는 것이다. 아무리 사랑하는 사람이어도, 당신이 그들의 치유를 그들 자신보다 더 바랄 수는 없다.

3. 해결책: 렛뎀 이론을 사용해 한 걸음 물러서서 상대방이 성인으로서 자기 행동에 따른 자연스러운 결과를 직면하고 느끼게 해야 한다. 이 접근 방식은 그들이 자신의 치유와 성장을 책임지도록 돕는다. 그리고 그들이 더 좋아지고 잘할 수 있는 능력을 타고났다는 당신의 믿음을 보여 준다.

'내버려두자'라고 말하면 어려움을 직면하는 것이 성장의 필수적인 부분이라는 것을 이해하게 된다. 동시에 상대방이 스스로 어려움을 처리할 수 있다고 믿고 힘을 실어 줄 수 있다. '내가 하자'라고 말하면 당신은 상대방이 스스로 나아질 수 있는 환경과 도구를 만드는 동시에, 그의 역할을 대신하지 않고 지원하는 데 집중할 수 있다. 다른 사람의 치유 능력을 믿고 변화가 가능한 환경을 만들자.

마땅히 받아야 할
사랑 선택하기

그들이 본색을 드러내도록 내버려두자

인생의 마지막 순간에 당신이 듣고 싶은 말은 무엇인가?

"사랑해."

사랑은 세상에서 가장 강력한 힘이다. 당신은 사랑을 느끼고, 사랑받고, 사랑에 빠지고, 사랑을 표현하고, 사랑하는 관계에서 인생 최고의 즐거움을 경험해야 한다. 당신이 싱글이든, 이혼했든, 연애 중이든, 약혼했든, 호감을 느끼는 관계에 있든, 아주 오랜 시간 결혼 생활을 했든 나는 당신의 인생에서 가장 위대한 사랑이 아직 오지 않았다고 믿는다. 심지어 지금 최고의 관계조차 지금보다 더 의미 있는 관계로 변화할 수 있다. 누군가와의 관계는 늘 더 깊어질 수 있다.

당신이 싱글이라면, 사랑 이야기가 끝나기엔 아직 멀었다. 인생에서 가장 소중한 사랑은 과거에 있지 않다. 그들은 미래에서 당신을 기다리고 있다. 지금까지 일어난 모든 일과 당신이 맺었던 모든 관계는 앞으로 일어날 일에 대처할 수 있도록 당신을 준비시켰다.

이 책을 위해 준비하는 동안 나는 렛뎀 이론을 사랑에 적용하는 것에 관해 많은 질문을 받았다. 다음 세 장에 걸쳐 우리는 연애, 헌신, 자기에게 맞는 관계인지 확인하는 방법, 오래 지속되는 사랑, 이별을 극복하는 방법 등을 다룰 것이다. 그리고 마지막으로, 당신이 마땅히 받아야 하는 것보다 적은 사랑을 지금까지 어떻게 받아들여 왔는지를 이야기하려고 한다.

현실에서 성인은 사랑할 대상과 방법을 선택하지만, 때로는 선택한 그 상대가 당신을 선택하지 않을 때도 있다. 사람들은 행동을 통해 당신을 어떻게 생각하는지를 사실대로 보여 준다. 우리는 너무 자주 사랑(또는 사랑일 가능성)을 좇다가 자기 가치를 양보한다. 사랑을 좇다 보면 자기가 누릴 수 있는 깊고 중요한 관계를 놓치기도 한다.

사랑은 특별한 만큼 많은 고통의 원인이기도 하다. 당신은 너무 사랑받고 싶은 나머지 상대방에게 자기 힘을 내주기도 한다. 예를 들어 온라인에서 알게 된 낯선 사람이 당신의 기분을 좌지우지할 수도 있고, 연락이 끊긴 사람이 당신의 자존감을 무너뜨릴 수도 있다. 또는 배우자가 당신을 무시하고 마치 룸메이트 대하듯 행동하지만 그냥 그 상황을 익숙하게 받아들이고 있을 수도 있다.

연인 관계에서 당신은 다른 사람(그리고 그들의 트라우마와 문제)이라는 덫에 빠져 자기 기준을 양보하고 자신이 진정으로 원하고 필요한 것보다 훨씬 적은 것에 만족할 수도 있다. 감정이 엮이면 논리는 사라진다. 현실을 받아들이는 대신 나쁜 행동을 정당화하거나 환상을 만들어 낸다. 또한 이별하고 미지의 상황을 마주하는 것보다 잘못된 관계에 머무르는 것이 더 편하다고 믿을 수도 있다.

하지만 당신은 멋진 사랑 이야기의 주인공이 될 자격이 있다. 그러니 그보다 못한 사랑에 만족하면 안 된다. 렛뎀 이론을 사용하면 사랑을 좇는 것과 선택하는 것의 차이를 배우게 된다. 당신이 헌신할 대상과 아닌 사람을 구분할 수 있게 된다. 또한 이 이론을 활용해 지금까지 경험한 것 중 가장 사랑 넘치고, 힘이 되고, 충실한 파트너십을 구축하는 방법을 배울 수 있다. 사실 최고의 관계는 시간이 지남에 따라 성장하고 변화한다. 그리고 당신이 스스로 모습을 바꾸면 당신이 진정으로 누려야 할 관계와 사랑 넘치는 파트너십이 생길 것이다.

나는 운명의 사랑을 찾을 수 있을까?

오늘날 연애는 정말 어렵다. 이제까지 나는 연애가 쉽고 재미있다고 말하는 사람은 한 명도 만나지 못했다. 사람들은 솔직한 모습을 드러내기를 두려워하며 종종 데이트 앱에서 만난 사람과 매우 해롭고 가벼운 만남을 이어 간다. 따라서 당신이 낙담하거나, 실망하거나, 싱글이어서 불안감을 느끼고 있다면 당신만 그런 것은 아니다. 이는 정상적인 현상이다. 데이트 앱과 소셜미디어는 사랑과 인간관계를 게임과 산업 그리고 경쟁으로 바꿔 놓았다.

연애가 좌절감을 주는 또 다른 이유는 연애에 관한 많은 조언이 누군가를 끌어들이거나, 다음 만남을 약속하거나, 앱에서 최대한 많은 '좋아요'를 얻기 위한 속임수, 팁, 규칙처럼 느껴지기 때문이다. 이것이 오늘날 연애가 경쟁과 같다고 말한 이유다. 경쟁처럼 느껴지는 연애는 사랑과 충실한 파트너십이라는 주제에 접근하는 최악의 방식이다. 사랑은 게임이 아니다. 누군가를 속여서 자기를 좋아하게 만들면 안 된다. 언제 문자를 보내야 하는지, 무슨 말을 해야 하는지에 관한 규칙을 따라서는 안 된다.

당신은 평소의 자기 모습을 그대로 보여 줄 수 있어야 한다. 온전히 자기 모습을 보여 줄 때 당신처럼 멋진 사람과 함께하고 싶어 하는 누군가가 있을 거라는 믿음을 가져야 한다. '누군가를 낚는' 비법을 알려 주는 사람은 당신을 자기 자신에게서 멀어지게 하고, 잘못된 사람을 만나는 가볍고 단순한 상황으로 이끌 것이다. 나는 당신이 자신을 바꾸어 다른 일을 시작해야 한다고 말해 주려는 게 아니라, 그만둬야 할 일을 알려 주려고 한다.

사랑을 찾을 때는 '예스'라고 말하는 것보다 '노'라고 말하는 것이 더 중요하다. 자기 자신과 원하는 관계에 대한 기준이 높으면 연애는 배제 과정이 된다. 렛뎀 이론은 연애에서 나 자신에게 솔직할 수 있게 해주고 스스로에게 충실한 태도를 유지하는 동시에 자신의 본모습을 드러내도록 용기를 준다.

자신의 솔직한 모습을 보여 줄 만큼 용기가 있다면 당신이 통제권을 갖게 된다. 자기 시간과 에너지를 누구에게 줄지, 주지 않을지를 자신이 선택하기 때문이다. 여기에 당신의 힘이 있다. 또한 누군가가 당신에게 관심이 없다는 사실을 받아들이는 데도 용기가 필요하다. 문자 메시지를 보내는 것은 쉬운 일이다. 상대방이 정말 당신을 보고 싶어 한다면 먼저 연락할 거라는 사실도 자신감이 있어야 받아들일 수 있다.

머릿속에서 변명과 시나리오를 만들기 시작하는 순간 당신은 자신의 힘을 다른 사람에게 넘겨주는 것이다. 연애할 때는 상대방의 행동을 명확하게 이분법적으로 구분해야 한다. 이는 어려운 일이다. 그러나 렛뎀 이론을 사용하면 끊임없이 잘못된 관계를 좇는 대신 올바른 관계를 선택하는 방법을 배울 수 있다.

연애의 목적은 '인생의 반쪽'을 찾는 게 아니다

연애가 어려운 이유는 그 진정한 목적을 이해하지 못하기 때문이다. 연애의 목적은 단순히 '인생의 반쪽'을 찾는 것이 아니다. 연애는 자기 자신 그리고 자신이 원하는 것과 원하지 않는 것에 관해 더 많이 배우는 일이다. 한 번에 한 사람씩 만나면서 당신은 자기가 좋아하는 것과 싫어하는 것을 배우게 된다. 그래서 모든 경험, 심지어는 형편없는 경험까지도 당신에게 중요한 교훈을 준다.

그중 하나는 당신이 어떤 유형의 행동을 용납하지 않을 것인지, 어떤 유형의 사람과 진정으로 관계를 맺고 싶은지를 배우는 것이다. 만약 인생의 반쪽을 찾는 데 집착하면 당신은 연애가 가르쳐 주는 사랑의 가치와 인생의 의미를 절대 배울 수 없을 것이다.

당신은 누군가의 아내나 남편이 되기 위해 이 세상에 태어난 게 아니다. 당신은 꿈을 이루고, 당신의 이야기를 나누고, 크고 아름답고 놀라운 삶을 만들기 위해 이 세상에 왔다. 누구도 그런 삶을 당신에게 만들어 줄 수 없다. 다만 당신이 사랑하기로 선택한 사람이 그 삶을 당신과 함께 나눌 수 있다. 그래서 나는 당신이 까다롭게 선택하길 바란다.

연애할 때는 재미있는 시간을 보내고 많은 사람을 만나되 더 큰 그림을 잊지 말자. 연애는 당신이 잠재력을 발휘하는 데 도움을 주고 아름다운 삶을 함께 만들 수 있는 사람을 찾는 것이라는 사실을 기억하자. 연애의 목적은 단순히 인생의 반쪽을 찾는 것이 아니다.

연애는 다양한 경험을 통해 자신에 대해 더 많이 배울 기회라고 여겨야 한다. 그러면 결국 당신은 멋진 사람을 선택하게 될 것이다. 가장 어려운 부분은 상대방이 당신을 선택할지 아닐지를 통제할 수 없다는 것이다. 또한 당신 인생의 타이밍이 상대방의 타이밍과 맞을지 아닐지도 통제할 수 없다.

사람들은 사랑할 대상과 방법을 선택하기 마련이고 가끔은 그 대상이 당신이 아닐 수도 있다. 당신은 시간과 에너지를 투자할 가치가 있는 사람과 당신이 어떻게 대우받고 싶은지를 선택할 수 있다. 연애할 때 당신이 종종 선택하는 방법은 마땅히 받아야 할 대우를 받지 못했을 때 떠나는 것이다.

여기서 한 가지 사실을 알 수 있다. 사람들의 행동은 그들이 당신에 대해 어떻게 느끼는지를 정확하게 보여 준다. 다른 사람의 행동을 해석하거나 추측하는 건 당신의 역할이 아니다. 당신이 할 일은 사람들이 자신의 정체성과 당신을 향한 진심을 솔직히 드러내고 받아들이도록 하는 것이다. 참고로 말하면 이는 모든 단계의 관계에 적용된다.

자꾸만 당신을 헷갈리게 한다면

당신이 솔직한 모습을 보여 주고 사람을 만나기 시작하면 세상에는 매력적이고 쿨하고 재미있는 사람이 너무 많아서 '좋아하거나' '관심 가는' 사람을 많이 발견할지도 모른다. 연애 초기에는 활력이 넘치고 그런 사람이 신기하기도 하다. 그래서 결국 자기에게 맞지 않는 사람에게 '예스'라고 대답하게 된다. 그 사람이 너무 매력적이거나, 감정이 벅차오르거나, 주말에 할 일이 없거나, 싱글인 것이 지겹거나, 평생 혼자일까 봐 두려워서 '예스'라고 대답한다.

연애가 어려운 이유는 모든 사람이 혼자 있는 것을 두려워하기 때문이다. 당신은 누군가를 찾고 동화 같은 사랑을 하고 싶은 마음이 너무 간절해서 누군가와 함께 있을 때의 현실을 분별할 힘이 부족해진다. 당신은 어떤 일이 실제보다 심각하다거나, 잘될 거라거나, 술에 취해 성관계를 갖는 것이 상대방도 당신을 좋아한다는 의미라고 생각하거나, 두 사람 사이에 미래가 있다고 스스로 합리화한 적이 얼마나 많은가?

'누군가 당신을 좋아하면 당신은 알아차릴 것이다. 반대로 누군가 당신을 좋아하지 않으면 혼란스러워질 것이다'라는 유명한 말이 있다. 혼란스러운 감정은 연애할 때 매우 위험하다. 당신이 누군가를 좋아하면 자동으로 상대방도 자기를 좋아할 거라고 자신을 설득하기 때문이다. 절대 그렇게 하면 안 된다. 상대방이 당신을 혼란스럽게 하도록 **내버려두자**.

당신을 혼란스럽게 하는 그 유일한 사람이 당신을 좋아하지 않는 사람이라는 사실을 알고 있었는가? 당신이 느끼는 혼란을 있는 그대로 바라보자. 혼란스럽다는 것은 상대방이 당신을 당신이 원하는 방식으로 좋아하지 않는다는 의미다. 아무 일도 없는데 무슨 일인가 일어나고 있다고 자신을 설득하고 있다면, 당신은 사랑을 좇고 있다. 사랑을 좇으면 사랑을 좇아 버릴 뿐이다. 잘못된 사람을 좇으면 항상 잘못된 곳을 향하게 된다. 가능성을 좇는다는 것은 무언가 잘못됐음을 알고 있지만 진실을 무시하고 있다는 의미다.

다음에 해당한다면, 당신은 사랑을 좇고 있는 것이다. 늘 문자를 보내고, 전화하고, 먼저 연락하는 사람이 당신인가? 술김에 가진 잠자리가 특별한 관계로 발전할 거라고 믿는가? 계속 옆에 붙어 있으면 언젠가 그들이 당신을 좋아할 거라고 기대하는가?

그들의 행동이 그렇지 않다고 증명하고 있어도 당신은 그들이 하는 말을 믿는다. 그리고 시간이 지나면 좋아질 거라고 믿는다. 당신은 그들에게 무엇이 최선인지 알고 있다고 생각하고 그 최선이 당신이라고 믿는다. 당신은 술 마실 때만 그들을 만날 수 있지만 그들을 변화시킬 수 있다고 믿는다. 그들이 당신을 다시 원하게 만드는 문자를 보낼 수 있다고 생각한다.

이 모두가 가능성을 좇고 현실을 보지 않기로 선택한 결과다. '잘되는 것'에만 너무 집착한 나머지 자신에게 맞지 않다는 것을 알면서도 계속 좇는다. 마치 귀여운 신발을 신어 보고 마음에 들어 두 치수나 작은 데도 발을 억지로 집어넣으려고 하는 것과 같다. 발은 마법처럼 줄어들지 않고 신발도 발에 맞게 커지지 않는 것처럼, 그 사람은 당신이 바라는 모습으로 변하지 않을 것이다. 그러니 그 사람을 좇는 것을 멈춰야 한다.

잘못된 사람을 좇느라 시간을 허비할수록 자신에게 맞는 사람을 찾는 시간도 늘어난다. 그들이 당신에게 연락을 끊어도 **내버려두자. 내가 미련을 버리자.**

누군가 무엇이 될 수 있다는 가능성을 좇지 말자. 당신에게 되돌려 주지 않을 사람에게 시간과 에너지를 쏟아붓지 말자. 다른 사람의 무례한 행동을 대신 해명하지 말자. 당신을 사랑하지 않는 사람에게 사랑을 주지 말자. 분명히 당신에게 관심이 없는 사람을 위해 변명하지 말자. 당신을 사랑하기로 선택하지 않은 사람을 좇지 말자. 게임을 멈추자.

그렇다, 연애는 힘들다. 그렇다, 당신의 감정은 엉망진창이다. 그렇다, 거절은 고통스럽다.

그렇다, 섹스는 굉장하다. 그렇다, 그들은 재미있다. 그렇다, 친구 중에서 나만 커플인 것이 기분 좋다. 그렇다, 관심이 있어 보이는 사람이 있는 것은 좋다. 그렇다, 이번 주말에 계획이 있거나 기대할 것이 있다는 것은 좋다. 그렇다, 사람은 맞는 것 같은데 가끔 타이밍이 맞지 않는 때가 있다.

기억하자. 잘못된 관계에 '노'No라고 말해야 자기에게 맞는 관계를 찾을 수 있다. '노'라고 빨리 말할수록 평생의 사랑에 더 빨리 '예스'Yes를 외칠 수 있다. 렛뎀 이론은 마땅히 받아야 할 사랑을 찾는 획기적인 방법이다. 당신이 처한 상황과 상대방 그리고 상대방이 실제로 당신에 대해 느끼는 감정에 대해, 잔인하지만 솔직하게 말하게 되기 때문이다.

정신 차려라, 그는 당신에게 반하지 않았다

상대방이 누구인지, 당신이 그 사람 인생에서 어떤 위치에 있는지 알 수 있는 유일한 방법은 그 사람의 행동을 관찰하는 것이다. 그 사람의 말은 잊고 행동을 관찰하자. 처음에는 감정과 호르몬이 마음대로 날뛰어서 어려울 수 있다. 당신이 어떻게 대우받고 있는지에 대한 진실을 보는 능력이 흐려질 수 있기 때문이다.

연애가 드리우는 안개를 걷어 낼 수 있는, 한 가지 만능 질문이 있다. '만약 제일 친한 친구가 이렇게 대우받고 있다면 당신은 그 친구에게 뭐라고 말하겠는가?'

렛뎀 이론의 기본 원칙 중 하나는 사람들의 행동이 당신이 그들의 삶에서 어떤 위치인지를 정확히 알려 준다는 것이다. 이 점을 이해해야 한다. 이는 명확한 이분법적 문제다. 당신은 우선순위거나 아니거나 둘 중 하나다. 중간 지대는 없다. 그들이 자기 본모습을 보여 주도록 **내버려 두자**.

누군가를 쫓느라 바쁘면 그 사람이 당신을 (당신이 원하는 방식으로) 좋아하지 않는다는 현실을 절대 볼 수 없다. 누군가 당신에게 헷갈리는 신호를 보낸다면 그 사람은 당신에게 관심이 없는 것이다. 헷갈리는 신호는 사실 전혀 '헷갈리지' 않는다. 그들은 당신이 우선순위가 아니라 그저 편한 상대라는 매우 확실한 메시지를 보낸다.

예를 들어 그들이 끊임없이 당신에게 문자를 보내지만 절대 만나자는 제안은 하지 않는다면 그들은 진실한 관계에 관심이 없는 것이다. 그들이 끊임없이 문자를 보내도록 **내버려두자**. 그들이 동네에 올 때마다 당신을 보고 싶어 하지만 떠날 때 다시 만날 약속을 하지 않는다면 그들은 섹스 이상의 무언가에는 관심이 없다는 뜻이다. 그냥 **내버려두자**. 그들이 문제가 아니다. 당신이 문제다. 당신은 이 관계가 무의미하다는 것을 깨달을 만큼 자신의 시간을 소중하게 여기고 있지 않다.

당신에겐 렛뎀 이론의 **내가 하기** 부분이 필요하다. 내가 정신을 차리고 나 자신에게 솔직해지자. 이 사람을 더 많이 쫓아다니고, 문자를 보내는 시간이 길어지고, 그 사람이 결국 돌아와 우리가 서로에게 운명임을 알게 될 거라고 머릿속으로 환상을 만들어 내는 시간이 길어질수록 진실한 관계를 원하는 사람을 만날 가능성은 줄어든다.

이 관계가 아무 의미가 없다는 것을 **내가** 받아들일 수 있을 만큼 충분히 자신을 존중하자. 누군가 당신을 거짓으로 엮으려 한다면 **내버려두자**. 당신에겐 언제나 그 관계를 끊을 힘이 있다. 그리고 만약 지금 긍정적이고 사랑이 넘치는 관계에 있다면 누군가 당신에게 가볍게 만나서 놀자고 문자를 보내도 눈 하나 깜짝하지 않을 것이다! 그러니 당장 자신의 실패에 대한 책임을 인정하고 힘을 되찾자.

나를 선택하지 않는 사람과는 연애하고 싶지 않다는 사실을 내가 스스로에게 상기시키자. 건강한 관계의 중요한 징후 중 하나는 상호적이라는 것이다. 상호 노력, 상호 존중, 상호 감정, 상호 매력, 상호 관심 등. 만약 당신이 다른 사람의 행동에 대해 변명하고 있다면 멈추자. 그들이 자기 본모습을 드러내도록 **내버려두자**. 그들이 노력하고 있는지 아닌지를 드러내도록 **내버려두자**. 그들이 당신에게 관심이 있는지 없는지를 드러내도록 **내버려두자**.

연애를 혼란스럽게 만드는 가장 큰 이유는 상대방이 당신이 바라는 방식으로 당신에게 관심을 두지 않는다는 사실을 알아도 인정하지 않기 때문이다. 우리 모두 그런 경험을 해봤을 것이다. 누군가에게 관심이 있는데 그 감정을 돌려받지 못하면 고통스럽다. 하지만 다른 사람이 누구를 사랑하기로 선택하는지는 당신이 선택할 수 없다. 당신을 사랑하지 않는 사람과 관계를 유지하기 위해 자신을 작은 상자에 구겨 넣으려고 애쓰거나, 새로운 사람이 되려고 하거나, 자신을 바꾸려고 하지 말자.

연애 초반에는 이런 함정에 빠지기 쉽다. 상대방이 자신에게 맞는 사람이라고 단정 짓기 쉽다(머릿속에서는 그들이 맞는 사람이 아니라고 경보음이 울리더라도). 상대방이 자신과 같은 감정을 갖길 맹목적으로 바라기 쉽다. 자신이 조금만 더 변하면 상대방이 사랑해 줄 거라고 착각하기도 쉽다. 사랑받는다는 게 기대처럼 마법 같지 않아도 그 생각에 강하게 사로잡히기 쉽다. 상대방이 당장 완전히 충실하지 않거나 관계를 규정하고 싶지 않다고 말했기 때문에 다른 사람은 만나지 않을 거라고 스스로 속이기도 쉽다. '싱글인 친구'가 되지 않으려고 만족스럽지 않은 관계에 빠지기도 쉽다. 그러나 그 관계는 당장은 쉬워도 장기적으로는 당신의 마음을 아프게 할 것이다.

정서적 고통, 자아 상실, 자기 위치에 대한 끊임없는 의구심, 상대가 당신에게 충실하지 않을 거라는 사실에 대한 심적 고통 등. 이것들은 견딜 만한 가치가 없다. 다시 한번 말하지만 상대방이 당신을 좋아하면 당신도 알 것이다. 좋아하지 않는다면 당신은 혼란스러울 것이다.

그들이 문자에 답장하지 않아도 **내버려두자**. 술에 취해 약속을 잡아도 **내버려두자**. 아침에 갑자기 떠나서 "다음에 또 봐요."라는 말에 답하지 않아도 **내버려두자**. 당신을 혼란스럽게 하고 화나게 하고 헷갈리는 신호를 보내도 **내버려두자**.

그들의 행동이 분명한 메시지가 되게 해야 한다. **내버려두기**는 상대적으로 쉽다. 하지만 **내가 하기**는 어렵다. 진실을 마주하고 싶지 않기 때문이다. **내가** 그들의 진짜 모습을 보자. 그들의 행동에서 **내가** 우선순위가 아니라는 진실을 받아들이자. 당신과 함께하고 싶어 하지 않는 사람을 좇는 것을 그만하자. 상대방이 노력하지 않는다면 당신의 사람이 될 가치가 없다.

제19장

관계를 한 단계 발전시키는 기술

"하지만 멜. 그들은 내게 내가 받을 만한 관심을 줘요. 그들이 말해 줘서 알아요. 나를 좋아한다는 걸요. 그리고 모든 면에서 올바르게 행동하고 있고요. 가장 중요한 한 가지만 빼면 좋아요. 그들은 나에게 충실해지려 하지 않아요."

이런 고민은 아주 흔하고 여러 가지 방식으로 나타난다. 그들은 당신과의 관계를 규정하고 싶지 않거나, 다른 사람과 데이트도 허용하거나, 공식적으로 연애를 인정하지 않거나, 동거나 약혼이나 결혼을 하고 싶어 하지 않을 수 있다.

먼저 당신은 스스로 질문해야 한다. '내가 습관적으로 내게 충실하지 않은 사람만 좇고 있는 건 아닐까? 아니면 이 사람과의 문제일까?' 이 두 가지 주제는 전혀 다른 문제이기 때문에 각각 따로 다루려고 한다.

매번 잘못된 사람을 선택한다면

관계에 진지하지 않거나 당신에게 충실하지 않은 사람과 데이트하는 일이 반복된다면, 이는 의외로 우연이 아닐 수 있다. 아마도 당신은 당신이 변화시킬 수 있다고 생각하거나 마음을 얻을 수 있다고 생각하는 사람 또는 다른 사람과 사귀고 있거나 감정적으로 준비가 되지 않아서 사귈 수 없는 사람에게 끌리는 성향일 것이다.

스스로 질문해 보자. 상대에게 충실하지 않은 사람과 연애하고 있는가? 당신은 상대방이 배우자를 만나기 전에 스쳐 지나가는 파트너인가? 완전히 신뢰하지 않는 사람과 연애 중인가? 질투심이 많고 통제하려는 사람과 연애 중인가? 진지한 관계로 발전하기를 기대하며 여러 사람과 계속해서 성관계를 맺고 있는가? 심각한 문제가 있어서 구해 주고 싶은 마음이 드는 사람과 연애 중인가? 바람을 피우는 사람이나 바람을 피우다 만난 사람과 연애 중인가? 관계가 결국 틀어지면 당신은 친구들에게 상대방이 '미친' 사람이었다고 말하는가?

이 중 하나라도 해당한다면 솔직해질 때가 됐다. 당신은 이런 사람을 좇는 것을 좋아한다. 이것이 당신의 패턴이고 문제다. 관계는 대부분 마음속에서 환상으로 만들어진다. 현실이 아닌 일어날 수 있는 일,

즉 가능성 안에서 살고 있기 때문이다. 이런 패턴은 깨지 않는 한 당신의 삶에서 계속 반복될 것이다.

연구에 따르면 사람들은 무의식적으로 이전 관계와 어린 시절의 경험을 바탕으로 같은 유형의 사람을 반복해서 좇는다. 앨버타 대학교의 연구에 따르면 새로운 관계는 초기 '허니문 단계'honeymoon phase 이후 이전에 있었던 관계와 똑같은 역학 패턴을 따르는 경향이 있다. 8년에 걸쳐 진행된 이 연구는 사람들이 패턴을 반복하고, 새로운 경험에 같은 역학을 적용하며, 자신의 문제 해결을 회피해 결국 똑같이 망가진 관계 역학이 반복적으로 만들어진다고 증명했다.

이 중 하나라도 해당된다면 당신은 자신의 과거에 대해 심리치료사와 이야기를 나누고 문제의 근본 원인을 찾아야 한다. 그런 문제는 다른 사람과 사귄다고 해서 해결되지 않기 때문이다. 그저 또 다른 사람을 찾으려고 한다면 건강한 사랑에서 계속해서 멀어질 것이다. 또 다른 관계는 해답이 아니다. 그리고 지금 당장 다른 사람을 사귀면 문제만 악화될 뿐이다.

당신은 혼자가 되어야 한다. 다시 한번 말하지만 혼자가 되어야 한다. 당신이 진정으로 이 문제를 해결하고 항상 꿈꿔 왔던 건강하고 사랑 넘치는 관계를 만들고 싶다면, 앞으로 1년간은 혼자 지내면서 혼자 행복하고 치유하는 방법을 찾는 데 집중해야 한다.

"하지만 멜. 혼자 지내고 싶지 않아요. 그게 그렇게 큰 문제라고 생각하지 않아요. 그냥 잘못된 사람들을 만났던 거예요. 내가 문제가 아니라 그들이 문제예요. 다른 사람을 선택하면 돼요."

아니다! 문제는 당신에게 있다. 나도 이 말을 하면서 깨달았지만, 당신은 자신이 이 연구 결과에 해당하지 않는다고 생각할 것이다. 앞에서 탈리 샤롯이 왜 당신이 다른 사람을 변화시킬 수 없는지 이유를 설명했던 것을 기억하는가? 모든 사람이 자신은 예외라고 생각하기 때문이다. 그런데 당신도 그렇게 생각하고 있다.

사랑을 좇는 패턴을 따르고 있지만 한 번도 건강한 관계를 맺지 못했다면 당신도 예외가 아니다. 문제는 당신에게 있다. 당신이 직면해야 할 가장 큰 문제는 이것이 고쳐야 할 패턴이고, 곧바로 다른 사람을 사귀면 이 문제를 해결하는 데 방해가 된다는 사실을 부인하고 있음을 인지하는 것이다.

당신은 살면서 놀라운 사랑을 누릴 자격이 있다. 하지만 건강하지 않거나 당신에게 충실하지 않을 사람을 계속해서 선택하는 근본 원인을 찾지 않는 한 불가능하다. 그래서 나는 사랑을 담아 당신에게 이 말을 전한다. 누군가를 만나거나 사귀는 상황에서 한 단계 더 나아가고 싶지만 상대방이 어떤 관점인지 확신이 없거나, 자신의 힘을 잃지 않고 서로에게 더 충실한 사랑이라는 주제를 꺼내는 방법을 모를 때, 렛템 이론을 사용해 보라고 말이다.

사랑의 화살을 나에게로 돌리는 대화법

어떤 관계에서든 이 관계가 어디로 향하고 있는지, 자신과 상대방이 같은 생각을 하고 있는지 궁금해질 때가 있다. 그런 생각이 들기 시작하면 대화가 필요한 때다.

자신이 마땅히 받아야 할 것을 요구한다고 해서 죄책감을 느끼지 말자. 서로에게 충실한 사랑처럼 중요한 문제를 돌려 말하지 말자. 솔직한 대화를 나눌 수 있다는 것은 사랑이 넘치고 건강한 관계의 토대다. 그러니 두려워하지 말고 받아들이자. 잘될 관계라면 이 대화가 관계를 더 돈독하게 할 것이다. 진솔한 대화는 가짜만 무너뜨린다.

진솔한 대화의 틀을 만드는 방법은 내 친구이자 〈뉴욕 타임스〉 베스트셀러 작가인 매슈 허시Matthew Hussey가 알려 준 내용을 바탕으로 했다. 그는 17년 이상 사람들이 자신감을 가지고 관계를 통제할 수 있도록 도움을 주었다. 그가 진행하는 유튜브 채널은 사랑에 대한 조언 분야에서 전 세계 1위이며 조회수가 5억 회가 넘는다.

이 책을 위해 조사하면서 나는 관계를 한 단계 발전시키고 싶을 때 사람들이 저지르는 실수에 관해 매슈와 이야기를 나누었다. 그는 매우 통렬한 개인사를 이야기해 주었다. 매슈가 아내 오드리를 만났을 때 사실 그는 여러 명과 데이트하고 있었다. 그들은 서로 다른 도시에 살고 있었고 아주 가벼운 관계를 유지하고 있었다. 그는 (우리가 이야기하는 동안 오드리가 바로 옆에 앉아 있었는데) 당시 아내를 속이고 있었다고 솔직히 고백했다. 그런데 어느 날 오드리가 그를 앉혀 놓고 아주 특별한 방식으로 구성된 대화를 나누었고 그는 크게 허를 찔렀다고 했다.

오드리는 그녀가 그를 얼마나 좋아하는지, 어떻게 그에게 빠지고 있었는지 말하지 않았다. 그녀의 대화는 매슈에게 전혀 초점을 맞추지 않왔다. 그녀는 자기 시간의 가치와 자기가 찾고 있는 것에 대화의 초점을 맞췄다.

매슈는 그 이야기를 들려주면서 사람들이 무언가를 한 단계 발전시키고 싶을 때 가장 많이 저지르는 실수는 자기 시간의 가치와 인생에서 자기가 찾고 있는 것 대신 다른 사람에게 집중하는 것이라고 말했다. 오드리의 방법은 효과가 있었다. 매슈는 다른 사람과 데이트를 그만두고 오드리에게 즉시 충실해지기로 했고, 지금은 결혼해서 함께 사업을 하고 있다.

매슈는 오드리가 시도했던 대화 내용과 방식 그리고 그런 대화를 어떻게 구성하고 시도할지에 대해 내게 설명해 주었다. 그 방법은 이렇다.

ABC 루프와 마찬가지로 술집에서나 전화로, 또는 시간이 없을 때 이 대화를 나누지 말자. 문자로 대화하려는 생각은 하지도 말자. 상대방이 당신과 같은 것을 원할 거라고 기대를 품고 대화를 시작하지 말자. 이미 당신은 이 대화마저 효과가 없으면 이 관계는 시간 낭비라고 생각하는 지점에 도달했기 때문에 분명한 해명을 들어야 한다.

이 대화의 목적은 원하는 답을 얻는 것이 아니라 자신의 위치에 관한 진실을 얻는 것이다. 특별히 감정적인 대화도 아니다. 이 대화는 당신의 시간을 투자할 가치가 있는 것과 가치가 없는 것에 대한 사실을 밝히는 것이 목적이다. 매슈가 추천한 방식이지만, 당신만의 방식으로 만들어 보자.

나는 너와 함께하는 시간을 정말 좋아해. 그리고 내가 나를 아는데,

나는 서로에게 정말 충실한 관계를 맺고 싶어. 우리가 둘 다 이 관계에 대해 같은 비전을 지녔는지 알고 싶어서 대화하자고 했어. 나는 내 시간과 에너지가 너무 소중하고, 다음 단계로 발전하지 않을 것 같은 사람과 시간을 보내는 데 시간과 에너지를 쓰고 싶지 않아. 그리고 이제 결정할 시간이 된 것 같아. 지금까지 정말 즐거웠어. 너와 함께하는 시간이 정말 좋아. 하지만 우리 관계가 다음 단계로 발전할 수 있어야 앞으로 시간과 에너지를 투자할 수 있어. 네 생각이 나와 다르다면 지금까지 정말 좋았지만 여기까지야. 나는 날 잘 알고 있어. 나와 같은 것을 원하는 사람에게 시간을 투자하기로 선택해야 해.

우와, 나도 연애할 때 이 방법을 알았다면 좋았을 텐데. 매슈와 오드리의 대화에서 놀라웠던 점은 그 대화의 사실성이다. 이 대화를 읽으면서 화자에게 존경심이 들지 않는가? 그리고 그들이 연인이었던 사람을 굉장히 칭찬하는 모습도 알아챘는가?

죄책감도 비난도 신파도 없다. 두 명의 성인이 재미있는 시간을 보내고 있고 이제 그중 한 명이 인생에서 원하는 것을 분명히 말하고 있다. 이 점이 존경스럽지 않은가? 나는 정말 존경심이 들었다. 당신도 자기 시간을 그만큼 소중히 여기고 싶지 않은가? 당연히 그럴 것이다! 자기 시간을 이 정도로 소중히 여기고 실제로 그렇게 믿는 저런 멋진 사람과 함께하고 싶지 않은가?

게다가 이 대화에서 상대방에 대한 기대가 전혀 없다는 것을 눈치챘는가? 상대방이 거절할 수 있도록 문이 활짝 열려 있다. 이 대목이 쉽지 않다. 때로는 당신이 선택한 사람이 당신을 선택하지 않을 수도 있다. 그러면 정말 기분이 나쁘고 의기소침해질 것이다. 하지만 괜찮아질 것이다.

그리고 중요한 것은 상대방이 거절한다고 해도 당신은 여전히 그 후에 무엇을 할지 선택할 수 있다는 점이다. 만약 상대방이 "너와 동거하고 싶지 않아.", "너의 남자 친구(여자 친구)가 되고 싶지 않아.", "장거리 연애를 하고 싶지 않아.", "결혼하고 싶지 않아.", "아이는 절대 갖고 싶지 않아.", "네 고향으로 함께 돌아가고 싶지 않아."라고 말한다면 그들은 이미 당신에게 줄 수 있는 모든 것을 준 것이다. 그리고 거기까지다. 그냥 **내버려두자**.

내 친구이자 베스트셀러 작가인 새러 제이크스 로버츠Sarah Jakes Roberts 목사는 이렇게 말했다. "당신은 이 남은 음식을 기꺼이 먹을 것인가? 아니면 별 다섯 개를 받은 식사를 원하는가?" 상대방이 당신과 같은 것을 원하지 않는다고 말한 후에도 그 사람과 함께하기로 선택한다면 그건 당신 책임이다. 상대방이 충실한 사랑을 약속하지 않아도 함께하기로 했다면 당신에게 더 깊은 문제가 있다는 의미이므로 심리치료사에게 전화해야 한다.

친구로서 이렇게 묻겠다. 당신은 왜 당신에게 충실한 사랑을 약속하지 않는 사람과 함께하고 싶은가? 왜 당신과 같은 것을 원하지 않는 사람과 함께하고 싶은가? 물론 혼자라는 것이 무서울 수 있다. 그렇다. 또 6개월이 흘러가 버렸다는 사실에 기운이 빠질 것이다. 다시 데이트 시장에 나가기보다는 남은 음식과 함께 있는 것이 솔깃할 수도 있다. 다시는 사랑을 찾지 못할 것이라고 생각할 수도 있다. 똑똑하고 재미있고 매력적이며, 칭찬을 잘하고 섹스도 잘하는 사람을 절대 못 찾을 것이라고 말이다. 그러나 잘못된 생각이다. 사실이 아니다. 남은 음식을 먹지 말자.

용기를 내자. 잘못된 상황을 거절하는 것이 당신에게 맞는 사람을 찾는 방법이다. 그들이 자기 본모습과 입장을 드러내도록 **내버려두자**. 그다음 렛뎀 이론의 두 번째 부분인 **내가 하기**에 집중해야 한다.

충실한 사랑을 약속하지 않는 사람과의 관계를 **내가** 끝내자. 이것이 **내가** 마땅히 받아야 할 사랑을 선택하는 방향으로 나아가는 또 다른 단계라고 믿자. 이 관계의 가능성을 좇는 것을 **내가** 멈추고 현실을 바라보자. **내가** 맞는 사람에게 한 걸음 더 가까워졌다고 믿자. 평생의 사랑이 바로 앞에 있으니 **내가** 힘을 되찾자.

결국 모든 끝은
아름다운 시작이다

  이 책을 위해 조사할 때 계속 떠올랐던 한 가지 주제는 관계에서 마주하는 문제가 해결할 수 있는 문제인지, 인정해야 할 문제인지 구분하는 방법이다. 지나치게 많이 생각하고, 기분 나빠 하고, 말싸움하는 게 정상일 때는 언제인가? 이것이 무언가 잘못되었다는 신호일 때는 언제인가? 상대방을 그냥 내버려둬야 할 때는 언제인가? 이 관계를 더는 지속할 수 없다는 고통스러운 진실을 받아들여야 할 때는 언제인가?

  결혼 생활을 30년 이상 이어 온 내가 해줄 수 있는 말은 상호 간의 양보와 타협이 성공적인 관계에서 매우 중요하다는 사실이다. 완벽한 사람은 없고 완벽한 관계도 없다. 그리고 모든 관계는 시간이 흐르면서 변한다. 장기적인 파트너십에서 관계가 놀라울 정도로 좋을 때도 있고 극도로 어려울 때도 있다. 하지만 관계를 성공적으로 유지하는 모든 커플에게는 두 가지 중요한 공통점이 있다.

첫째, 두 사람 모두 관계가 잘 유지되기를 원했다. 그리고 둘 다 관계를 개선하기 위해 기꺼이 노력했다.

둘째, 문제가 된 사안 때문에 누군가 자신의 꿈을 포기하거나 가치를 타협할 필요가 없었다.

따라서 지금 올바른 관계에 있는지 고민하고 있다면 당신이 자신의 가장 좋은 모습을 끌어낼 수 있고 함께 좋은 삶을 위해 노력하려는 사람과 함께하고 싶다는 의미이므로 좋은 신호다.

내가 경험한 힘든 일 중 하나는 상대방이 정말 좋은 사람이지만 내게 맞는 사람이 아니라는 사실을 마음속 깊이 깨달은 것이었다. 정말 좋은 사람과 함께하면서도 내가 정신적으로 맞지 않는 상황에 놓여 있거나 상대방에게 어울리지 않는 사람이라는 것을 알게 되는 경우가 여러 번 있었다. 사실 나는 연애를 할 수 있는 상황이 아니었다(대학교 때 그리고 로스쿨을 다닐 때 만났던 남자 친구들에게 사과해야 하나 생각하고 있다. 20대 때 나는 정신적으로 엉망인 상태였다. 정말 대단히 후회되는 행동을 많이 했다).

관계가 잘못되었다는 사실을 인정하는 건 세상에서 가장 힘든 일 중 하나다. 특히 사랑하는 사람과의 관계는 더욱 그렇다. 매일 일상을 함께하면서도 마음속으로 무언가 잘못됐다는 것을 느낀다면 이젠 인정하고 받아들여야 한다.

'내가 바라는 사람'이 아닌 '원래 그런 사람'을 사랑하라

이 관계가 당신에게 맞는지 의문이 들 때마다 스스로 질문해 보자. '이 사람을 있는 그대로, 정확히 이 상태 그대로 받아들이고도 여전히 사랑할 수 있을까?' 당신은 남자 친구나 여자 친구, 아내, 남편, 파트너를 지금 모습 그대로 사랑하는가? 아니면 그들의 예전 모습이나 미래에 바라는 모습을 생각하며 사랑하는가?

당신이 신경 쓰이는 점이 있다고 해도 결국은 헤어질 이유가 아닐 수 있다. 그냥 받아들이는 방법을 배워야 하는 일일 수도 있고, 이 관계를 잘 이어 가기 위해 노력해야 할 일일 수도 있다. 그냥 **내버려두자**.

예를 들면 그들이 전자담배를 피우기 시작했다는 것, 자기 관리를 하지 않는 것, 너무 게을러서 화나게 한다든지, 아무 계획도 세우지 않는 것, 섹스를 해도 지루한 것, 아무것도 하고 싶어 하지 않는 것, 새로운 도시로 이사하거나 새로운 나라로 여행하는 데 관심이 없다는 것 등이 마음에 들지 않을 수 있다.

이 모든 것에도 불구하고 그들을 사랑하는가? 왜냐하면 현실적으로 그들은 절대로 바뀌지 않을지도 모르기 때문이다. 그리고 아마도 변하지 않을 것이다. 이 책의 핵심 교훈 중 하나를 기억하자. 사람들은 하고 싶은 것만 한다. 그렇다. 당신은 그들에게 영향을 줄 수 있다. 하지만 그들이 변하기를 계속 바라는데도 그들이 변하지 않으면 사랑이 식을 뿐만 아니라 분노가 생길 것이다.

커플들을 관찰하면서 알게 된 사실은 함께한 시간이 길어질수록 상대방이 자기와 같아지기를 더욱 바란다는 것이다. 그건 불공평한 일이다. 그러니 자신에게 솔직해지자. 당신은 상대방이 자신과 같아지기를 바라는가, 아니면 관계에서 충족되지 않은 근본적인 욕구가 있는가? 이는 대단히 중요한 문제다. 인간 본성의 법칙에 따르면 상대방은 절대 바뀌지 않을 것이라고 가정해야 하기 때문이다.

상대방을 그대로 **내버려두자**. 뒤에서 조용히 원망하거나 비판하지 말고, 그 관계에서 사랑이 넘치고 성숙한 사람이 되자. 당신처럼 만들려고 하지 않고 있는 그대로 받아들이거나, 아니면 당신이 원하는 것과 왜 그 행동이 당신을 괴롭히는지에 대해 생산적이고 사랑이 담긴 대화를 나누자.

어쩌면 그들은 당신이 화가 났다는 사실조차 모를 수도 있다. 그 문제에 대해 당신이 어떻게 생각하는지, 당신에게 얼마나 중요한 문제인지도 모를 수 있다. 아니면 그들은 알고 있지만 당신이 교착상태를 만든 것일 수도 있다. 그러니 또다시 1년 동안 이 사람이 내 사람인지 고민하기 전에 대화를 나누고, 과학을 적용한 다음 편하게 기다리자. 당신은 이미 ABC 루프와 당신이 가진 영향력을 알고 있다.

  A. 사과한(Apologize) 다음 개방형 질문을 한다(Ask).
  B. 물러서서(Back off) 그들의 행동(Behavior)을 관찰한다.
  C. 계속 변화(Change)를 보여 주고 발전을 축하한다(Celebrate).

내가 하기로 다른 사람에게 영향을 주려고 할 때는 상대방이 변화할 거라는 희망을 품자. 당신은 그들을 사랑하고, 그들이 잘되기를 바라고, 관계가 잘되기를 바라며, 이것이 당신에게 중요한 문제이기 때문이다. 긍정적 변화를 내가 먼저 보여 주고, 상대방이 보이는 모든 발전을 축하하면서 최소 6개월 동안 지켜보자. 있는 그대로 **내버려두자**.

왜 하필 6개월인가? 6개월은 당신의 에너지가 바뀌고 상대방이 갑자기 변하고 싶은 마음이 들면서 그것이 자기 생각이라고 믿을 만한 시간이기 때문이다. 내 친구 부부의 이야기를 떠올려 보자. 남편의 건강 문제는 한동안 내 친구를 괴롭혔다. 그녀는 남편을 사랑하긴 하지만 자신에게 맞는 사람인지 궁금해했다. 자신을 돌보지 않는 사람과 결혼 생활을 유지할 수 있을까? 그래서 그 친구는 이 질문에 답하기 위해 렛뎀 이론을 사용했다. 그녀는 남편을 그대로 내버려두고, 매일 아침 산책하며 긍정적이고 행복한 태도를 유지했다. 남편을 칭찬하고 안아 주었으며 그가 운동할 때마다 매우 다정하게 대했다.

그리고 기다렸다. 기다림과 내버려두기의 가장 힘든 부분은 사랑하는 사람이 스스로 초래한 결과에 대해 불평하는 순간이다. 예를 들면 전자담배에 얼마나 많은 돈을 썼는지(하지만 여전히 전자담배를 피우고 있다), 직장이 얼마나 싫은지(하지만 새 직장을 찾고 있지 않다), 얼마나 우울한지(하지만 상담은 거부한다) 등을 불평한다.

내 친구는 얼마 전에 남편이 피클볼을 하다가 너무 숨이 차서 경기에서 빠져야 했다며 불평했다고 얘기했다. 그런 일이 발생하면 상대방을 안심시키고 싶은 생각이 든다. 그러지 말자. 그들의 불평이 해결되지 않은 채 남아 있게 두자. 대응하지 말자.

그들이 불만에 관해 생각할 시간을 갖도록 **내버려두자**. 아무 말도 하지 말자. 그들이 자기감정을 경험하도록 **내버려두자**. 침묵이 일하게 두자. 자기 행동의 결과를 느끼게 **내버려두자**. 그냥 **내버려두자**. 그리고 **나는** 과학을 이용하자. 개방형 질문을 하자. "그 문제 때문에 당신이 괴로운 것 같은데?", "그 문제와 관련해 하고 싶은 일이 있어?" 이런 개방형 질문은 당신의 파트너가 삶에서 정말 바꾸고 싶은 것과 현재 자기 행동, 바꾸고 싶지 않은 것 사이의 갈등에 관해 생각하게 한다.

무엇이 관계를 끝내야 할 요인인가?

그런데 ABC 루프를 따르고 6개월 동안 인내심을 갖고 기다렸는데 아무런 변화가 없다면 어떻게 해야 할까? 이 경우 당신의 파트너는 변하고 싶은 생각이 없는 것이다. 그들의 행동이 이를 보여 준다. 따라서 당신에게는 선택권이 있다. 자기 반응에 집중하면 늘 자신에게 힘이 있기 때문이다. ABC를 다 따랐으므로 이제는 D와 E 단계로 넘어갈 때다.

D 단계: 이 문제가 관계를 깨뜨릴 요인인지 '결정한다' Decide

6개월이 지난 후에도 상대방이 변하지 않거나 변하려고 노력하지 않았다면 앞으로도 변하지 않을 것이라고 생각하자. 이 소식을 내가 전하게 돼서 유감이지만 그들은 준비가 되어 있지 않다. 변화할 생각이 없다.

ABC(DE) 루프

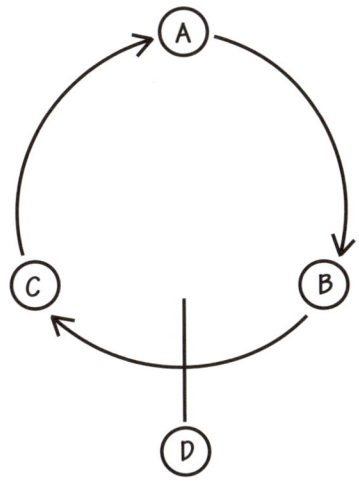

이 문제가 관계를 깨뜨릴 요인인지 결정한다

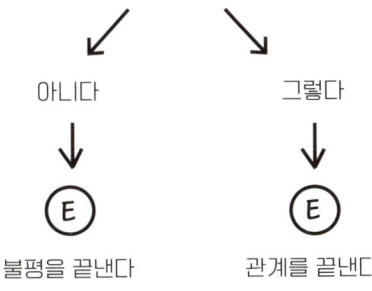

그들에게 당신은 변화를 위한 충분한 동기가 되지 않는다. 당신이 그들에게 우선순위가 아니거나 더 중요한 문제가 있을 수도 있고, 변화할 능력이 없을 수도 있다. 어쩌면 그냥 그런 사람일 수도 있다. 하지만 괜찮다. 행동이 그들의 대답이다. 그들은 명확하게 대답했다.

그냥 **내버려두자**. 모든 사람이 변화하고 싶어 하는 것은 아니다. 때로는 인생에서 당신이 할 수 있는 가장 큰 사랑은 상대방을 고치려는 시도를 멈추고, 그냥 받아들이고, 사랑을 더 베풀고, 자기가 통제할 수 있는 일에 집중하는 것이다. 당신이 통제할 수 있는 일은 상대방을 있는 그대로 사랑하기로 선택하는 것이다. 불공평하다는 것을 나도 안다. 누군가가 당신을 위해 변하지 않으려 하면 실망스럽고, 짜증 나고, 때로는 매우 충격적일 수도 있다. 그냥 그대로 **내버려두자**.

이제 렛뎀 이론의 두 번째 부분인 **내가 하기**를 실천할 차례다. 이 문제가 관계를 깨뜨릴 요인인지 결정할 때가 됐다. 분명히 기억하자. 누구를 사랑할지, 어떻게 사랑할지는 늘 당신이 선택하는 것이다. 관계를 깨뜨릴 요인이란 당신이 평생 안고 살아갈 수 없는 문제를 의미한다. 다음 질문은 이런 문제를 구분하는 방법이다. '이 사람이 무슨 일이 있어도 절대 바뀌지 않는다고 해도 평생 함께할 수 있을까?'

질문에 대한 대답이 긍정이든 부정이든 이 관계가 나아지기 위해서는 무언가 변화가 필요하므로 E 단계로 넘어가자.

E 단계: 불평을 끝내거나 관계를 '끝낸다' End

당신은 상대방이 변하지 않는 지점에 다다랐다. 이 문제에 대해 교착상태에 있으며 문제를 수용하든지 말든지 둘 중 하나만 남았다. 이제 불평을 끝낼지, 관계를 끝낼지 선택해야 한다.

이제 좀 이 문제에 대한 불평을 멈출 수 있겠는가? 혼자 투덜대고, 문제를 머릿속에 담아 뒀다가 은근히 비꼬는 투로 행동하면서 다른 친구들에게 불평하는 것을 멈출 수 있겠는가? 그들을 선택하기로 했으면 그들과 당신 자신을 위해 받아들여야 한다. 내 결혼 생활을 예로 들어 보자. 내가 가진 ADHD(주의력결핍과다행동장애)는 크리스를 미치게 한다. 나도 그 이유를 이해한다.

나는 보통 때 정말 엉망이다. 음식을 먹고 난 후 접시를 싱크대에 그냥 두든지 책상 위에 쌓아 놓는다. 늘 열쇠를 제자리에 두지 못하고, 화장실 세면대에는 내 물품이 사방에 놓여 있으며, 어디를 갈 때마다 늦는다. 내가 물건을 찾겠다고 미친 사람처럼 집안을 헤매고 돌아다니는 동안 크리스는 차에서 침착하게 나를 기다린다. 그런데 이 모습은 멜 로빈스라는 정돈되지 않은 빙산의 일각일 뿐이다.

몇 년 동안 크리스는 나를 앉혀 놓고 이야기했다. 내 문제를 두고 수없이 많은 대화를 나눴다. 지저분한 휴지를 쓰레기통에 버리는 것을 잊어버리고 조리대에 그냥 두거나("정말 더러워, 멜."), 내가 주의 산만하거나 인스타그램만 보고 있을 때 남편이 얼마나 짜증 나는지("듣고 있기는 하는 거야?") 등. 내 행동이 남편에게 내가 그의 시간을 존중하지도 않고 얼마나 힘들게 하는지 신경 쓰지 않는 것처럼 보이게 만든다는 걸 나도 알고 있다.

변하려고 노력도 해봤다. 정말 변하고 싶었다. 하지만 노력에도 불구하고 변하지 못했다. 난 여전히 매번 늦고 항상 물건을 잃어버린다. 집을 엉망으로 만들면서 치우지는 않는다. 이런 모습이 나도 싫다. 손가락을 '탁' 하고 튕겨 이런 모습을 바꿀 수 있으면 좋겠다.

크리스는 시간을 칼같이 지킨다. 늘 체계적이고 침착하고 예측 가능하다. 앞으로도 그럴 것이다. 크리스는 내가 자신처럼 행동하길 바랐다. 그럴 수 있다면 그의 삶이 더 쉬워질 것이고 내게서 더 많은 지원과 존중을 받을 수 있을 테니까.

그러나 관계는 상대방이 당신이 바라는 모습이길 바라는 것이 아니라 있는 그대로의 모습을 사랑하는 방법을 배우는 것이다. 렛뎀 이론을 사용하기 시작하면 다른 사람들을 있는 그대로 바라보는 방법을 배우게 된다. 당신이 받아들일 수 있는 것과 없는 것을 결정하는 권한이 당신에게 있음을 알게 된다. 그것이 당신이 자기 힘을 지키는 방법이다. 그리고 그 방법은 항상 당신의 반응에 달려 있다.

동시에 절대 변하지 않을 표면적인 것들을 내려놓으면 지금까지 당연하게 여겼던 더 깊은 진실을 보게 될 것이다. 예를 들어 크리스는 여러 면에서 나를 짜증 나게 했다. 하지만 내가 높게 사는 남편의 장점 중 하나는 친절하고 믿음직스럽고 평화로운 성격이라는 것이다. 나는 관계에서 남편의 그런 면이 내게 필요하다는 것을 전혀 알지 못했다. 반면에 남편은 나의 미친 듯한 열정, 맹렬한 충성심, 유머 감각을 높이 평가한다.

그래서 나의 행동이 그를 매우 힘들게 하지만 우리 관계를 끝낼 만한 요인은 아니다. 크리스는 내가 파트너로서 줄 수 있는 다른 것들이 나의 ADHD로 인한 스트레스를 능가한다고 판단했다. 크리스는 내가 평생 이런 모습일 거라는 사실을 받아들였다. 그리고 둘이 함께 웃으면서 그 모습을 받아들이고 사는 방법을 배웠다. 멜이 그냥 멜로 살게 둔 것이다.

그렇게 렛뎀 이론은 나의 결혼 생활을 더 단단하게 만들었다. 나는 크리스를 있는 모습 그대로 받아들이고, 그의 못마땅한 점에 대해 더는 불평하지 않는 방법을 배웠다. 크리스도 나에 대해 그렇게 했다.

당신도 자신의 관계에서 이와 똑같이 명확한 깨달음을 얻을 것이다. 내 친구는 아침에 일어나서 지하에 있는 실내 자전거를 타러 갈 때 남편은 계속 자도록 내버려둔다. 또한 옷을 입을 때 예전처럼 침실 문을 세게 닫는 대신 매우 조용히 갈아입는다. 내가 친구의 사례를 공유하는 이유는 누군가를 있는 그대로 사랑한다는 건 불평을 멈추는 것 이상을 의미하기 때문이다. 행동을 통해 당신이 그들을 있는 그대로 사랑하고 있음을 보여 줘야 한다. 그리고 친절과 배려로 관계를 이끌어야 한다.

타협할 수 있는 문제와 없는 문제

앞서 나는 이런 질문을 던졌다. '이 사람이 절대 바뀌지 않는다고 해도 평생 함께할 수 있을까?' 만약 당신의 대답이 '모르겠다' 또는 '아니다'라면 어떻게 해야 할까?

불평을 멈출 수 없다면 상대방을 있는 그대로 받아들이고 사랑할 수 없다. 그건 다정하고 사랑이 담긴 태도가 아니다. 아침에 상대방이 자고 있는데 문을 세게 닫거나, 상대방이 늦었을 때 은근히 비꼬는 행동을 멈추지 않는다면 그 또한 다정한 행동이 아니다.

관계를 끝낼지 결정하는 것은 당신만이 내릴 수 있는 매우 개인적인 결정이다. 내 친구 부부의 경우 그다지 어려운 결정이 아니다. 남편의 건강에 해로운 습관은 관계를 깨뜨릴 요인이 아니다. 전혀 그렇지 않다. 내 친구는 남편을 사랑하기 때문이다.

그녀는 관계를 유지하려면 남편을 받아들이고 관계에 대한 자신의 태도를 바꾸기 위해 더 열심히 노력해야 한다는 것을 알고 있다. 그녀는 그들의 관계에 더 많은 연민과 친절함을 불어넣어야 한다. 계속해서 그에게 영향을 미치려고 노력할 수는 있지만 불평과 함께 기대도 버려야 한다. 이 문제는 남편에게 있는 것이 아니라 그녀 자신에게 있다. 남편은 변하지 않을 것이기 때문에 그녀는 이 관계를 개선하기 위해 지금까지의 자기 모습을 바꿔야 한다.

하지만 대부분의 사람이 렛뎀 이론을 사용해 상대방과 계속 함께할지를 결정할 때 가장 어려워하는 부분은 조화 가능성의 문제다. 누군가에게 충실한 것과 잘 맞는 것에는 차이가 있다. 누군가와 사랑에 빠지고 평생 멋진 관계라고 느끼는 경험은 매우 흔한 일이다. 하지만 시간이 지나면서 두 사람은 서로 다른 방향으로 성장하거나, 서로 다른 것을 원하거나, 다른 사람이 되었다는 것을 깨닫기 시작한다. 아직 사랑이 식지 않은 상황에서 이런 일이 발생하면 정말 힘들다. 하지만 그냥 예전처럼 잘 맞지 않는 것뿐이다.

앞서 나는 관계를 성공적으로 유지하는 커플에게는 두 가지 공통점이 있다고 말했다.

1. 두 사람 모두 관계가 잘 유지되기를 원하고 개선하기 위해 기꺼이 노력한다.

2. 문제가 된 사안 때문에 누군가 자신의 꿈을 포기하거나 가치를 타협할 필요가 없다.

두 사람 모두 관계를 잘 유지하기를 원하고 개선하기 위해 기꺼이 노력하는 상황에 있을 수 있다. 하지만 조화 가능성 문제가 있다면 아무리 관계를 위해 열심히 노력해도 잘되지 않을 확률이 높다. 이는 받아들이기 슬프고 어려운 현실이며 매우 개인적인 선택의 문제다.

예를 들어 고향 런던으로 돌아가고 싶어 하는 영국인과 사랑에 빠져 함께하기로 약속했는데 당신은 항상 애틀랜타에 있는 가족과 가까이 지내기를 꿈꿔 왔다고 가정해 보자. 아니면 또 다른 흔한 예로, 한 명은 아이를 원하지만 다른 한 명은 원하지 않는 상황을 가정해 보자.

두 사람은 문제에 관해 대화할 수 있고 다툴 수도 있다. 당신은 파트너가 유럽으로 돌아가고 싶어 하는 이유를 이해하고 파트너는 당신이 가고 싶어 하지 않는 이유를 이해한다. 아이를 갖는 것의 장단점을 논의했지만 미래에 대한 합의에 도달하지 못하는 것 같다. 주제에 관한 대화가 계속 제자리에서 맴돈다.

과거에는 '지금 당장 결정할 필요는 없다'라고 말했다. 하지만 이제 결정할 시간이 왔고 막다른 골목에 다다랐다. 상대방은 이사를 원하지만 당신은 원하지 않는다. 상대방은 아이를 원하지만 당신은 원하지 않는다. 두 사람은 분명 서로에게 충실하지만 지금 당장은 서로에게 맞지 않는다. 이 문제가 정말 관계를 깨는 요인인지 어떻게 알 수 있을까?

방법은 이렇다. 고향인 런던으로 돌아가고 싶은 사람과 사랑에 빠진 상황을 생각해 보자. 그리고 당신은 항상 가족과 가까이 지내기를 꿈꿔 왔다. 스스로 질문해 보자. 그 사람과 함께 런던으로 이사하는 것보다 헤어지는 것을 더 후회할까? 이사하기로 했다면 가족과 친구를 뒤로하고 떠나기로 선택한 것을 두고 파트너를 원망하지 않을까?

두 가지 선택 모두 가슴 아픈 결과를 낳는다. 하나는 가족과 가까이 살고 싶은 꿈을 포기해야 하고, 다른 하나는 지금까지 평생의 사랑이었던 사람을 떠나야 한다. 그런데 당신의 파트너도 타협하지 않을 것이기 때문에 당신과 똑같이 가슴 아픈 결과를 앞두고 있다. 당신의 파트너는 변하지 않을 것이다. 당신과 함께든 아니든 런던으로 이사할 것이다. 그냥 **내버려두자**.

실제로, 관계에서 발생하는 문제 중 69퍼센트는 두 사람이 해결할 수 없는 문제다. 이 통계는 세계에서 가장 유명한 관계 연구자인 존 가트맨John Gottman과 줄리 가트맨Julie Gottman 부부가 40년간 진행한 과학적 연구에서 나온 결과다. 두 사람은 부부가 싸우는 가장 큰 이유가 절대 변하지 않을 것들 때문이라고 밝혔다. 예를 들어 상대방이 항상 늦든다든가, 당신이 원하는 만큼 야망이 없다든가, 주말마다 TV 앞에서 시간을 보낸다든가, 취미가 서로 다르다든가, 정리를 못한다든가, 집돌이 또는 집순이라든가, 정치적 견해가 다르든가 하는 이유로 싸운다.

이런 문제는 모두 관계에서 해결할 수 없는 69퍼센트의 문제에 속한다. 그래서 당신이 가장 깊은 수준에서 무엇을 가치 있게 생각하는지 파악하는 것은 자기 몫이다. 이 문제에 파트너가 동의하지 않는 경우 당신은 타협할 수 있는가? 어떤 사람에게는 이사가 큰 문제가 되지 않을 수 있다. 사랑하는 사람과 함께 해외로 이사하는 기회를 기꺼이 잡으려 할 수도 있다.

가트맨 부부의 연구에서는 같은 문제로 끊임없이 싸우고 계속해서 같은 대화만 제자리에서 맴돈다면 아마도 당신과 파트너의 성격과 바라는 것의 차이가 크기 때문일 것이라고 설명한다. 다시 말해 서로 다른 것을 중요하게 여기고, 일상을 살아가는 방식과 인생에서 경험하고 싶은 것에 관한 비전이 다르다. 연구에 따르면 관계에서 발생하는 거의 모든 교착상태는 '이뤄지지 않은 꿈'에서 비롯된다.

런던으로 이사하는 것을 두고 다투는 부부, 아이를 갖는 것에 대해 의견이 다른 부부의 예를 들어 보자. 이 문제들은 대단히 중요하다. 그래서 그냥 타협할 수 없다. 이 문제들은 삶에 대한 깊은 비전과 관련이 있어서 당신이 결정을 내려야 할 매우 개인적인 문제다. 런던으로 이사하는 것은 타협할 만한 가치가 있어 보인다. 하지만 만약 당신이 아이를 원했다면 40대 중반이 되었을 때 이제는 가질 수 없다는 사실에 지난 10년을 낭비한 걸 후회할 것이다.

스스로 질문해 보자. 이 결정으로 꿈을 포기해야 하는가? 가트맨 부부의 연구에 따르면 이런 경우는 문제다.

아무래도 더 좋은 사람이 없을 것 같아서

내가 조사한 바에 따르면 장기적인 관계를 유지하는 많은 사람이 이런 질문을 한다. '더 좋은 사람이 있을까?' 대답은 '알 수 없다'이다. 나는 개인적으로 데이트 문화, 소셜미디어, 로맨틱 코미디가 이런 걱정을 당신의 머릿속에 심어 놓았다고 생각한다. 완벽한 사람은 없다. 누구에게나 과거의 문제가 있고 마음에 짐이 있다. 그리고 나이가 들수록 마음의 짐은 커진다. 대부분의 사람이 이 문제를 해결하지 못하고 살아간다.

바로 앞에 있는 것의 진가를 모르는 건지, 아니면 인생의 모든 것을 비관적으로 보는 건지는 당신만이 알 수 있다. 항상 남의 집 잔디가 더 푸르게 보인다는 말이 있다. 그런데 사실 잔디는 물을 주는 곳이 더 푸르기 마련이다. 여기서 장기적인 관계 유지를 위해 필요한 두 가지 요소를 다시 떠올리게 된다.

1. 두 사람 모두 관계가 잘 유지되기를 원하고 개선하기 위해 기꺼이 노력한다.
2. 문제가 된 사안 때문에 누군가 자신의 꿈을 포기하거나 가치를 타협할 필요가 없다.

어느 순간이 되면 당신은 선택해야 한다. 그리고 그 선택은 바로 눈앞에 있는 것을 선택한다는 의미일 수 있다.

나는 결혼한 지 거의 30년이 된 사람으로서 어느 부부든 결혼 생활에서 정말 어둡고 두려운 시기를 보냈으리라고 장담할 수 있다. 그리고 서로 의지해 그들의 문제, 어려움, 도전 과제를 극복한 부부 중 단 한 사람도 자신의 선택에 후회하지 않았다.

하지만 이혼한 많은 사람은 결혼 생활을 유지하기 위해 조금 더 노력했더라면, 문제를 좀 더 빨리 마주할 용기가 있었다면 좋았을 거라는 후회가 늘 남아 있다. 만약 서로 불편한 대화를 나누고 상담을 받았다면 상황이 달라졌을지도 모른다. 노력했는데 헤어졌다면 이별 과정과 이후 아이들과 헤어지는 과정이 훨씬 더 수월했을 것이기 때문이다.

관계를 끝내는 것은 대단히 개인적이고 어려운 선택이다. 특히 그 관계가 잘되기를 바랄 때는 더욱 그렇다. 이는 무언가 잘못됐다는 내면의 강한 직감을 믿기로 선택하는 걸 의미할 수도 있다. 당신은 이 사실을 알고 있지만 단지 인정하기가 두려웠을 뿐이다. 때로는 상대방이 끝내기 전에 당신이 끝내야 할 때가 있다. 인생에서 자기 꿈이 무엇인지 안다면 그 꿈을 이루는 데 도움이 되는 관계를 누릴 자격이 있다. 만약 당신의 희망과 꿈을 공유하지 않은 사람과 함께한다면 당신뿐만 아니라 상대방도 불행해질 것이다.

솔직히 내가 이 내용을 책으로 쓰기는 쉽다. 또한 '내버려두자'라고 말하기는 쉽다. 하지만 사랑하는 사람과 헤어지는 것은 쉬운 일이 아니다. 그렇게 어려운 결정을 해야 할 때 당신을 도와줄 렛뎀 이론이 있다.

이별은 힘들겠지만 또한 지나갈 것이다

나는 이별의 아픔을 겪고 있는 당신 또는 당신이 사랑하는 누군가에게 직접 이야기하고 싶다. 내가 공유하고자 하는 모든 내용은 전적으로 나의 개인적인 경험과 내가 아는 가장 똑똑한 여성인 심층심리학자 앤 다빈이 알려 준 것이다. 딸 소이어와 앉아서 이 부분을 작업할 때 소이어는 2년 동안 교제했던 남자 친구로부터 이별을 통보받았다.

여기서 남자 친구는 딸이 결혼 상대로 생각했던 남자였다. 농담이 아니다. 소이어는 엄청난 충격을 받았다. 계속해서 울고 방 밖으로 나오지도 않고 며칠 동안 샤워도 하지 않았다. 완전히 무너진 소이어는 당신이 방금 읽은 사랑에 대한 장을 전부 찢어 버리고 싶어 했다. "렛뎀 이론이고 뭐고 개나 줘 버려. 나보고 어쩌라는 거야. 그냥 그 사람이 떠나게 **내버려두라고**? 그냥 이렇게 헤어지게 **내버려두라고**? 그냥 다른 사람이랑 잠자리하게 **내버려두라고**? 다른 사람을 사랑하게 **내버려두라고**? 그런 조언 따윈 필요 없어!"

내가 이 이야기를 하는 이유는 소이어가 실시간으로 이별을 경험하고 받아들이는 중에 이 내용을 쓰고 있기 때문이다. 이제 곧 당신이 배울 내용은 소이어가 느꼈던 감정과 그녀가 이별의 아픔을 극복하기 위해 했던 일들을 설명한다. 이 조언은 렛뎀 이론과 앤 다빈의 전문 지식, 연구, 프로토콜을 결합한 것이다. 이런 배경지식을 바탕으로 내가 당신에게 말하고 싶은 내용은 이렇다.

이별은 당신이 경험하는 아주 힘든 일 중 하나가 될 것이다. 하지만 당신은 극복할 것이다.

관계가 막 끝났을 때 누군가 당신에게 할 수 있는 최악의 조언은 '자신을 사랑하는 데 집중해야 한다'는 말이다. 이 말은 최악의 조언이다. 왜냐하면 이별의 아픔을 겪을 때는 보통 자신을 미워하기 때문이다. 모든 것에 의문을 품고 다시 사랑을 찾을 수 있을지 의심한다. 예전의 삶을 되찾고 싶고 예전으로 돌아갈 수 있기를 바라며 이전에 가졌던 것을 되찾고 싶어 한다. 마음이 산산조각 나는 것 같은 기분이 든다. 그리고 실제로 마음이 산산조각 난다.

당신이 느끼는 감정은 슬픔이다. 당신이 살아가리라 생각했던 인생은 죽었다. 사랑하는 사람이 죽는 경험과 마찬가지로 이별의 아픔을 겪을 때도 슬픔의 모든 단계를 똑같이 경험한다. 그리고 이 과정은 당신을 집어삼킬 것이다. 며칠, 몇 주, 심지어 몇 달 동안 당신은 그 사람을 끊임없이 생각할 것이다. 매일 문자를 보내거나, 전화하거나, 음성 메시지를 듣거나, 사진을 보거나, 위치를 확인하거나, 소셜미디어 스토리를 확인하고 싶은 충동을 참아야 한다.

내가 앤 다빈에게 이 문제를 이야기하자 그녀는 이렇게 설명했다.

> 이별이 너무 가슴 아픈 이유는 상대방에 관한 모든 것이 당신의 신경계에 각인되어 있기 때문입니다. 오랫동안 그 사람은 당신의 일부였고, 당신도 그 사람의 일부였습니다. 그래서 아직도 그 사람의 존재를 느낄 수 있고 그 사람의 목소리를 들을 수 있습니다. 그 사람과 매일 이야기하는 데 너무 익숙해서 당연히 그 사람에게 연락하고 싶어질 거예요. 그래요, 그 사람을 그리워하는 것은 당신이지만 당신의 신경계도 항상 그 사람을 그리워하고 그 사람이 당신 인생에 각인된 방식을 그리워합니다. 이건 자연스러운 일이에요.

앤은 이별의 아픔을 경험하는 것이 어떤 느낌인지 신경학적, 생리적, 신경화학적 측면에서 설명해 주었다. 당신은 길을 걸을 때나 운전할 때 사랑했던 사람이 바로 옆에 있다고 상상한다. 그 사람을 생각하다 보면 당신에게 무슨 말을 할지 들리는 것 같은 느낌이 든다. 좋은 일이 있으면 그 사람과 함께 나누고 싶어진다. 가족에게 변화가 생기면 그 사람에게 말할 수 있으면 좋겠다고 생각한다.

단순히 마음이 아파서가 아니라 삶에서 나타나는 이 모든 패턴 때문에 힘들다. 당신 몸에 새겨진 회로망 때문이고, 신경계 때문이다. 마음속 생각, 이미지, 즐겨 듣던 노래 때문이다. 출근하려고 옷을 입을 때, 하루를 마치고 잠자리에 들 때, 아침에 혼자 일어날 때 그 사람이 생각난다.

당신은 그 사람을 우연히 마주칠까 봐 두려움과 희망을 안고 산다. 그 사람의 삶을 멀리서 지켜보고, 그 사람이 다른 사람을 만났다는 사실을 알게 될 날이 벌써 두렵다. 이별의 가장 힘든 부분은 이별을 겪어 내야 한다는 것이다. 그리고 당신을 사랑하는 모든 사람에게 가장 힘든 부분도, 당신이 그 이별을 겪도록 **내버려둬야** 한다는 것이다.

이 아픔을 피할 방법은 없다. 그 사람과 함께한다는 것이 어떤 것인지 잊고 다시 혼자 살아가는 방법을 배워야 하기에 온몸의 세포 하나하나가 그 아픔을 경험한다. 그래서 많은 사람이 과거에 그렇게 오랫동안 매달리는 것이다. **내버려둔다고** 쉬워지지 않는다. **내버려둔다고** 고통이 사라지지 않는다.

앤은 자신의 경험에서 나온 이별에 관한 법칙을 알려 주었다. 30일

동안 완전히 연락을 끊는 것이다. 사진을 보거나 목소리를 듣는 등 어떤 식으로든 접촉이 있으면 신경계에 있는 모든 익숙한 패턴이 활성화되고, 그 사람을 잊는 과정에서 한 걸음 물러서게 되기 때문이다. 이 부분이 힘들다. 당신은 적어도 3개월 동안 이 과정을 겪느라 매우 정신없을 것이다. 연구에 따르면 3개월은 이별을 애도하는 데 걸리는 시간으로, 이 기간이 지나야 감정이 조금씩 회복되기 시작한다.

이별 후 11주가 지나면 71퍼센트의 사람들은 기분이 나아진다. 나는 이 시기를 기준점 삼아 당신에게 괜찮아질 거라는 안도감을 주고자 한다. 11일이 걸릴 수도 있고, 11주가 걸릴 수도 있으며, 어쩌면 더 오래 걸릴지도 모른다. 하지만 분명 괜찮아질 것이다.

렛뎀 이론은 당신이 이 과정을 거치고, 깨달음을 얻고, 더 강해지고, 자기 자신과 인생에서 원하고 마땅히 누려야 할 것에 더 잘 알도록 도움을 줄 것이다. 그러나 이 첫 번째 부분을 거치는 동안 스스로 그 안에 있도록 허용해야 한다. **내가 하자.**

내가 애도하도록 **내버려두자. 내가** 침대에서 며칠 동안 울도록 **내버려두자. 내가** 어떻게 이별했는지 계속해서 이야기하도록 **내버려두자. 내가** 다른 사람의 연락을 거절하도록 **내버려두자. 내가** 우울한 상태에 있도록 **내버려두자.**

이 모든 슬픔은 이별의 아픔에 대한 건강한 정신적 반응이다. 그리고 당신이 준비되었을 때, 이제 관계가 끝났으며 삶의 조각들을 모아 앞으로 나아갈 시간이 되었음을 받아들이도록 도와주는 몇 가지 방법이 있다. 이 방법은 당신의 신경계를 안정시키고 더 건강한 방식으로 이별을 헤쳐 나갈 수 있도록 도와줄 것이다. 시간은 이별의 아픔을 치유하지 않는다. 당신이 그 시간을 어떻게 보내는지가 중요하다.

1. 모든 환경적 자극을 치운다

장신구, 셔츠, 사진 등 추억을 떠올리게 하는 모든 것을 보이지 않는 곳으로 치우자. 그 사람의 기억은 당신의 몸과 마음에 너무 깊이 각인되어 있어서 그런 물건을 보는 것만으로도 앞으로 나아가는 데 방해가 된다. 물건을 태울 필요는 없다. 그냥 상자에 넣어 두고 이 모든 감정으로부터 시간, 공간, 거리가 생겼을 때 다시 꺼내 보면 된다.

잊지 말고 가족이나 룸메이트에게도 똑같이 행동해 달라고 요청하자. 이는 모든 사람에게 잊기 위한 과정이다. 나는 아직도 디지털 액자 앱에 접속해서 소이어와 남자 친구가 함께 있는 사진 하나하나에 '일시 중지'를 누르면서 느낀 감정을 지금도 잊지 못한다. 그 사진들은 우리가 모두 원했지만, 이제는 사라진 미래를 떠올리게 하는 고통스러운 자극이었다.

렛뎀 이론은 내가 통제를 포기하고, 딸이 스스로 이 상황을 극복할 수 있다는 믿음을 갖고 딸에게 더 힘이 되는 방식으로 행동하도록 도와주었다.

2. 침실에 작은 변화를 준다

아마도 당신은 침실에서 많은 시간을 보냈을 것이다. 침실을 새롭게 꾸미면 인생의 새로운 장이 시작된다는 신호를 당신의 신경계에 보낼 수 있다. 벽에 페인트를 칠하거나 멋진 벽지를 붙여 보자. 새로운 시트와 이불을 준비하자. 가구 배치를 바꿔 보자. 정말 도움이 된다.

3. 친구, 형제자매, 사촌, 동료에게 연락한다

그 사람이 떠나면서 남겨 둔 공간을 채워야 한다. 그러려면 도움이 필요하다. 그러니 도움을 요청하자. 부끄러워할 필요는 없다. 누구나 이별을 겪어 봤고 얼마나 끔찍한 일인지 알고 있다. 사람들에게 앞으로 몇 달 동안 당신에게 안부를 묻고 산책을 권하거나 저녁 식사에 초대해 집 밖으로 나올 수 있게 해달라고 요청하자.

4. 달력에 일정을 채운다

거주하는 지역에서 열리는 행사를 찾아가거나 다른 지역에 사는 친구를 만나러 가자. 친구들에게 연락하고 계획을 세워서 달력에 일정을 빈틈없이 채워서 바쁘게 지내자. 주위를 딴 데로 돌리면 정말 도움이 된다. 마음이 한가한 것만큼 이별에 안 좋은 건 없다. 바쁘게 지낼 일이 없으면 그 사람 생각을 하느라 마음이 바빠질 것이다.

5. 하고 싶었던 도전을 시도한다

등반하고 싶었던 산, 훈련할 시간이 없어서 못 했던 철인 3종 경기, 항상 배우고 싶었던 기타 레슨 등 무엇이든 좋다. 지금이 미뤄 왔던 도전을 시작하기에 완벽한 시기다. 자신을 위해 도전하기로 선택하고, 스스로 자랑스러워할 만한 무언가를 하자. 이보다 더 기분 좋은 일은 없다.

6. 이 질문을 스스로에게 던져 본다

만약 평생의 사랑이 바로 앞에 와 있고, 이별로 그 사랑을 만나는 데 한 걸음 더 다가갈 수 있다면 싱글인 동안 밤과 주말을 어떻게 보낼 것인가?

사람들은 이별을 겪으면서 영원히 혼자 살거나, 이제 막 떠난 사람만큼 좋은 사람을 절대 찾지 못할까 봐 두려워한다. 그러나 그렇지 않다. 싱글로서 시간을 어떻게 보내고 싶은지 생각하면 당신이 영원히 혼자이지 않을 거라고 믿고 이 시간을 최대한 활용해야 한다는 신호가 뇌로 전달된다.

한 가지 더 이야기하자면 복수를 위한 다이어트는 하지 말자. 전 애인을 되찾고 싶어서 혹은 매력적인 모습을 그 사람에게 보여 주겠다며 살을 빼거나 헬스장에서 근육을 만드는 등 더 매력적으로 보이려고 한다면 큰 실수다. 그러지 말자. 이는 당신이 여전히 전 애인을 쫓고 있고, 그 사람이 여전히 당신의 일상에 아주 큰 부분을 차지하고 있다는 의미다. 당신이 헬스장에 가서 건강을 유지하려는 것이라면 멋진 일이다. 자신을 돌보고 더 건강한 습관을 우선시한다면 좋다. 그러나 다른 사람을 위해 하지 말자. 자신을 위해 운동하자.

무엇보다도, 시간을 갖자. 시간이 모든 상처를 치유하는 건 아니다. 당신이 그 시간에 무엇을 하는지가 중요하다. 아무리 바쁘거나 기분이 나아지더라도 일어난 모든 일을 처리하려면 시간이 걸릴 것이다. 시간이 걸려도 내버려두자. 분명 시간이 걸릴 것이다. 보통은 시간이 오래 걸린다. 하지만 매일 아침 일어나 한 걸음씩 나아가면, 언젠가는 일어났을 때 기분이 나아졌을 뿐만 아니라 실제로 당신 자신이 나아졌음을 깨달을 것이다.

내가 평생을 사랑할, 나라는 사람

사랑, 이별의 아픔 그리고 그 사이에 있는 모든 일을 해나갈 때 잠시 멈춰서 근본적인 진실을 직시하자. 당신을 사랑받을 가치가 있는 사람으로 만드는 것은 관계가 아니라 당신의 존재 자체다. 태어난 날부터 죽는 날까지 평생 당신과 함께하는 사람은 단 한 사람, 바로 당신 자신이다. 당신이 평생 사랑할 대상은 바로 당신이다.

이 책 전체에서 우리는 다른 사람과의 관계에 초점을 맞췄다. 다른 사람을 문제로 만들지 않는 방법, 관계를 인생의 가장 큰 기쁨이자 의미, 본질로 돌아가게 바꾸는 방법 등을 이야기했다. 그러나 이 모든 관계를 뒷받침하는 관계가 하나 있다. 바로 자신과의 관계다.

당신이 싱글이든, 이혼했든, 연애 중이든, 결혼했든, 이별의 상처를 치유하는 중이든 놀라운 관계를 만들어 내는 힘은 이미 당신 안에 있다. 렛뎀 이론은 다른 사람을 있는 모습 그대로 인정하는 방법과 자신의 행동 방식을 선택해 힘을 되찾는 방법을 가르쳐 준다. 하지만 이제는 지금까지 배운 모든 내용을 앞으로 인생에서 가장 중요한 관계, 즉 자신과의 관계에 적용할 때다.

다른 사람들을 있는 그대로 **내버려두자**. 그래야 **나도** 마침내 나다워진다. 다른 사람이 행복, 건강, 지원, 사랑, 관계의 가장 큰 원천이 될 수 있다는 것을 배웠다. 당신도 이 모든 것과 그 이상을 누릴 자격이 있다. 당신을 기분 좋게 하고 영혼을 풍요롭게 하며 당신에 대한 사랑과 존중이 깔린 관계를 맺을 자격이 있다. 그런데 여기서 가장 중요한 점이 있다. 이 놀라운 관계의 기초는 당신이 자신을 대하는 방식에 있다.

당신은 자신의 경계를 존중하는가? 사랑하는 사람에게 베푸는 연민과 친절을 자신에게도 보이는가? 다른 사람의 허락을 기다리지 않고 스스로 자신의 꿈을 좇고 있는가?

당신이 확실하게 평생 함께할 수 있는 사람은 바로 당신 자신이다. 이는 진부한 말이 아니라 현실이다. 그렇다면 당신은 자신과 어떤 관계를 맺고 싶은가? 나는 당신에게 피상적인 방식으로 자신을 사랑하라고 말하지 않겠다. 당신에게는 자신의 필요, 욕구, 행복을 우선시할 선택권이 있다고 말하고 싶다.

이는 자기중심적으로 살거나 다른 사람을 배제한다는 의미가 아니라 자신에게 주는 사랑, 존중, 배려가 당신 인생에서 다른 모든 관계의 기준을 설정한다는 사실을 깨닫는 것이다. 다른 사람의 인정을 뒤쫓는 것을 멈추고 자신을 존중하기로 선택할 때, 당신이 어떻게 대우받아야 하는지에 대한 강력한 메시지를 세상에 보내게 된다.

행복해지거나, 열정을 추구하거나, 자신을 더 많이 표현하거나, 항상 꿈꿔 온 삶을 사는 데 다른 사람의 허락은 필요하지 않다. 당신에게 필요한 유일한 허락은 바로 당신 자신의 허락이다. 당신은 사랑, 수용, 승인 등 당신이 갈망해 온 것을 다른 사람이 줄 때까지 기다리느라 많은 시간을 허비했다. 그러나 진실은 당신이 기대하는 모든 것은 자신에게서 시작한다는 것이다.

렛뎀 이론은 다른 사람과의 관계를 찾아가는 도구 그 이상을 의미한다. 이 이론은 당신이 마땅히 받아야 할 사랑, 존경, 친절로 자기 자신을 대하는 방법에 대한 안내서다. 다른 사람들을 있는 그대로 **내버려두자**. 그러나 더 중요한 것은 당신이 진정한 당신의 모습 그대로를 인정하는 것이다.

내가 나의 행복을 우선시하자.

내가 열정을 가지고 꿈을 좇자.

내가 나의 평화를 보호하는 경계를 설정하자.

내가 나에게 희망과 영감을 주는 관계를 선택하자.

더 이상 의미 없는 관계에서 스스로 떠날 수 있을 만큼 **내가** 자신을 사랑하자.

중요한 것은 적절한 파트너, 적절한 친구, 적절한 기회가 찾아오기를 기다리는 게 아니다. 당신의 행동과 만족, 기쁨의 원천은 당신 자신임을 인지해야 한다. 이 사실을 진정으로 받아들일 때 모든 것이 제자리를 찾는다. 따라서 이 상황을 넘기고 앞으로 나아갈 때 이 사실을 기억하자. 당신이 평생 사랑할 대상은 바로 당신이다. **내가 하자**.

이제 당신이 마땅히 누려야 할 삶과 사랑을 만드는 힘은 언제나 당신 안에 있다는 것을 다시 한번 언급하면서 이 글을 마무리하려고 한다. 이 사랑에 관한 장을 통해 당신 자신을 위해 행동하기 시작하고, 당신이 마땅히 누려야 할 사랑을 선택하길 바란다.

• • •

지금까지 당신은 다른 사람과 자신에게서 마땅히 받아야 할 사랑보다 덜하거나 인색한 사랑을 받고 있었다. 렛뎀 이론은 당신이 자기 가치를 인식하고, 당신을 제대로 대우하지 않는 사람들을 떠나보내며, 진정으로 당신과 함께할 가치가 있는 사람을 찾는 데 집중하도록 힘을 실어 준다.

1. 문제점: 당신은 다른 사람과 자신에게서 마땅히 받아야 할 사랑보다 더 적은 사랑을 받고 있다. 당신은 관계에 충실하지 않은 사람을 쫓거나, 당신에게 사랑을 되돌려주지 않는 사람에게 시간을 쏟아붓거나, 함께 있는 사람을 받아들이기를 거부하고 그들을 있는 그대로 사랑하지 않고 있다. 당신의 관계에서 힘을 가진 사람은 상대방이 아니라 바로 당신이다. 이제 다르게 행동해야 할 때다.

2. 진실: 관계는 상대방이 당신이 원하는 모습으로 바뀌기를 바라는 것이 아니라 있는 모습 그대로 사랑하는 방법에 관해 배우는 것이다. 연애할 때는 상대방이 자기 모습을 있는 그대로 드러내게 해야 한다. 상대방을 있는 그대로 받아들이고 그 사람이 당신이 원하는 모습이 아니라는 이유로 응징하지 말아야 한다. 또한 상대방이 당신이 원하는 모습이 되지 못할 때는 불편한 대화를 나누고 어려운 결정을 내려야 한다.

3. 해결책: 렛뎀 이론을 사용하면 사랑이 넘치는 관계를 만드는 것은 당신의 몫이고, 당신의 힘은 사람들의 행동을 있는 그대로 받아들이고 자기 행동을 바꾸는 데

있음을 알게 된다. 그러면 당신은 진정으로 가치 있는 사랑을 끌어들이고, 기존 관계에서는 더 깊은 사랑이 가능해질 것이다. 변신의 시기에 접어든 것을 환영한다.

'내버려두자'라고 말하면 당신은 사람들을 있는 모습 그대로 받아들이고 그들의 행동을 사실로 인정하게 된다. '내가 하자'라고 말하면 인생에서 사랑이 어떤 모습을 하고 있을지 결정하게 된다. 이제 사랑을 좇지 말고 선택하자.

결론

이제 당신의 차례다

우리는 이 책의 많은 부분을 다른 사람에 관한 이야기에 할애했다. 그들의 의견과 감정, 그들의 행동이 당신을 짜증 나게 하거나, 화나게 하거나, 좌절하게 하거나, 실망하게 하는 방식 등을 이야기했다. 하지만 이 책은 사실 다른 사람에 관한 책이 아니라 우리 자신에 관한 책이다.

다른 사람에 관한 책이라고 생각했다면 당신은 책의 의도를 잘못 이해했다. 여전히 다른 사람들이 문제라고 생각한다면 처음으로 돌아가서 책 전체를 다시 읽어야 한다. 진실은 간단하다. '당신'에게 힘이 있다. 그리고 그 힘을 내주고 있는 것도 '당신'이다.

때로는 맑고 푸르다가 때로는 구름으로 가득하거나 폭풍이 몰아치는 등 끊임없이 변화무쌍한 하늘 아래 서 있다고 상상해 보자. 당신은 하늘을 계속 맑게 유지하고, 구름이 걷히길 바라고, 끊임없이 햇살이 쏟아지기를 원해서 아주 많은 시간과 에너지를 쏟아부었다. 하지만 하늘은 당신이 무엇을 바라는지 관심이 없다. 하늘은 당신의 노력 여부와 관계없이 하던 대로 할 것이다.

하늘의 아름다움은 구름이나 폭풍으로 가려지지 않는다. 당신이 이 사실을 깨닫는 순간 문제를 타개할 돌파구가 생긴다. 사실은 그처럼 다양하고 예측 불가능하기에 하늘이 그토록 아름다운 것이다. 폭풍이 있어서 고요함이 빛나고, 구름이 있어서 태양이 더욱 소중하다. 당신의 인생도 마찬가지다.

당신은 지금까지 통제할 수 없는 것을 통제하려고, 세상을 당신의 기대에 맞추려고 애써왔다. 그런데 이제는 세상이 당신을 향해 무엇을 선사하더라도 자신의 반응에 집중하면 어떨까? 당신이 날씨를 바꿀 수는 없다. 하지만 날씨가 당신에게 어떤 영향을 미치는지는 바꿀 수 있다. 주위에서 어떤 일이 일어나든 그 일이 어떤 영향을 미칠지는 당신이 결정한다.

사랑하는 사람이 한 말에 자존감이 무너질지, 아니면 그 말을 무시할지를 결정하는 사람은 당신이다. 지금까지 했던 모든 실패한 데이트의 결과로 자신의 기준을 낮출지, 아니면 더 분별력을 가질지는 당신이 결정한다. 다른 사람의 성공을 보고 포기할지, 아니면 더 열심히 노력하도록 자극을 받을지도 당신이 결정한다. 간단한 문제다. 바로 당신에게 그 힘이 있다.

이 깨달음은 마치 하늘의 본질을 마침내 이해하는 것과 같다. 한때 당신을 좌절하게 했던 구름은 이제 더 크고 끊임없이 변화하는 걸작의 일부로 보일 것이다. 한때 당신을 두렵게 했던 폭풍은 힘과 아름다움의 순간이 되고 회복력과 용기를 가르쳐 줄 것이다. 당신은 예측 불가능성이 하늘을 그렇게 웅장하고 끝없이 매력적으로 만든다는 것을 깨닫기 시작한다.

잠시 생각해 보자. 하늘은 하던 대로 움직일 것이다. 구름이 모이고, 폭풍이 몰아치고, 마음이 내키면 햇빛을 비출 것이다. 그런 하늘을 통제할 수는 없지만, 하늘 아래에서 이 상황에 어떻게 대처할지는 당신이 선택할 수 있다. 우산을 들고 다닐 수도 있고, 빗속에서 춤출 수도 있고, 필요하면 태양을 쫓아갈 수도 있다.

당신의 사람들과 상황은 마치 이런 날씨와 같다. 당신은 다른 사람의 생각과 행동, 당신을 사랑하는지 아닌지, 식료품에서 얼마나 빨리 계산하는지 등을 절대로 통제할 수 없다. 그렇다면 당신은 왜 지금까지 당신을 통제할 수 있는 권한을 다른 사람에게 주려고 했던 것일까? 왜 당신은 신뢰와 마음의 평화와 행복과 꿈을 다른 사람의 변덕과 기분에 맡기려 했던 것일까? **내버려두기**를 사용하지 않으면 다른 사람들의 걱정, 행동, 불안감, 의견에 영향을 받는다. **내가 하기**를 사용하지 않으면 당신은 인생에서 바라는 것들을 그냥 우연에 맡기게 된다.

진심으로 자기 자신에게 질문해 보자. 기다리는 줄이 빨리 짧아지길 바라고, 사람들이 답장을 보내길 바라고, 상사가 자신의 가치를 알아봐 주길 바라고, 더 많은 친구를 만나길 바라고, 가족이 당신의 직업 변화를 지지해 주기를 바라면서 현실을 거부하는 데 사용한 모든 에너지와 시간, 모든 생각과 감정, 소중한 순간을 당신에게 정말 중요한 무언가에 투자했다면 당신은 지금 어떤 위치에 있을까? 어떤 사람이 되었을까? 무엇을 이루었을까?

머릿속에 떠올린 그 대답이 바로 **내버려두기**를 사용하지 않아 잃은 것들이다.

이번에는 놓쳐 버린 모든 기회를 생각해 보자. 자신을 소개하고 싶었던 친구들, 추구하고 싶었던 경력, 음악, 스탠드업 코미디, 쓰지 못한 책, 게시하지 않은 사진, 계획하지 않은 여행, 말하기 두려웠던 것, 사랑하기 두려웠던 사람을 생각해 보자.

이 모든 것이 **내가 하기**를 사용하지 않아 잃은 것이다.

그 대가를 정말 감당할 수 있겠는가? 나는 감당할 수 없다. 우리는 모든 것을 가진 사람이 우리와 다른 이유에 대해 변명하고 싶어 한다. 부유한 집에서 태어났다거나, 인생이 편했다거나, 운이 좋았다고 변명거리를 찾는다. 이런 말을 해서 미안하지만 모두 비겁한 변명이다. 당신과 그 사람들 사이에는 차이가 없다. 그들은 특별하지 않다.

그러나 그들이 확실히 깨달은 한 가지가 있다. 그들은 주변 환경 때문에 자신의 꿈을 포기하지 않는다. 그들은 하늘에 대처하는 법과 날씨에 관계없이 목표를 향해 계속 나아가는 법을 배웠다. 그리고 어느 순간 그들은 다른 사람의 생각을 걱정하는 것에 지쳐 그냥 스스로 노력하기 시작했다. 그들은 매일 아침 일어나 자신이 삶에 대한 비전을 이룰 만한 가치와 자격이 있는 사람임을 증명하는 데 매우 집중했다.

다른 사람의 의견에 대한 두려움이나 우정에 대한 스트레스 때문에 누군가에게 전화를 걸거나, 지원서를 작성하거나, 사업 계획을 세우거나, 다이어트를 시작하거나, 노력을 기울이는 것을 주저하면 자신을 스스로 방해하는 것이다. 자신의 잠재력을 스스로 빼앗고 주변의 삶이 변화하는 동안 그 자리에 가만히 서 있는 것이다.

중요하지 않은 사소한 일에 당신의 두뇌 공간을 낭비하지 말자. 매 순간을 당신이 할 수 있는 놀라운 일을 위해 사용해야 할 때다. 사람들이 어떻게 생각할지 두려워 무기력해지지 말자. 이제 담대하게, 끈질기게, 당당하게 꿈을 쫓을 때다. 다른 사람의 감정을 건드리지 않으려 숨죽이지 말자. 이제 자기 평화를 맹렬히 지킬 때다. 다른 사람의 성공이 당신을 망가뜨리게 하지 말자. 이제 일을 시작할 때다.

당신의 사회생활을 다른 사람의 책임으로 돌리지 말자. 이제 살면서 가장 놀라운 우정을 쌓을 때다. 변화를 원하지 않는 사람을 바꾸려고 노력하지 말자. 이제 성인을 성인답게 내버려둘 때다. 힘들어하는 사람을 구제하려 하지 말자. 다른 사람들이 스스로 치유하게 내버려둘 때다. 다른 사람이 당신을 사랑하게 하려고 시간을 낭비하지 말자. 이제 당신이 마땅히 받아야 할 사랑을 선택할 때다.

이제 마침내 당신의 힘과 삶을 되찾을 때다. 렛뎀 이론은 당신이 힘을 되찾게 할 비결이다. 당신은 항상 원했던 삶을 살 수 있다. 백만장자가 될 수도 있다. 항상 꿈꿔 왔던 아름다운 러브스토리의 주인공이 될 수 있다. 당신에게 도전 의식을 불러오고 성취감을 주는 경력을 쌓을 수도 있다.

문제는 이것이다. 당신은 자신이 그렇게 하도록 내버려둘 것인가? 그 누구도 당신을 막을 수 없다. 모든 것은 당신에게 달려 있다.

렛뎀 이론의 가장 중요한 부분은 자기 행동에 대한 책임은 자신에게 있다는 사실을 이해하는 것이다. 자신이 가져오는 에너지와 자신의 태도에 대한 책임도 자신에게 있다. 매일 아침 일어나서 중요한 일들을 처리하기 위해 노력하는 것은 자기 몫이다. 자신에게 중요한 것이 무엇인지 정의하는 사람은 자신이다. 정말 힘들 때도 진실을 말해야 할 책임은 자신에게 있다. 자기 삶을 위한 비용은 자신이 부담해야 한다. 누구도 당신에게 빚지지 않았지만 당신은 스스로에게 모든 것을 빚지고 있다.

만약 당신이 지금 원하는 곳에 있지 않다면 여기 좋은 소식이 있다. 당신의 잘못이 아니다. 내가 그랬던 것처럼 당신도 자신도 모르는 사이에 힘을 내주고 있었다. 더 좋은 소식을 알려 주자면 당신이 선택을 바꿀 수 있다는 것이다. 당신은 다른 사람, 그들의 감정, 생각, 행동에 너무 많은 시간을 낭비했다. 그러니 이제 이 책을 당신에게 경종을 울리는 계기로 삼자. 당신에게 책임이 있다. 이 깨달음은 비난이 아니라 해방이다.

다른 사람이 당신에게 영향을 미칠 수 없다는 사실이 놀랍지 않은가? 그들이 원하는 것을 말하거나 행동할 수 있다는 사실을 알고 나니 자유롭지 않은가? 그들이 당신을 놀리거나 의심하고, 지구상에서 가장 성공한 사람이 될 수도 있지만 당신은 전혀 신경 쓰이지 않는다면? 당신이 자기 생각과 말, 행동을 통제할 수 있다니 놀랍지 않은가? 당신이 시간과 에너지를 어디에 쏟을지, 어떤 일에 동의하고 거절할지를 선택할 수 있다는 건 얼마나 놀라운 사실인가?

힘을 되찾는다는 건 자기 삶에 대한 책임을 되찾는 걸 의미한다. 시간은 흐르고 있고, 지금까지 중요하지 않은 것을 걱정하면서 시간을 낭비해 왔기 때문에 이제는 더 많은 것을 자신을 위해 해야 한다. 또한 당신이 통제할 수 있는 것에 오롯이 집중하고 통제할 수 없는 것에는 1초도 낭비하지 말아야 한다.

하늘에 대해 다시 한번 생각해 보자. 하늘이 어떤 날씨를 선사하든, 어떻게 변화하든, 하늘 아래에서 어떻게 대응할지를 결정하는 것은 당신이다. 어떻게 반응할지, 어떻게 행동할지, 어떻게 살아갈지를 선택하는 사람은 바로 당신이다. 구름, 폭풍, 햇살은 모두 각각의 역할이 있지만 그것이 당신을 정의하지는 않는다. 당신이 자기 자신을 정의한다.

당신에게 거짓말하지 않겠다. 쉽지 않은 일일 것이다. '**내버려두자**'라고 말하는 순간 원하던 모든 걸 얻을 수 있는 건 아니다. 하지만 당신이 힘을 되찾는 순간 나머지는 시간문제일 뿐이라는 사실에 위안을 얻을 수 있다. 커리어, 파트너, 친구, 건강, 목표 등 모든 것이 당신의 통제 아래 있다. 이제 여기까지 왔으니 '**내가 하기**' 단계에 이른 당신을 환영할 수 있어서 개인적으로 매우 기쁘다.

내가 시작하자.

내가 위험을 무릅쓰자.

내가 책을 쓰자.

내가 원하는 것에 솔직해지자.

내가 인생에서 최고로 건강한 상태를 유지하자.

내가 꿈꾸던 일자리에 지원하자.

내게 사랑을 돌려주지 않는 사람에게, 사랑을 주지 말자.

내가 더 좋은 인생을 살자. 내가 자랑스러워할 수 있는 인생, 내가 행복해지는 인생, 소중한 에너지를 사용해 앞으로 맞이할 모든 순간을 즐길 수 있는 인생을 내가 살자.

이 책은 항상 당신에게 통제권이 있었다는 사실을 보여 준다. 힘은 항상 당신에게 있었다. 이제 그 힘을 되찾을 때다. 당신이 어떤 꿈을 가지고 있든, 그리고 그 꿈이 아무리 말도 안 되고 어리석어 보일지라도 나는 당신을 믿는다는 사실을 알려 주고 싶다. 당신이 자신을 믿지 못한다면 **내가** 당신을 믿겠다. 당신이 할 수 있을지 잘 모르겠다면 **내가** 대신 알아주겠다. 그리고 당신이 어디에서 시작해야 할지 모르겠다면 **내가** 첫걸음을 내딛는 데 도움을 주겠다.

아무도 당신에게 말하지 않는다면 내가 당신에게 확실히 말해 주고 싶다. 나는 당신을 사랑하고, 당신을 믿으며, 당신의 놀라운 삶에서 펼쳐질 모든 마법과 기쁨을 누릴 능력이 당신에게 있음을 믿는다. 두 단어만 있으면 된다. **내가 하자.**

• 부록 •

자녀 교육에 '렛템 이론'을 적용하는 법

내가 많이 받는 질문 중 하나는 양육에 렛템 이론을 적용하는 방법이다. 솔직히 말해 보자. 아이들이 원하는 무엇이든 할 수 있게 내버려두면 아마도 매끼 아이스크림을 먹고, 숙제를 빼먹고, 집안일을 거들지 않을 것이다. 하지만 세 아이의 엄마로서 나는 아이들을 있는 그대로 내버려두면 정말 상상도 못 한 방식으로 아이들과의 관계가 발전하고 깊어진다는 사실을 알게 되었다.

이 책이 주로 성인에게 초점을 맞추고 있지만 렛템 이론은 모든 연령대의 자녀 양육에 사용할 수 있는 강력한 도구이기도 하다. 이 이론은 통제가 아니라 공감하고 지원하고 안내하는 도구다. 궁극적으로 부모의 역할은 자녀가 자연스럽게 되어야 할 모습으로 자라도록 안내하는 것이다. 다시 말해, 자녀를 **내버려두어라**.

이 부분은 매우 중요해서 나는 매사추세츠 종합병원에서 씽크:키즈 프로그램을 운영하고 있는 스튜어트 애블론에게 연락해 부모, 코치, 보호자, 교사, 조부모로서 렛템 이론을 활용하는 방법에 대한 짧은 안내서를 작성하는 걸 도와달라고 요청했다. 그는 하버드 의과대학의 아동·청소년 정신과 교수이자 행동변화 분야의 손꼽히는 전문가다. 관련 분야의 책 네 권을 집필했는데, 이 도서들은 정신 건강을 보호하는 기술을 배우는 동시에 문제 행동을 더 잘 이해하고 해결하기 위한 혁신적이면서도 실용적인 접근 방식을 전한다.

그래서 나는 그와 함께 양육에 렛뎀 이론을 활용하는 방법에 대한 실용적인 팁이 가득 담긴 특별 보너스 가이드를 만들었다. 자녀와 좋은 관계를 맺고 싶지 않은 부모가 어디 있겠는가? melrobbins.com/parenting에서 안내서를 다운로드하여 시작해 보자.

팀에 '렛뎀 이론'을 적용하는 법

몇 년에 걸쳐 나는 스타벅스, JP 모건 체이스, 헤드스페이스, 오더블, 울타 뷰티 등 세계적인 대기업과 협업할 기회가 있었다. 어느 회사를 가도 한 가지 질문을 반복해서 물었다. 바로 팀원들에게 어떻게 동기 부여를 해야 하느냐는 것이다.

내 대답의 근거가 된 연구 결과는 명확하다. 회사를 경영하든, 창고에서 야간 근무를 하든, 신입 사원을 교육하든, 소규모 리그 팀을 운영하든 답은 똑같다. 당신이 그 역할에서 어떤 태도를 보이는지에 모든 것이 달려 있다. 좋은 상사가 좋은 팀을 만든다. 예산의 규모, 특전, 재능이 문제가 아니라 팀을 이끄는 사람이 중요하다. 좋은 상사는 잠재력을 발휘하고 참여를 끌어내며 빠르고 강하게 팀을 성장시킨다. 나쁜 상사는 어떨까? 그들은 정반대 결과를 만든다. 그들은 창의성을 억누르고 신뢰를 무너뜨리며 아무도 성장할 수 없는 해로운 환경을 만든다.

그렇다면 어떻게 좋은 상사가 될까? 여기서 바로 렛뎀 이론이 필요하다. 이렇게 생각할 수도 있다. '맞는 말이다. 하지만 팀을 이끄는 것과 팀원들의 모든 행동을 통제하는 것 사이에는 큰 차이가 있다. 세세한 부분까지 관리하면 혁신을 억누르고 신뢰를 좀먹고 팀의 성장을 불가능하게 한다. 다시 말해 통제

하는 상사는 나쁜 상사다.'

렛뎀 이론은 적절한 균형을 찾을 수 있는 열쇠다. 이 열쇠는 성공에 필요한 구조를 제공하면서 팀에 힘을 실어 줄 것이다. 또한 책임을 피하지 않으면서 통제권을 내려놓게 한다. 이 모두가 당신에게서 시작된다.

이 안내서를 최고로 만들기 위해 세계적으로 존경받는 여러 상장 기업에서 세계 최고 수준의 운영 및 리더십 분야 경험을 쌓아 온 데이비드 게르비츠David Gerbitz의 도움을 받았다. 게르비츠는 시리우스XM/판도라 미디어Sirius XM/Pandora Media의 전 최고운영책임자이며 아마존, 마이크로소프트, 야후, 큐레이트 리테일 그룹Qurate Retail Group에서 고위 리더로 있었다.

또한 그는 나의 코치이기도 하다! 나는 지난 1년 동안 그와 함께 일했다. 나는 모든 리더가 아무리 경험이 많더라도 코치가 있으면 유익하다고 믿는다. 나 역시 예외가 아니다. 데이비드는 자기 일에 매우 뛰어난 사람인데, 운영 및 경영 리더십 경험이 많아서가 아니라 진짜 리더십이 무엇인지 깊이 이해하기 때문이다. 그래서 데이비드에게 이 안내서를 함께 작성하자고 부탁했다. 더 좋은 리더가 더 나은 세상을 만든다는 열정과 믿음을 공유하기 때문에 가능한 일이었다. 이 가이드를 활용해서 팀을 이끌면 더 강한 팀을 만들 수 있을 뿐 아니라 스스로도 더 발전하게 될 것이다. melrobbins.com/work에서 안내서를 다운로드하여 시작해 보자.

• 감사의 말 •

〈멜 로빈스 팟캐스트〉를 듣는 수백만 팬 여러분 그리고 소셜미디어에서 저를 팔로우하거나 '안경 쓴 그 여자'의 콘텐츠를 공유한 모든 분에게,

감사합니다! 여러분이 없었다면 제가 가장 좋아하는 일을 할 수 없었을 거예요. 여러분이 바로 이 책의 존재 이유입니다. 여러분의 지원, 열정, 사랑, (그리고 빠뜨릴 수 없는) 'Let Them' 타투가, 다시는 하지 않겠다고 맹세했던 새 책 집필에 영감을 주었습니다. 이 놀라운 여정에 함께해 주셔서 감사합니다. 지금까지 해온 일 중에 가장 중요한 작업이라고 믿고 있는 이 책을 쓰는 데 도움을 주셔서 감사합니다. 한 가지 분명한 사실은 이 책은 여러분을 위해 썼기 때문에 제 책이기도 하지만 여러분의 책이기도 합니다. 이 책이 여러분의 삶과 관계를 개선하는 데 어떤 도움이 될지 기대됩니다. 여러분은 인생에서 더 많은 사랑과 의미, 기쁨, 평화를 누릴 자격이 있습니다. 렛뎀 이론은 여러분이 이 모든 것을 성취하도록 도울 것입니다.

〈멜 로빈스 팟캐스트〉와 이 책에 등장한 모든 전문가분들께.

비행기를 타고 보스턴까지 와서 인터뷰에 참여해 주셔서 감사합니다. 한 분, 한 분에게 정말 많이 배웠습니다. 여러분의 연구가 이 책과 참고 문헌에 직접 인용되었든 아니든 이 점을 기억해 주세요. 저는 여러분을 만나고 대화하고 배우면서 큰 영향을 받았고 제 삶을 개선하는 데 도움이 되었습니다. 이 책을 읽을 모든 독자와 전 세계 194개국에서 〈멜 로빈스 팟캐스트〉를 듣는 청취

자를 대신해서 감사드립니다. 여러분의 연구와 지혜를 공유해 주셔서 감사합니다.

소이어에게,

나의 멋진 딸이자 공모자, 공동 연구자, 공동 저자, 부조종사인 소이어. 엄마와는 절대 일하지 않겠다고 맹세했는데 결국 이렇게 됐구나. 엄마가 "렛뎀 이론이라는 작은 연구 프로젝트가 있는데 도와줄 수 있어?"라고 물었을 때 네가 동의해 줘서 매일 아침 눈을 뜰 때마다 얼마나 감사한지 몰라. 너는 프로젝트에 완전히 몰두해서 숨도 쉬지 않고 달려왔지. 엄마로서뿐만 아니라 동료로서 너를 알게 된 건 인생에서 대단히 뿌듯한 경험이었어. 네가 일하는 내내 (엄마를) '내버려두자, 내버려두자, 내버려두자'라고 되뇌어야 했다는 사실을 알고 있지만, 나는 너를 깊이 사랑하고 우리가 함께 일하는 매 순간을 사랑한단다.

트레이시에게,

저의 오른팔이자 오른쪽 두뇌, 문장 완성자, 뛰어난 총괄 프로듀서. 당신이 없었다면 지금 제가 어디에 있었을까요? 아마 바다에서 길을 잃었을 거예요. 당신은 나라는 배가 계속 물 위에 떠 있게 해주었죠. 당신의 가장 큰 장점을 말하자면 당신은 찌푸린 표정을 하거나 부정적인 태도를 보인 적이 한 번도 없었다는 거예요. 항상 밝은 태양을 불러와 줘서 고마워요. 그리고 지난 8년간 이 거친 모험에서 차분하고 안정된 손으로 길을 안내해 줘서 정말 고맙습니다.

수지에게,

글쓰기 과정에 재미와 스토리텔링을 더해 줘서 고맙습니다. 당신 덕분에 더 좋은 작가가 될 수 있었어요. 당신은 이 프로젝트와 아주 많은 깊이와 영혼을 더해 주었습니다. 당신의 작업이 이 책의 핵심 부분이라는 것은 부인할 수 없는 사실이에요. 당신은 저의 소중한 친구입니다. 당신이 없었다면 이 책은 지금의 모습을 갖추지 못했을 거예요. 이 책을 통해 우리가 만날 수 있어서 너무 기쁘고, 이 파트너십이 이제 시작이라는 사실에 설레요.

유나 지아타에게,
당신은 회오리바람처럼 나타나서 놀라운 글쓰기 실력으로 매일 제게 감동을 주었습니다. 이 책의 언어, 힘, 분위기를 확실하게 잡아 주는 당신의 능력은 놀라웠죠. 당신은 이 이야기를 강력한 무언가로 만드는 데 꼭 필요한 사람이에요. 저는 당신의 사고방식을 정말 사랑해요!

린에게,
누군가 당신의 삶에 나타나서 지금까지 무엇을 놓치고 살았는지 깨닫게 해 주는 느낌을 알고 있나요? 바로 린, 당신이 그런 사람입니다. 당신은 제 삶에 필요한 것을 채워 주었습니다. 당신과 함께 일하면서 진정한 지원과 탁월함이 어떤 모습인지 깨닫게 되었어요. 당신이 없었다면 이 일을 하지 못했을 거예요. 이제 휴대폰을 내려놓고 노트북을 끄세요. 일을 멈추고 주말을 즐기세요! 저는 아무 데도 가지 않을 테니 당신도 그렇게 하세요. 쉴 수 있을 때 쉬세요.

신디에게,
분홍색 크록스를 신고 분홍색 립스틱을 바르고, 지금까지 제가 들었던 최고의 보스턴 억양을 사용하는 우리의 록스타에게 진심으로 사랑한다고 말하고 싶어요. 당신은 우리 삶에 들어왔던 순간부터 정말 많은 기쁨과 웃음을 주었어요. 쉰여섯의 나이에 현실에서 '사감'을 만날 거라고는 생각조차 못 했어요. 여학생 클럽 전체를 돌보는 놀라운 능력을 갖춘 사람 말이에요. 그게 바로 당신이에요! 이왕 이렇게 된 김에 이름을 신디 로빈스로 바꿔도 될 것 같아요. 지금은 욜로와 호미가 내가 들어올 때보다 당신이 들어올 때 더 흥분하니까요.

에이미와 제시에게,

우리는 처음에 버몬트에 사는 게 얼마나 싫은지 이야기하면서 친해졌죠. 이 작은 시골 마을에서 우리는 도대체 무엇을 해야 할지 몰랐어요. 하지만 이곳에 이사 온 것은 우연이 아니라 필연이었어요. 지난 4년 동안 우리는 함께 웃고 울고 한 번에 하나씩 모든 장애물을 극복했어요(멋진 에이미!). 그리고 그 과정에서 우리는 아무것도 없는 우리 집 차고에서 지구상에서 가장 빠르게 성장한 팟캐스트를 시작할 수 있었죠. 인생 후반에 이렇게 좋아하는 사람들을 만나는 것은 정말 마법 같은 일이에요. 여러분은 제가 정말 좋아하는 두 사람이에요. 저는 우리에게 펼쳐질 다음 장이 정말로 신성하고 장대할 거라는 느낌이 와요. 가장 놀라운 사실은 이제는 우리가 이곳에서의 삶을 정말 사랑한다는 거죠.

멜로디에게,

우리의 편집자이자 교열 챔피언, 멋진 안경 패션 리더인 멜로디. 수많은 밤, 제가 막판까지 작업을 끝내지 못할 때마다 적절하게 일을 처리해 주어서 정말 감사했어요. 항상 웃는 얼굴로 나타나 이 책을 세련되고 완벽하게 만들어 주었죠. 산더미처럼 많은 커피도 고마웠어요. 한없이 감사한 마음을 전하고 싶어요.

마크에게,

　제가 당신을 얼마나 좋아하는지 이미 알고 있을 거예요. 이 책을 가능하게 해준 것뿐만 아니라 미국을 넘어 전 세계 독자들에게 이 책의 메시지가 번역되어 전달될 수 있게 해주었죠. 당신은 정말 최고예요. 당신은 거래를 성사시키고 우리가 하는 '그 일'을 우리만의 방식(이건 극비예요)으로 할 수 있게 도와준 천재예요. 평생 고마워할 거예요.

크리스틴에게,

　저의 시누이이자 비즈니스 파트너, 같은 오스트레일리언 셰퍼드 애호가이자 가장 친한 친구인 크리스틴. 언제나 든든한 버팀목이 되어 줘서 고마워요. 이 책을 쓰면서 너무 자주 울어서 미안해요. 당신에게 보냈던 모든 감정적 문자와 늦은 밤 전화해서 감정을 쏟아 냈던 것이 부끄러워요. 이 책에 나온 감정 관리 방법 부분이 가장 절실하게 필요한 사람은 아마 나일 거예요. 저를 품어 줘서 고마워요. 그리고 우리 회사를 통제 불능의 스타트업에서 자기계발 분야의 글로벌 강자로 이끌어 줘서 고마워요. 우리가 함께 만들어 낸 모든 것이 자랑스러워요. 당신이 늘 제 편이고 우리의 이익을 최우선으로 생각하지 않았다면 이 일을 해낼 수 없었을 거예요. 저는 매일 아침 일어나서 속으로 이렇게 말해요. '우리가 이 일을 직업으로 하고 있다는 사실이 믿어져?' 그러면 항상 마음속에서 당신의 목소리가 들려요. '우리는 마법 같은 계집애들이야.'

크리스에게,

　이 책을 몰아서 집필할 때마다 캠핑을 가 줘서 고마워요. 책은 등이 없으면 제본할 수 없는데 당신은 내게 그런 존재예요. 당신은 우리 가족을 하나로 묶어 주죠. 내가 인생에서 가장 사랑하는 것은 당신과 함께 보내는 시간이에요.

―――― 감사의 말

켄들과 오클리에게,

이 책을 만드는 과정이 얼마나 힘들었는지 들었다면, 소이어와 내가 끝장을 보며 싸우는 동안 멀리 떨어져 있었던 걸 감사해했을 거야. 너희는 늘 엄마가 꿈을 좇는 것을 지지해 주었지. 이 사실을 기억하렴. 너희가 인생에서 무엇을 하기로 선택하든 엄마는 언제나 너희를 응원할 거란다.

엄마와 아빠에게,

엄마, 제가 어렸을 때 엄마가 제게 **내가 하기** 정신을 심어 줬다고 생각해요. 이 책을 쓰면서 엄마가 베개에 자수로 새겨 준 문구를 계속 생각했어요. '다 큰 여자답게 당당하게 상황을 받아들이고 해결해.' 하하. 우리의 가장 큰 지원자가 되어 주고 제가 필요할 때 항상 곁에 있어 주어서 감사해요. 엄마가 저를 자랑스러워하는 것을 알고 있어요. 저도 엄마와 아빠, 두 분의 결혼 생활, 두 분이 만들어 온 인생을 지지하고 응원해요.

앤에게,

완전한 여성으로 사는 방법을 알려 주어서 감사해요. 당신이 제 삶과 결혼, 제 잠재력을 최대한 발휘할 수 있는 능력에 미친 영향은 말로 표현할 수 없을 정도예요. 사랑합니다.

데이비드에게,

제가 조언, 관점, 코칭, 웃음, 맛있는 진토닉이 필요할 때마다 단축 번호에 저장된 당신에게 전화했어요. 좋은 상사와 더 좋은 친구가 되는 법을 가르쳐 주어서 감사해요. 당신이 없었다면 크리스틴과 저는 이 책을 쓰지 못했을 거예요. 쓰고 싶지도 않았을 거고요. 사랑합니다.

피트에게,

책 표지를 정말 멋지게 만들어 줬어요. 제가 꿈꾸던 디자인 그 이상이에요. 작업 후반에서 제가 정말 골치 아프게 했다는 걸 알고 있어요. 막판에 혼란스러웠던 모든 상황에서도 참아 줘서 고마워요. 당신의 창의력에도 감사해요. 표지가 정말 멋져요. 당신도 저만큼 자랑스러워하길 바라요.

줄리에게,

무슨 말을 해야 할까요? 이 책의 내부는 깔끔하고 밝고 분위기가 딱 맞아요. 당신은 이 모든 것을 이뤄 냈고 저는 그 결과물에 정말 만족해요. 당신의 노고와 헌신에 감사합니다!

런지에게,

제가 새 책을 출판하지 않을 때도 지원해 주어서 얼마나 감사한지 말로 표현하기가 어려워요. 당신 덕분에 〈투데이 쇼〉Today Show에 출연했고 제게 홍보 기회도 주었죠. 당신은 똑똑하고 헌신적인 사람이에요. 이 힘든 여정을 당신과 계속할 수 있어서 기뻐요.

우리 팀 모두에게,

소이어와 제게 이 책을 쓸 수 있는 공간을 마련해 주고, 그 와중에 매주 두 개의 팟캐스트 에피소드와 6개월 과정 온라인 코칭 프로그램, 기조연설을 제작하고, 우리 파트너인 오더블과 울타 뷰티를 위한 제작물까지 만들어 줘서 감사합니다. 그 외에도 감사한 게 너무 많아요! 여러분은 지구상에서 가장 훌륭한 팀이에요. 여러분의 헌신과 팀워크가 없었다면 저는 이 책을 쓸 수 없었을 거예요.

감사의 말

타투 예술가와 타투로 자신의 이야기를 들려주신 분들에게,

여러분은 이 책에 진정한 영감을 주었습니다. **내버려두기** 개념이 유행하는 것을 보면서 겸손해지는 한편으로 정말 신이 났습니다. 이 모든 것이 여러분에게서 시작되었습니다. 당신의 의미 있고 아름다운 디자인을 전 세계와 공유할 기회를 주신 것에 대해 영원히 감사할 거예요.

패티, 리드, 다이앤, 리지, 아리아-메르, 말린, 벳시, 캐슬린 그리고 헤이하우스Hay House 의 모든 팀원에게,

여러분과 파트너가 되어서 정말 좋습니다. 여러분이 너무 많은 일을 해주어서 어디서부터 나열해야 할지 모르겠어요. 그래서 이 책을 지원, 판매, 홍보해 주고 읽어 준 모든 분에게 감사드립니다. 혼자 할 수 있는 일이 아닙니다. 그리고 여러분의 일원이 되어서 영광입니다.

오더블의 파트너들에게,

와! 우리가 함께한 시간이 7년이나 됐습니다. 우리가 얼마나 많은 일을 함께했는지 믿기지 않아요. 감사의 글을 쓰는 지금도, 우리는 오더블에서만 들을 수 있는 일곱 번째 콘텐츠 제작을 위한 주제를 적극적으로 조사하고 있죠. 여러분의 전 세계적이고 인생을 변화시키는 여정에 참여하게 되어 정말 영광입니다. 앞으로 이어질 일곱 편의 오더블 단독 작품들을 위하여! 사랑합니다!

얼라인 PR$_{\text{Align PR}}$에게,

홍보대행사와 일한 것은 이번이 처음이었는데 정말 그럴 만한 가치가 있었습니다. 생각하고, 운영하고, 전문 분야에서 탁월함을 발휘하는 여러분의 방식에 감탄했습니다. 최고의 홍보대행사와 일하게 되어 영광입니다.

• 참고 자료 •

나는 이 책에 모든 것을 쏟아부었다. 나의 마음과 영혼, 수년간 전 세계 최고의 전문가들에게서 배운 내용까지. 렛뎀 이론은 당신과 내가 그렇듯 계속해서 진화하는 연구에 기반을 두고 있다. 여기서 내가 공유하는 내용은 강력한 시작이 될 수 있지만 앞으로 발견할 내용이 더 많다. 인간의 행동과 관계는 한없이 흥미롭고 새로운 통찰력이 등장하면서 우리의 이해도도 깊어질 것이다. 내가 이 모든 출처를 알파벳순으로 나열한 이유는 단순하다. 당신이 인용이라는 바다에 빠져 헤매지 않고 전반적인 모습에 집중하기를 원하기 때문이다.

이 이론은 한 가지 연구 결과를 따로 떼어 내는 것이 아니라 심리학, 신경과학, 인간 행동에서 가장 강력한 아이디어를 혼합해 당신을 변화시키는 무언가를 만들어 낸다. 서론에서 말했듯이 이 책은 교과서나 학술 논문이 아니라 안내서다. 다음에 소개된 자료들은 렛뎀 이론을 만들어 낸 놀라운 작업들 일부에 불과하다. 당신의 여정은 여기서 끝이 아니다. 이제 막 시작이다.

Abbott, Alison. "New Theory of Dopamine's Role in Learning Could Help Explain Addiction." *Nature*, August 9, 2018. https://www.nature.com/articles/d41586-018-05902-7.

Ablon, J. Stuart. *Changeable*. Penguin, 2018.

Ablon, J. Stuart, and Alisha R. Pollastri. *The School Discipline Fix: Changing Behavior Using the Collaborative Problem Solving Approach*. W. W. Norton & Company, 2018.

Alter, Adam. *Anatomy of a Breakthrough: How to Get Unstuck When It Matters Most*. New York: Simon & Schuster, 2023.

Amabile, Teresa, and Steven Kramer. *The Progress Principle: Using Small Wins to Ignite Joy, Engagement, and Creativity at Work*. Boston, MA: Harvard Business Review Press, 2011.

Amati, Valeria, et al. "Social Relations and Life Satisfaction: The Role of Friends." *Genus* 74, no. 1 (2018): 1–18.

Aron, Arthur, and Elaine N. Aron. "The Importance of Love and Commitment in Close Relationships." *Psychology of Relationships* 45 (2012): 150–172.

Aurelius, Marcus. *Meditations*. Translated by Gregory Hays. New York: Pen-guin Classics, 2006.

Bandura, Albert. "On the Functional Properties of Perceived Self-Efficacy Revisited." *Journal of Management* 38, no. 1 (2012): 9–44.

Barron, Helen C., et al. "Unmasking Latent Inhibitory Connections in Human Cortex to Reveal Dormant Cortical Memories." *Neuron* 107, no. 2 (2020): 338–348. https://www.sciencedirect.com/science/article/pii/S0896627320303470?dgcid=author.

Baumeister, Roy F., and Mark R. Leary. "The Need to Belong: Desire for Interpersonal Attachments as a Fundamental Human Motivation." *Psychological Bulletin* 117, no. 3 (1995): 497–529.

Ben-Shahar, Tal. *Happier: Learn the Secrets to Daily Joy and Lasting Fulfillment*. New York: McGraw-Hill, 2007.

Bilyeu, Lisa. *Radical Confidence: 11 Lessons on How to Get the Relationship, Career, and Life You Want*. New York: Simon and Schuster, 2024.

Bolte, Annette, Thomas Goschke, and Julius Kuhl. "Emotion and Intuition." *Psychological Science* 14, no. 5 (2003): 416–21. https://doi.org/10.1111/1467-9280.01456.

Bolte Taylor, Jill. *My Stroke of Insight: A Brain Scientist's Personal Journey*. New York: Viking, 2008.

Bolte Taylor, Jill. *Whole Brain Living: The Anatomy of Choice and the Four Characters That Drive Our Life*. New York: Hay House, 2021.

Brach, Tara. *Radical Acceptance: Embracing Your Life with the Heart of a Buddha*. New York: Bantam, 2004.

Brehm, Jack W., and Elizabeth A. Self. "The Intensity of Motivation." *Annual Review of Psychology* 40, no. 1 (2009): 109–131.

Brown, Brené. *Daring Greatly: How the Courage to Be Vulnerable Transforms the Way We Live,*

Love, Parent, and Lead. New York: Gotham, 2012.

Brown, Brené. *I Thought It Was Just Me (but It Isn't): Telling the Truth About Perfectionism, Inadequacy, and Power*. New York: Gotham Books, 2008.

Bryant, Erin. "Dopamine Affects How Brain Decides Whether Goal Is Worth Effort." *NIH Research Matters*, April 17, 2017. https://www.nih.gov/news-events/nih-research-matters/dopamine-affects-how-brain-decides-whether-goal-worth-effort.

Buunk, Bram P., and Frederick X. Gibbons. "Social Comparison: The End of a Theory and the Emergence of a Field." *Organizational Behavior and Human Decision Processes* 102, no. 1 (2007): 3–21.

Buunk, Bram P., and Frederick X. Gibbons. "Social Comparison: The End of a Theory and the Emergence of a Field." *Perspectives on Psychological Science* 9, no. 3 (2014): 234–252.

Christakis, Nicholas A., and James H. Fowler. *Connected: The Surprising Power of Our Social Networks and How They Shape Our Lives*. New York, NY: Little, Brown, 2011.

Clark, C., and J. Greenberg. "Fear of Rejection and Sensitivity to Social Feedback: Implications for Mental Health." *Clinical Psychology Review* 84 (2021): 101945.

Clark, Margaret S., and Edward P. Lemay. "Close Relationships and Well-Being: The Role of Compassionate Goals." *Social and Personality Psycho-logy Compass* 4, no. 5 (2010): 289–301.

Collins, R. L. "For Better or Worse: The Impact of Upward Social Comparison on Self-Evaluations." *Psychological Bulletin* 119, no. 1 (1996): 51–69.

Conti, Paul. *Trauma: The Invisible Epidemic: How Trauma Works and How We Can Heal from It*. Random House, 2022.

Corcoran, Katja, and Thomas Mussweiler. "Social Comparison and Rumination: Insights into the Motivational Impact of Others' Success." *Journal of Personality and Social Psychology* 103, no. 4 (2012): 712–727.

Crum, Alia J., and Derek J. Phillips. "Self-Fulfilling Prophecies, Placebo Effects, and the Social-Psychological Creation of Reality." In *Handbook of Social Psychology*, 2nd ed. Springer, 2015.

Crum, Alia J., and Ellen J. Langer. "Mindset Matters: Exercise and the Placebo Effect." *Psychological Science* 18, no. 2 (2010): 165–171.

Csikszentmihalyi, Mihaly. *Flow: The Psychology of Optimal Experience*. New York: Harper & Row, 1990.

Damasio, Antonio R. *Descartes' Error: Emotion, Reason, and the Human Brain*. New York: Penguin Books, 1994.

Damour, Lisa. *The Emotional Lives of Teenagers: Raising Connected, Capable, and Compassionate Adolescents*. London: Atlantic Books, 2023.

Damour, Lisa. *Under Pressure: Confronting the Epidemic of Stress and Anxiety in Girls*. London: Atlantic Books, 2019.

Damour, Lisa. *Untangled: Guiding Teenage Girls Through the Seven Transitions into Adulthood*. London: Atlantic Books Ltd, 2016.

Davidson, Richard J., and Sharon Begley. *The Emotional Life of Your Brain*. New York: Plume, 2012.

Day, Kristen, Corinne Carreon, and Caitlin Stump. "The Influence of the Physical Environment on Health Behavior: Implications for Cancer Survivorship." *Public Health Reports* 126 (2011): 112–121.

Demir, Melikşah, et al. "Friendships, Psychological Well-Being, and Happiness: A Study on the Role of Socialization Goals in Emerging Adulthood." *Journal of Happiness Studies* 16, no. 6 (2015): 1559–1574.

Dijksterhuis, Ap, et al. "The Mechanisms of Social Comparison in Success and Failure Contexts." *Journal of Experimental Social Psychology* 46, no. 6 (2010): 923–929.

Duhigg, Charles. *The Power of Habit: Why We Do What We Do in Life and Business*. New York, NY: Random House, 2014.

Dunbar, Robin I. M. *How Many Friends Does One Person Need? Dunbar's Number and Other Evolutionary Quirks*. Cambridge: Harvard University Press, 2010.

Dunning, David. "The Dunning-Kruger Effect: On Being Ignorant of One's Own Ignorance." In *Advances in Experimental Social Psychology*, vol. 44, edited by Mark P. Zanna, 247–296. Elsevier, 2011.

Durvasula, Ramani S., PhD. *"Don't You Know Who I Am?": How to Stay Sane in an Era of Narcissism, Entitlement, and Incivility*. Post Hill Press, 2019.

Durvasula, Ramani. *It's Not You*. New York: Post Hill Press, 2024.

Durvasula, Ramani. *Should I Stay or Should I Go?: Surviving a Relationship with a Narcissist*. New York: Post Hill Press, 2015.

Dweck, Carol S. *Mindset: The New Psychology of Success*. New York: Random House, 2006.

Eagleman, David. *Livewired: The Inside Story of the Ever-Changing Brain*. New York: Pantheon Books, 2020.

Ekman, Paul. "What Scientists Who Study Emotion Agree About." *Perspectives on Psychological Science* 11, no. 1 (2016): 31–34.

Epstein, Mark. *Thoughts Without a Thinker: Psychotherapy from a Buddhist Perspective*. New York: Basic Books, 1995.

Evans, Gary W. "The Built Environment and Mental Health." *Annual Review of Public Health* 29, no. 1 (2011): 403–416.

"Exercising to Relax." *Harvard Health Publishing*, February 2011. https://www.health.harvard.edu/staying-healthy/exercising-to-relax.

Ferriss, Timothy. *Tools of Titans: The Tactics, Routines, and Habits of Billionaires, Icons, and World-Class Performers*. Boston: Houghton Mifflin Harcourt, 2017.

Festinger, Leon. "A Theory of Social Comparison Processes: Retrospective and Contemporary Perspectives." *Organizational Behavior and Human Decision Processes* 123, no. 2 (2012): 100–121.

Finkel, Eli J., and Roy F. Baumeister. "Attachment and Marriage: New Developments in the Science of Close Relationships." *Advances in Experimental Social Psychology* 42 (2010): 1–50.

Fiori, Katherine L., et al. "Friendship Quality in Late Adulthood: The Role of Positive and Negative Social Exchanges in Well-Being." *Journal of Aging and Health* 32, no. 3–4 (2020): 163–176.

Fishbach, Ayelet, and Stacey R. Finkelstein. "How Positive and Negative Feedback Motivate Goal Pursuit." *Social and Personality Psychology Compass* 6, no. 5 (2012): 359–366.

Fisher, Jefferson. *The Next Conversation*. Random House, 2025.

Fogg, B. J. *Tiny Habits: The Small Changes That Change Everything*. Boston: Mariner Books, Houghton Mifflin Harcourt, 2020.

Ford, Michael E., and Clyde W. Nichols. "A Framework for Explaining Social Cognitive Influences on Behavior." In *Advances in Experimental Social Psychology*, vol. 52, edited by Mark P. Zanna, 193–246. Elsevier, 2015.

Frankl, Viktor E. *Man's Search for Meaning*. New York: Washington Square Press, 1985.

Gallagher, Winifred. *Rapt: Attention and the Focused Life*. New York: Penguin Books, 2009.

Gallo, Amy, Shawn Achor, Michelle Gielan, and Monique Valcour. "How Your Morning Mood Affects Your Whole Workday." *Harvard Business Review*. Harvard Business School Publishing, October 5, 2016. https://hbr.org/2016/07/how-your-morning-mood-affects-your-whole-workday.

Garrett, Neil, and Tali Sharot. "Updating Beliefs Under Perceived Threat." *Affective Brain Lab*, August 2018. https://affectivebrain.com/wp-content/uploads/2018/08/Updating-Beliefs-Under-Perceived-Threat.pdf.

Garrett, Neil, et al. "Updating Beliefs Under Perceived Threat." *Nature Neuroscience* 22, no. 12 (2019): 2066–2074. https://affectivebrain.com/wp-content/uploads/2019/12/s41593-019-0549-2.pdf.

Grant, Heidi, and Carol S. Dweck. "Clarifying Achievement Goals and Their Impact." *Journal of Personality and Social Psychology* 85, no. 3 (2009): 541–553.

Greitemeyer, Tobias. "Effects of Exposure to Others' Opinions on Social Influence: Mechanisms of Conformity, Compliance, and Obedience." *Psychological Bulletin* 135, no. 6 (2009): 895–915.

Gilbert, Paul. *The Compassionate Mind: A New Approach to Facing Challenges*. London: Constable & Robinson, 2009.

Gilbert, Paul. *The Compassionate Mind Workbook*. London: Robinson, 2010.

Goldstein, Joseph. *One Dharma: The Emerging Western Buddhism*. New York: HarperCollins, 2003.

Gottman, John M. *The Relationship Cure: A 5 Step Guide to Strengthening Your Marriage, Family, and Friendships*. New York: Harmony Books, 2002.

Gottman, John, Julie Gottman, and Doug Abrams. *Eight Dates: Essential Conversations for a Lifetime of Love*. New York: Workman Publishing, 2019.

Gottman, John M., and Nan Silver. *The Seven Principles for Making Marriage Work: A Practical Guide from the Country's Foremost Relationship Expert*. New York: Harmony Books, 2015.

Greenfieldboyce, Nell. "The Human Brain Never Stops Growing Neurons, a New Study Claims." *PBS NewsHour*, March 25, 2019. https://www.pbs.org/newshour/science/the-human-brain-never-stops-growing-neurons-a-new-study-claims.

Grenny, Joseph. "4 Things to Do Before a Tough Conversation." *Harvard Business Review*,

January 22, 2019. https://hbr.org/2019/01/4-things-to-do-before-a-tough-conversation.

Gross, James J., and Ross A. Thompson. "Emotion Regulation: Conceptual Foundations." In *Handbook of Emotion Regulation*, 2nd ed., edited by James J. Gross, 3–24. New York: Guilford Press, 2014.

Guell, Xavier, A. David G. Leslie, and Jeremy D. Schmahmann. "Functional Topography of the Human Cerebellum: A Meta-Analysis of Neuroimaging Studies." *NeuroImage* 124 (2016): 107–118. https://www.ncbi.nlm.nih.gov/pmc/articles/PMC5789790/.

Hall, Jeffrey A. "How Many Hours Does It Take to Make a Friend?" *Journal of Social and Personal Relationships* 36, no. 4 (2019): 1278–1296.

Hamm, Jill V., and Beverly S. Faircloth. "The Role of Friendship in Adolescents' Sense of School Belonging." *New Directions for Child and Adolescent Development* 2015, no. 148 (2015): 61–78.

Hartup, Willard W., and Nancy Stevens. "Friendships and Adaptation Across the Life Span." *Current Directions in Psychological Science* 8, no. 3 (2011): 76–79.

Hayes, Steven C., Kirk D. Strosahl, and Kelly G. Wilson. *Acceptance and Commitment Therapy: An Experiential Approach to Behavior Change*. New York: Guilford Press, 1999.

Heckhausen, Jutta. "Developmental Regulation in Adulthood: Age-Normative and Sociocultural Constraints as Adaptive Challenges." *Psychology and Aging* 27, no. 4 (2012): 937–950.

Heckhausen, Jutta, and Heinz Heckhausen, eds. *Motivation and Action*. Cambridge: Cambridge University Press, 2009.

Hill, Sarah E., and David M. Buss. "Envy and Status in Social Groups: An Evolutionary Perspective on Competition and Collaboration." *Evolutionary Psychology* 8, no. 3 (2010): 345–368.

"How to Strengthen Relationships Between Parents and Adult Children." *American Psychological Association*, May 18, 2023. https://www.apa.org/news/podcasts/speaking-of-psychology/parent-adult-children-relationships.

Hussey, Matthew. *Love Life: How to Raise Your Standards, Find Your Person, and Live Happily (No Matter What)*. London: HarperCollins UK, 2024.

Hyun, Jinshil, Martin J. Sliwinski, and Joshua M. Smyth. "Waking Up on the Wrong Side of the Bed: The Effects of Stress Anticipation on Working Memory in Daily Life." *The

Journals of Gerontology: Series B, 2018. https://doi.org/10.1093/geronb/gby042.

Insel, Thomas R. "The NIMH Research Domain Criteria (RDoC) Project: Precision Medicine for Psychiatry." *American Journal of Psychiatry* 171, no. 4 (2014): 395–97. https://www.ncbi.nlm.nih.gov/pmc/articles/PMC5854216/.

Kabat-Zinn, Jon. *Full Catastrophe Living: Using the Wisdom of Your Body and Mind to Face Stress, Pain, and Illness.* New York: Delacorte Press, 1990.

Johnson, M. D., and Franz J. Neyer. "(Eventual) Stability and Change Across Partnerships." *Journal of Family Psychology* 33, no. 6 (2019): 711–721. https://doi.org/10.1037/fam0000523.

Johnson, Colleen L., and Lillian E. Troll. "Friends and Aging: The Interplay of Intimacy and Distance." *Generations* 36, no. 1 (2012): 32–39.

Kabat-Zinn, Jon. *Wherever You Go, There You Are: Mindfulness Meditation in Everyday Life.* New York: Hachette Books, 2013.

Kahneman, Daniel. *Thinking, Fast and Slow.* New York: Farrar, Straus and Giroux, 2011.

Kanfer, Ruth, and Gilad Chen. "Motivation in Organizational Behavior: Insights and Directions." *Organizational Behavior and Human Decision Processes* 136 (2016): 121–133.

Kanojia, Alok. *How to Raise a Healthy Gamer: Break Bad Screen Habits, End Power Struggles, and Transform Your Relationship with Your Kids.* London: Pan Macmillan, 2024.

Kaplan, Rachel, and Stephen Kaplan. *The Experience of Nature: A Psychological Perspective.* Ann Arbor: University of Michigan Press, 2011.

King III, Martin Luther, Arndrea Waters King, Marc Kielburger, and Craig Kielburger. *What Is My Legacy?: Realizing a New Dream of Connection, Love and Fulfillment.* Flashpoint, 2025.

Koob, George F., and Nora D. Volkow. "Neurobiology of Addiction: A Neurocircuitry Analysis." *The Lancet Psychiatry* 3, no. 8 (2016): 760–773.

Kross, Ethan, and Ozlem Ayduk. "Self-Distancing: Theory, Research, and Current Directions." *Advances in Experimental Social Psychology* 55 (2017): 81–136.

Kurth-Nelson, Zeb, et al. "Computational Approaches to Neuroscience: Modeling Belief Updating Under Threat." *PLoS Computational Biology* 15, no. 2 (2019). https://journals.plos.org/ploscompbiol/article?id=10.1371/journal.pcbi.1007089#ack.

La Guardia, Jennifer G., and Richard M. Ryan. *Self-Determination Theory: Basic Psychological Needs in Motivation, Development, and Wellness.* New York: Guilford Press, 2013.

Lavy, Shiri, and Hadassah Littman-Ovadia. "The Effect of Love on Personal Growth and Self-Perception in Relationships." *Journal of Positive Psychology* 6, no. 3 (2011): 209–216.

Leary, Mark R., and Roy F. Baumeister. "The Nature and Function of Self-Esteem: Sociometer Theory." In *Advances in Experimental Social Psychology*, vol. 32, edited by Mark P. Zanna, 1–62. Elsevier, 2012.

Leary, Mark R., and Roy F. Baumeister. "The Nature and Function of Self-Esteem: Sociometer Theory." In *Advances in Experimental Social Psychology*, Vol. 32, edited by Mark P. Zanna, 1–62. New York: Academic Press, 1995.

LeDoux, Joseph. *The Emotional Brain: The Mysterious Underpinnings of Emotional Life*. New York: Simon & Schuster, 1996.

LePera, Nicole. *How to Do the Work: Recognize Your Patterns, Heal from Your Past, + Create Your Self*. Hachette UK, 2021.

LePera, Nicole. *How to Meet Your Self: The Workbook for Self-Discovery*. Hachette UK, 2022.

Levine, Peter A., and Gabor Maté. *In an Unspoken Voice: How the Body Releases Trauma and Restores Goodness*. Berkeley, CA: North Atlantic Books, 2010.

Levitt, Mary J., et al. "Close Relationships Across the Life Span." *Wiley Interdisciplinary Reviews: Cognitive Science* 2, no. 1 (2011): 1–12.

LeWine, Howard E., M. D. "Understanding the Stress Response." *Harvard Health*. Harvard Medical School, July 6, 2020. https://www.health.harvard.edu/staying-healthy/understanding-the-stress-response.

Luthar, Suniya S., and Natasha L. Kumar. "Friendship Quality, Social Skills, and Resilience in Adolescence." *Child Development* 89, no. 3 (2018): 876–890.

Lyons, Scott. *Addicted to Drama: Healing Dependency on Crisis and Chaos in Yourself and Others*. New York: Hachette Go, 2023.

Lyubomirsky, Sonja, et al. "Why Are Some People Happier Than Others? The Role of Cognitive and Motivational Processes in Well-Being." *American Psychologist* 56, no. 3 (2011): 239–249.

Maddux, James E. *Self-Efficacy, Adaptation, and Adjustment: Theory, Research, and Application*. Springer, 2013.

Margaret Mead, quoted in *The World Ahead: An Anthropologist Anticipates the Future*, edited by Ruth Nanda Anshen, 24. New York: Berghahn Books, 2000.

Marsh, Herbert W., and John W. Parker. "Determinants of Student Self-Concept: Is It Better to Be a Relatively Large Fish in a Small Pond Even If You Don't Learn to Swim as Well?" *Journal of Personality and Social Psychology* 47, no. 1 (1984): 213–231.

Marques, Luana. *Bold Move: A 3-Step Plan to Transform Anxiety into Power*. London: Hachette UK, 2023.

Maté, Gabor. *When the Body Says No: Understanding the Stress-Disease Connection*. John Wiley & Sons, 2011.

Maté, Gabor. *In the Realm of Hungry Ghosts: Close Encounters with Addiction*. Knopf Canada, 2009.

Maté, Gabor, and Daniel Maté. *The Myth of Normal: Trauma, Illness & Healing in a Toxic Culture*. Random House, 2022.

Mel Robbins, interview with J. Stuart Ablon, *The Mel Robbins Podcast*, podcast audio, December 16, 2024. https://podcasts.apple.com/us/podcast/the-mel-robbins-podcast/id1646101002?i=1000680316260.

Mel Robbins, interview with Jefferson Fisher, *The Mel Robbins Podcast*, podcast audio, September 26, 2024. https://podcasts.apple.com/us/podcast/the-mel-robbins-podcast/id1646101002.

Mel Robbins, interview with Gabor Maté, *The Mel Robbins Podcast*, podcast audio, November 21, 2024. https://podcasts.apple.com/us/podcast/the-mel-robbins-podcast/id1646101002?i=1000677681820.

Mel Robbins, interview with Ramani Durvasula, *The Mel Robbins Podcast*, podcast audio, February 15, 2024. https://podcasts.apple.com/us/podcast/the-mel-robbins-podcast/id1646101002?i=1000645406041.

McGonigal, Kelly. *The Willpower Instinct*. New York: Avery, 2012.

McPherson, Miller, Lynn Smith-Lovin, and Matthew E. Brashears. "Social Isolation in America: Changes in Core Discussion Networks Over Two Decades." *American Sociological Review* 74, no. 3 (2009): 353–375.

Miller, William R., and Stephen Rollnick. *Motivational Interviewing: Helping People Change*. 3rd ed. New York: Guilford Press, 2012.

Mikulincer, Mario, and Phillip R. Shaver. *Attachment in Adulthood: Structure, Dynamics, and Change*. 2nd ed. New York: Guilford Press, 2016.

Mineo, Liz. "Over Nearly 80 Years, Harvard Study Has Been Showing How to Live a

Healthy and Happy Life." *Harvard Gazette*, April 11, 2017. https://news.harvard.edu/gazette/story/2017/04/over-nearly-80-years-harvard-study-has-been-showing-how-to-live-a-healthy-and-happy-life/.

Mora, Florentina, Sergio Segovia, and José R. Del Arco. "Aging, Stress, and the Hippocampus." *Aging Research Reviews* 11, no. 2 (April 2012): 123–129. https://pubmed.ncbi.nlm.nih.gov/23403892/.

Morin, Alexandre J. S., and Christophe Maïano. "The Social Comparison Process and Its Implications for Goal Pursuit and Achievement Motivation." *Social and Personality Psychology Compass* 5, no. 6 (2011): 359–374.

Murray, Sandra L., and John G. Holmes. *Interdependent Minds: The Dynamics of Close Relationships*. New York: Guilford Press, 2013.

Murray, Sandra L., and Jennifer L. Derrick. "The Power of Reassurance: How Emotional Security Impacts Commitment in Relationships." *Journal of Personality and Social Psychology* 100, no. 4 (2011): 575–592.

Mussweiler, Thomas. "Comparison Processes in Social Judgment: Mechanisms and Consequences." *Psychological Review* 109, no. 3 (2012): 472–489.

Neff, Kristin D. *Self-Compassion: The Proven Power of Being Kind to Yourself*. New York: HarperCollins, 2011.

Nerurkar, Aditi. *The 5 Resets: Rewire Your Brain and Body for Less Stress and More Resilience*. London: HarperCollins UK, 2024.

Norbury, Agnes, and Raymond J. Dolan. "Anticipatory Neural Activity Predicts Attenuated Learning in Perceived Threat." *Nature Neuroscience* 22, no. 3 (2019): 437–448. https://affectivebrain.com/wp-content/uploads/2020/01/41562_2019_793_OnlinePDF_2.pdf.

Oettingen, Gabriele, Doris Mayer, A. Timur Sevincer, Elizabeth J. Stephens, Hyeon-ju Pak, and Meike Hagenah. "Mental Contrasting and Goal Commitment: The Mediating Role of Energization." *Personality and Social Psychology Bulletin* 35, no. 5 (2009): 608–22. https://doi.org/10.1177/0146167208330856.

Oettingen, Gabriele, Hyeon-ju Pak, and Karoline Schnetter. "Self-Regulation of Goal-Setting: Turning Free Fantasies about the Future into Binding Goals." *Journal of Personality and Social Psychology* 80, no. 5 (2001): 736–53. https://doi.org/10.1037/0022-3514.80.5.736.

Oliver, Mary. "The Summer Day." In *New and Selected Poems*, 94. Boston: Beacon Press, 1992.

Oswald, Debra L., and Elizabeth M. Clark. "Best Friends Forever? High School Best Friendships and Adult Friendship Development." *Journal of Adolescence* 84 (2020): 153–165.

Pilat, Dan, and Krastev, Sekoul M.D., "Why Do We Take Mental Shortcuts?" *The Decision Lab*. The Decision Lab, January 27, 2021. https://thedecisionlab.com/biases/heuristics/.

Platt, Michael L., et al. "Beyond Utility: Social and Biological Roots of Decision-Making in the Brain." *Nature Neuroscience* 19, no. 10 (2016): 1303–1310.

Porges, Stephen W. *The Polyvagal Theory: Neurophysiological Foundations of Emotions, Attachment, Communication, and Self-Regulation*. New York: W. W. Norton & Company, 2011.

Reeve, Johnmarshall. *Understanding Motivation and Emotion*. 7th ed. New York: John Wiley & Sons, 2018.

Reis, Harry T., and Susan L. Gable. "Social Support and the Regulation of Personal Relationships." *Advances in Experimental Social Psychology* 52 (2015): 201–245.

Roberts, Sarah Jakes. *Power Moves: Ignite Your Confidence and Become a Force*. Nashville: Thomas Nelson, 2024.

Robbins, Mel. Interview with Aditi Nerurkar. *The Mel Robbins Podcast*, podcast audio, May 23, 2024. https://podcasts.apple.com/us/podcast/1-stress-doctor-5-tools-to-protect-your-brain-from/id1646101002?i=1000656467802.

Robbins, Mel. Interview with Alok Kanojia. *The Mel Robbins Podcast*, podcast audio, June 5, 2024. https://podcasts.apple.com/us/podcast/the-mel-robbins-podcast/id1646101002?i=1000657879202.

Robbins, Mel. Interview with Alok Kanojia. *The Mel Robbins Podcast*, podcast audio, September 2, 2024. https://podcasts.apple.com/us/podcast/the-mel-robbins-podcast/id1646101002?i=1000668009088.

Robbins, Mel. Interview with Lisa Bilyeu. *The Mel Robbins Podcast*, podcast audio, March 28, 2024. https://podcasts.apple.com/us/podcast/the-mel-robbins-podcast/id1646101002?i=1000650685813.

Robbins, Mel. Interview with Lisa Damour. *The Mel Robbins Podcast*, podcast audio, May 18, 2023. https://podcasts.apple.com/us/podcast/the-mel-robbins-podcast/

id1646101002?i=1000613472370.

Robbins, Mel. Interview with Luana Marques. *The Mel Robbins Podcast*, podcast audio, July 20, 2023. https://podcasts.apple.com/us/podcast/the-mel-robbins-podcast/id1646101002?i=1000621712441.

Robbins, Mel. Interview with Matthew Hussey. *The Mel Robbins Podcast*, podcast audio, May 27, 2024. https://podcasts.apple.com/us/podcast/the-mel-robbins-podcast/id1646101002?i=1000656851968.

Robbins, Mel. Interview with Robert Waldinger. *The Mel Robbins Podcast*, podcast audio, April 4, 2024. https://podcasts.apple.com/us/podcast/the-mel-robbins-podcast/id1646101002?i=1000651381441.

Robbins, Mel. Interview with Sarah Jakes Roberts. *The Mel Robbins Podcast*, podcast audio, July 25, 2024. https://podcasts.apple.com/us/podcast/the-mel-robbins-podcast/id1646101002?i=1000663279637.

Robbins, Mel. *The 5 Second Rule: Transform Your Life, Work, and Confidence with Everyday Courage*. Brentwood, TN: Savio Republic, 2017.

Robbins, Mel. *The High 5 Habit*. Carlsbad, CA: Hay House, 2021.

Rusbult, Caryl E., and Paul A. M. Van Lange. "Why Do Relationships Persist? The Role of Investment in Long-Term Commitment." *Psychological Science* 22, no. 7 (2010): 135–140.

Ryan, Richard M., and Edward L. Deci. "Promoting Self-Determined Relationships and Well-Being." *Educational Psychologist* 44, no. 2 (2009): 73–85.

Sangwan, Neha. *Powered by Me: From Burned Out to Fully Charged at Work and in Life*. New York: Simon & Schuster, 2023.

Sapolsky, Robert M. *Why Zebras Don't Get Ulcers*. New York: Henry Holt and Co., 2004.

Schore, Allan N. *Affect Regulation and the Repair of the Self*. New York: W. W. Norton & Company, 2003.

Schwartz, Barry. *The Paradox of Choice: Why More Is Less*. New York: Harper Perennial, 2004.

Seligman, Martin. *Authentic Happiness: Using the New Positive Psychology to Realize Your Potential for Lasting Fulfillment*. New York: Atria Paperback, 2013.

Seligman, Martin E. P. *Flourish: A Visionary New Understanding of Happiness and Well-Being*. New York: Free Press, 2011.

"Self-Acceptance Could Be the Key to a Happier Life, Yet It's the Happy Habit Many People

Practice the Least." *ScienceDaily*. University of Hertfordshire, March 7, 2014. https://www.sciencedaily.com/releases/2014/03/140307111016.htm.

Seneca. *Letters from a Stoic*. Translated by Robin Campbell. New York: Penguin Classics, 2004.

Shapiro, Ron. "How to Have Difficult Conversations Without Burning Bridges." *Harvard Business Review*, May 15, 2023. https://hbr.org/2023/05/how-to-have-difficult-conversations-without-burning-bridges.

Sharot, Tali. *The Influential Mind: What the Brain Reveals About Our Power to Change Others*. London: Hachette UK, 2017.

Sharot, Tali. *The Optimism Bias: A Tour of the Irrationally Positive Brain*. New York: Vintage, 2011.

Sharot, Tali, and Cass R. Sunstein. *Look Again: The Power of Noticing What Was Always There*. New York: Simon and Schuster, 2024.

Siegel, Daniel J. *The Developing Mind: How Relationships and the Brain Interact to Shape Who We Are*. 2nd ed. New York: Guilford Press, 2012.

Smith, James M., and Nicholas A. Christakis. "Social Networks and Health." *Annual Review of Sociology* 36 (2010): 435–457.

Sprecher, Susan, and Pamela C. Regan. "The Importance of Friendship in Romantic Relationships." *Social and Personality Psychology Compass* 8, no. 8 (2014): 412–425.

Sprecher, Susan, and Pamela C. Regan. "The Importance of Reciprocity and Self-Respect in Romantic Relationships." *Personal Relationships* 8, no. 4 (2014): 419–435.

Swart, Tara B. "Impact of Cortisol on Social Stress and Health." *Journal of Neuroscience Research* 129, no. 2 (2023): 304–15.

Swart Bieber, Tara. *The Source: The Secrets of the Universe, the Science of the Brain*. London: Vermilion, 2019.

Tannen, Deborah. *You Just Don't Understand: Women and Men in Conversation*. New York: HarperCollins, 2011.

Tesser, Abraham, and Richard H. Smith. "The Meaning of Success: The Social Psychology of Competition and Achievement." *Annual Review of Psychology* 65 (2014): 519–546.

Tolle, Eckhart. *The Power of Now: A Guide to Spiritual Enlightenment*. Vancouver: New World Library, 2004.

Tsabary, Shefali. *The Conscious Parent: Transforming Ourselves, Empowering Our Children*.

Vancouver: Namaste Publishing, 2010.

Ulrich, Roger S. "Evidence-Based Health-Care Architecture." *The Lancet* 370, no. 9597 (2011): 139–140.

Updegraff, John A., and Shelley E. Taylor. "From Vulnerability to Growth: The Influence of Successful Others on Personal Growth in the Face of Challenge." *Journal of Personality and Social Psychology* 102, no. 5 (2013): 936–948.

Vaillant, George E. "Involuntary Coping Mechanisms: A Psychodynamic Perspective." *Harvard Review of Psychiatry* 19, no. 3 (2011): 148–152.

Van Bavel, Jay J., and Dominic J. Packer. "The Power of Us: Intergroup Situations and Group-Based Persuasion." *Social and Personality Psychology Compass* 10, no. 8 (2016): 409–420.

van der Kolk, Bessel. *The Body Keeps the Score: Brain, Mind, and Body in the Healing of Trauma.* New York: Viking, 2014.

van der Kolk, Bessel, Alexander C. McFarlane, and Lars Weisæth, eds. *Traumatic Stress: The Effects of Overwhelming Experience on Mind, Body, and Society.* New York: Guilford Press, 2007.

Van Dijk, Wilco W., and Marcel Zeelenberg. "The Paradox of Envy: Comparing Ourselves with Better-Off Others May Cause Personal Growth." *Journal of Personality and Social Psychology* 86, no. 2 (2014): 192–203.

Vogel, E. A., J. P. Rose, L. R. Roberts, and K. Eckles. "Social Comparison, Social Media, and Self-Esteem." *Psychology of Popular Media Culture* 3, no. 4 (2014): 206–222. https://doi.org/10.1037/ppm0000047.

Vohs, Kathleen D., et al. "Decision Fatigue Exhausts Self-Regulatory Resources—But So Does Accommodating to Unrealistic Social Expectations." *Journal of Personality and Social Psychology* 104, no. 6 (2014): 940–950.

Vohs, Kathleen D., and Roy F. Baumeister, eds. *Handbook of Self-Regulation: Research, Theory, and Applications.* 2nd ed. New York: Guilford Publi-cations, 2016.

Waldinger, Robert, and Marc Schulz. *The Good Life: Lessons from the World's Longest Study on Happiness.* New York: Random House, 2023.

White, Katherine, and Darrin R. Lehman. "Culture and Social Comparison Seeking: The Role of Self-Motives." *Personality and Social Psychology Bulletin* 31, no. 2 (2005): 232–242. https://doi.org/10.1177/0146167204271326.

Willis, Judy. "The Neuroscience behind Stress and Learning." *Nature Partner Journal Science of Learning.* Nature Publishing Group, October 16, 2016. https://npjscilearncommunity.nature.com/posts/12735-the-neuroscience-behind-stress-and-learning.

Willis, Judy. "What You Should Know About Your Brain." *Educational Leadership* 67, no. 4 (January 2010).

Wiseman, Richard. *The Luck Factor.* New York: Miramax Books, 2003.

Wood, Alex M., et al. "The Role of Gratitude in the Development of Social Support, Stress, and Depression: Two Longitudinal Studies." *Journal of Research in Personality* 45, no. 4 (2011): 466–474.

Wood, Joanne V., and Abraham Tesser. "Ruminating on Unchangeable Success: Downward Social Comparison and Self-Improvement Strategies." *European Journal of Social Psychology* 41, no. 4 (2011): 387–396.

Wrzus, Cornelia, et al. "Social Network Changes and Life Events Across the Life Span: A Meta-Analysis." *Psychological Bulletin* 139, no. 1 (2013): 53–80.

Zaki, Jamil. "Empathy: A Motivated Account." *Psychological Bulletin* 140, no. 6 (2014): 1608–1647.

Zaki, Jamil. *The War for Kindness: Building Empathy in a Fractured World.* New York: Crown Publishing, 2019.

멜 로빈스에 대해 더 알고 싶다면?

《렛뎀 이론》을 재미있게 읽은 당신! 여기서도 저와 만날 수 있어요.

1. **뉴스레터**
매주 새로운 소식을 200만 명 이상의 구독자들에게 보내드립니다. 개인적인 에피소드와 영감을 주는 이야기, 빛나는 아이디어와 유용한 조언이 가득 담겨 있어요. melrobbins.com/newsletter에서 무료로 신청하세요!

2. **팟캐스트**
《타임》 매거진이 이렇게 말했죠. "이 팟캐스트는 청취자들에게 자신을 믿어야 할 이유를 찾아준다." 멜 로빈스 팟캐스트에서는 매주 새 에피소드가 공개되며 스포티파이, 애플 팟캐스트, 혹은 youtube.com/melrobbins에서 들을 수 있답니다.

3. **소셜 미디어**
인스타그램, 틱톡, 페이스북, 링크드인 등의 다양한 플랫폼에서 @melrobbins를 검색하세요!

더욱 자세한 내용은 melrobbins.com에서 확인할 수 있습니다.

THE
LET
THEM
THEORY